사진과 그림으로 보는
중국과 서양의 문화 교류사

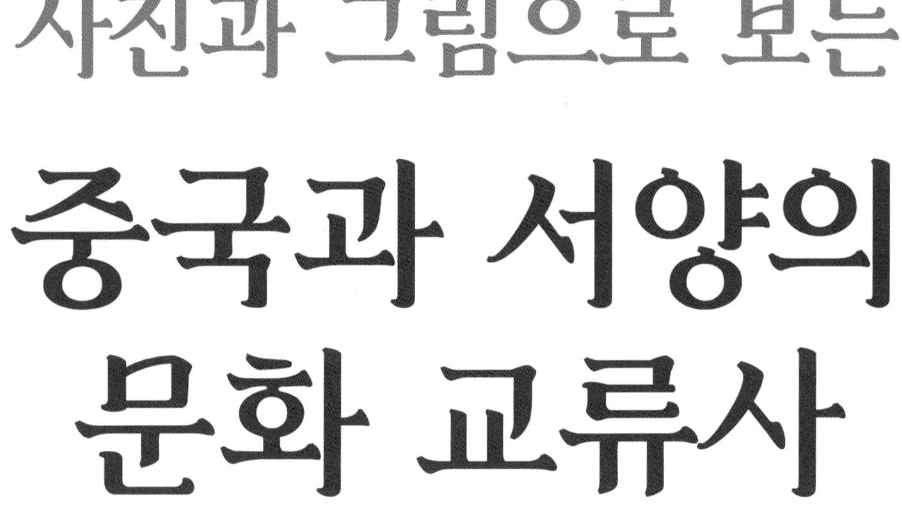

사진과 그림으로 보는

중국과 서양의 문화 교류사

中 西 文 化 交 流 图 像 史

장하이린张海林 편저
이미경李美京 역

역락

머리말

역사 연구에서 그림과 사진 자료는 문자 자료와 비교했을 때 다음 네 가지 장점이 있다. 첫째, 그림과 사진은 역사의 자세한 사실을 많이 보여줄 수 있다. 그림이나 사진에서는 인물의 모양, 물건의 모습, 복장의 변화, 이야기하는 장소의 모습 등을 정확하게 알 수 있다. 이것은 문자 사료가 기술할 수 없는 세밀한 부분으로 이러한 세밀함은 후세에 역사적인 사실을 파악하는데 도움을 준다. 청나라 초기 선교사가 중국 황제의 남쪽 순시, 군대 검열, 가을 사냥, 제사, 향락 등의 사실을 기록한 그림이나, 조지 매카트니 사절단의 수행화가인 윌리엄 알렉산더의 형벌, 군사, 운수, 상업, 민속 등에 관한 스케치 모두 청나라의 실제 국력과 심리 상태를 정확하게 파악하는 데 도움을 준다. 둘째, 그림과 사진은 어떤 측면에서 볼 때 문자 기록보다 더 생동적이어서 생생한 정보를 제공할 수 있고, 생각만 하고 말로 할 수 없는 내용을 전할 수도 있다. 예를 들어, 광저우의 수출용 자기는 중국 전통 공예에 서양적인 요소가 더해진 것으로 그것 자체만으로 독특한 사용 가치와 예술적 가치가 있지만, 문자만으로는 정확하게 설명하기 어려우며, 직관적인 사진 자료만이 생동적인 해석을 할 수 있고, 사진 자료만이 그 속에서 나타나는 진정한 의미를 느낄 수 있게 한다. 셋째, 그림과 사진의 정보량이 때로는 문자보다 더 풍부하고 완전하다. 만청과 민국 시기에 관한 옛 사진이 상당수 전해지고 있어 오늘날 사람들이 이미 사라진 옛 사람들의 사실적인 모습이나 전반적인 모습을 볼 수 있기 때문에 그 속에 있는 역사적인 정보량과 신뢰도는 문자와 비교하기 어려울 정도이다. 넷째, 서로 다른 민족이나 서로 다른 모어를 사용하는 사람이 동일한 그림을 그릴 수도 있고 읽을 수도 있기 때문에, 사진과 그림은 번역할 필요 없이 세계에 통할 수 있다. 즉, 사진과 그림은 중국과 외국의 문화 교류나 범문화적 전파에 있어 대체불가한 장점을 지니고 있다.

역사 연구에서 그림과 사진의 우월적인 역할을 고려해 편자는 교육에 몸담은 때부터 지금까지 언제 어디서나 역사 관련 그림과 사진 자료를 모으는 데 관심을 갖고 있었다. 중국과 외국의 문화 교류 분야에서 열심히 일하면서 약 30년 동안 수집한 역사 관련 사진과 그림이 어찌 천만 개에 그치겠는가! 그 속에 쏟아부은 땀과 노력은 또 어떻게 계산할 수 있겠는가! 요즘 회갑이 가까워지면서 아픈 곳이 생길 때마다 구하지 못하고 흩어져 있는 그것들이 걱정이었다. 그래서 큰 마음을 먹고 전체 틀을 기획하여 흩어져 있던 오래된 사진과 그림을 자세하게 분석하고 좋은 것을 고르고 골라 『사진과 그림으로 보는 중국과 서양의 문화 교류사中西文化图像史』라는 이름으로 출판하게 되었다.

이 책 각 장의 글은 편자가 최근에 썼고 그림과 사진은 대부분 오랫동안 교육하면서 본인이 직접 찍은 것, 동료가 찍은 것, 학생이 찍은 것, 선행 연구의 사진이나 그림, 친구가 준 것 등으로 출처가 복잡하고 시간이 오래되었는데, 책 전체 내용과의 연관성이나 감상하는 것만 생각하였기 때문에 하나하나 주를 달지는 않았다. 이 책의 편자는 우선 많은 자료 제공자에게 경의와 감사를 표한다. 약 500년이라는 문화 교류 과정의 그림과 사진은 그들의 노력과 기초적인 연구가 있었기에 이렇게 세상에 선보일 수 있게 되었다.

본 책은 교육과정에서 선생과 학생이 함께 노력하며 창의적으로 편집한 것이 편자에게 큰 도움을 주었다. 나와 함께 공부한 박사생 저우레이밍周雷鸣, 자오린펑赵林凤, 다이잉화戴迎华, 량위취안梁玉泉, 가오샤오둥高晓东, 구융칭谷永清, 왕쩌징王泽京, 주샤오난祝小楠, 양지안杨吉安, 리펑청李凤成, 주타이원祝太文, 천젠핑陈剑平, 류량刘亮, 친사오화秦韶华, 양궈산杨国山 그리고 석사생 양카이杨凯, 천춘사오陈春晓, 주홍朱洪, 류롄刘恋, 리원李雯 등도 이 책이 나오는 데 많은 도움을 주었는데 편자는 이 자리를 빌려 감사를 표하는 바이다.

본 책은 편찬과정에서 중국국가 도서관, 난징 도서관, 난징대학 도서관, 쑤저우대학 도서관, 미국 캔사스대학교 도서관, 미국 일리노이대학교 도서관, 독일 프라이부르크대학교 도서관, 영국 셰필드대학교 도서관, 상하이 해관문서관, 난징대학 역사학과 도서관, 난징대학 해외교육학원 도서관 등의 도움을 받았다. 난징대학 해외교육학원 원장 청아이민程爱民교수, 난징대학 역사학과 주임 천첸陈谦平교수는 교육과 예산에도 많은 도움을 주었는데 편자는 이에 대해 이 자리를 빌려 감사를 표한다.

본 책이 많은 그림과 사진을 모았기 때문에 겉으로 보기에는 산만하지만 나름 편자의 논리가 있고, 그림과 사진의 선택, 배치, 해석 등에 편자의 명확한 생각과 독특한 분석이 있다. 이러한 점이 역사를 공부하는 후학들에게 조금이나마 도움이 되었으면 한다.

장하이린

2014년 초여름 난징대학 서원西苑에서

차 례

1. 바다 건너 동쪽으로 온 서양인

1.1 유럽인의 신항로 개척

15세기는 인류 역사에 있어 매우 중대한 격변의 시대이다. 서양에서 대량생산과 대량소비로 생활 수준이 높아지면서 황금과 향신료에 대한 열망이 생겨났고, 이 열망은 유럽인들이 끊임없이 먼바다로 탐험하도록 부추기는 강력한 원동력이 되었다. 포르투갈, 스페인, 네덜란드, 영국 등 유럽 강대국은 잇따라 전 세계의 해상을 장악하며 식민지를 개척해 나갔고, 이것이 신항로 개척 대항해시대Age of Discovery와 이에 따른 세계적인 해양무역의 새로운 시대를 열었다. 근대적인 의미의 동서양 간 문화 교류는 바로 이때부터 서막이 열린 것이다.

신항로 개척 시기에 보잘 것 없는 선박을 운항하며 곰팡이가 핀 음식과 벌레나 쥐까지 먹고, 악취가 풍기는 상한 물을 마시면서, 항해 지도도 없이 하느님이 항해 방향을 알려주기를 바라며, 새로운 해안의 흐릿한 윤곽을 보기 위해 집을 떠나 수년 동안 표류하는 항해자들은 진정한 용사임이 틀림없었다. 그들이 중국과 서양의 교류사에서 매우 중요한 한 걸음을 내디뎠기 때문에 그들이 귀족이든 빈민이든, 병사든 죄수든 그들에게 경의를 표해야 한다.

1-1-1

1-1-2

1-1-1 포르투갈 대항해 기념비
1-1-2 이탈리아 탐험가 크리스토퍼 콜럼버스[1]

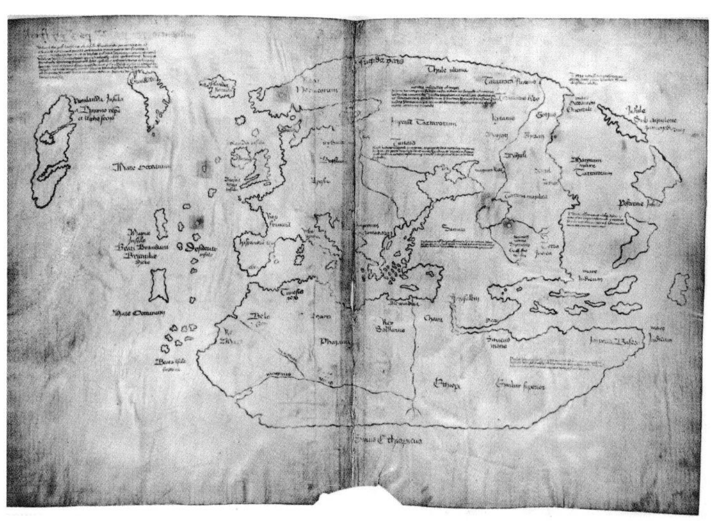

1-1-3

1-1-4

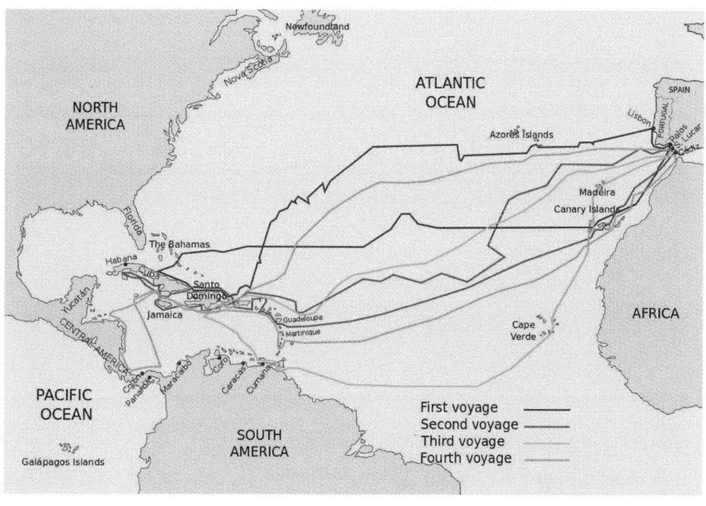

1-1-5

1-1-3　13세기 처음으로 세계지도에 그려진 북아메리카

1-1-4　콜럼버스의 신대륙 발견

1-1-5　콜럼버스의 네 차례 항해 노선도

1-1-6

1-1-7

1-1-8

1-1-6 희망봉을 발견한 포르투갈 탐험가 바르톨로메우 디아스[2]

1-1-7 이탈리아 탐험가 아메리고 베스푸치[3]를 기념하기 위해 새롭게 발견한 대륙을 아메리카로 명명

1-1-8 포르투갈 탐험가 바스코 다 가마[4]

1-1-9

1-1-10

1-1-11

1-1-12

1-1-9 멕시코를 식민지로 만든 스페인 탐험가 에르난도 코르테스[5]
1-1-10 최초로 지구 한 바퀴를 항해한 포르투갈 탐험가 페르디난드 마젤란[6]
1-1-11 최초로 유럽, 아프리카, 아시아를 그려 넣은 프라 마우로[7]의 세계지도 1495
1-1-12 최초로 브라질에 도착한 유럽인 포르투갈 탐험가 페드로 알바르스 카브랄[8]

1-1-13

1-1-14

1-1-13　15세기 때 유행한 카라벨Caravel 범선

1-1-14　16세기 유럽에서 유행한 항해 수첩 〈The Mariner's Mirror〉의 삽화 속 항해용 측량기기

1.2 동쪽으로 향하는 유럽인

유럽인들은 새로운 항로를 개척한 후 세계적인 식민지 구축에 나선다. 인도, 인도네시아, 중국 등 **극동**이라고 불리는 이 지역은 포르투갈, 네덜란드, 영국, 프랑스 등 해상 강대국들이 치열하게 각축을 벌여 쟁탈하고자 하는 대상이 되었다. 유럽 열강은 자신의 이익을 위해 이 극동지역에서 걸핏하면 전쟁을 일삼았다.

포르투갈인은 해상 확장의 최고 선봉장이었다. 15세기 말 포르투갈은 인구가 110여 만 명에 불과했고 경제도 발달하지 않았지만, 800여 킬로미터에 달하는 해안선과 무시무시한 해군력을 가지고 있어서, 먼 바다로 항해가 가능한 **큰 배**를 만드는 능력이 다른 나라보다 훨씬 뛰어났다.

1415년 항해왕자라는 별명을 가진 엔히크왕자[9]가 포르투갈 군대를 이끌고 모로코의 세우타Ceuta항을 점령하였는데, 이것은 포르투갈이 해외로 확장해가는 첫걸음이 되었다. 1487년, 바르톨로메우 디아스가 아프리카 남단 **폭풍의 곶**Cabo Tormentoso 후에 희망의 곶, 희망봉 Cape of Good Hope 으로 이름을 바꿈까지 성공적으로 항해하였고, 1498년 바스코 다 가마는 포르투갈 선박을 이끌고 인도에 도착하였다. 16세기 초 프란시스코 드 알메이다[10]와 알폰소 드 알부케르크[11]는 페르시아만Persian Gulf의 **호르무즈**Hormuz 현재의 이란 반다르 아바스Bandar Abbas의 **케슘다오**Qeshm Island, 인도의 코친Cochin과 고아Goa 등을 연이어 정복하였다. 그 후 포르투갈인은 또 당시 아시아에서 가장 중요한 상업 거점 중의 한 곳이던 말레이시아 말라카Melaka를 점령하였고, 스리랑카 수도인 콜롬보Colombo, 인도네시아의 수마트라Sumatra, 자바Java, 칼리만탄Kalimantan, 술라웨시Sulawesi, 말루쿠제도현재의 말루쿠Maluku 등지에 상업 거점을 세우고 희망봉과 인도양을 거쳐 중국 연해 지역까지 이르러 유럽-아시아-아프리카의 해상무역을 장악하였다.

1-2-1

1-2-2

1-2-3

1-2-1 1599년 동인도를 정복한 후 암스테르담으로 돌아가는 네덜란드 상인

1-2-2 포르투갈 깃발을 들고 있는 바스코 다 가마

1-2-3 1830년 자바를 정복한 네덜란드인

1-2-4

1-2-5

1-2-6

1-2-4 네덜란드 동인도 회사 총독부 현 자카르타역사박물관
1-2-5 1743~1750년 네덜란드 동인도 회사 구스타프 윌렘 반 임호프[12] 총독
1-2-6 인도 고아의 포르투갈풍 교회

1-2-7

1-2-8

1-2-9

1-2-7 네덜란드 해양박물관에 전시한 네덜란드 동인도 회사 상선 암스테르담호 모형

1-2-8 초기 포르투갈 식민통치자의 무장상선 카라크Carracks

1-2-9 18세기 태평양 항해를 성공적으로 마친 후 상세한 항해 자료를 남긴 영국의 제임스 쿡 선장[13]

1-2-10 1779년 하와이에서 죽음을 맞이한 제임스 쿡 선장

1-2-11 제2대 영국 동인도 회사 총독이자 벵골 윌리엄 요새fort william 총사령관인 찰스 콘월리스[14]

1-2-12 영국령 벵골 총독 로버트 클라이브[15]

1-2-13 19세기 영국령 인도 콜카타의 총독 관저

1-2-10

1-2-11

1-2-12

1-2-13

1.3 영국 해적의 확장

영국의 튜더 왕조Tudor dynasty, 1485~1603는 자국 상인들이 세계 각국에서 부를 축적하고 해상에서 경쟁하는 것을 부추겼다. 튜더 왕조는 국가 명의로 유럽 각국과 상업 협정을 맺어 영국 상인이 유럽에서 무역에 종사할 권리를 보장받았고, 보조금 제공, 자금 조달 협조, 특허와 허가증 발급, 주식 투자 참여, 직접 조직 결성 등 다양한 방식으로 영국 상인이 해외무역회사를 만들거나 항해 탐험하는 것을 지원하였다. 튜더 왕조의 후기 집권자인 엘리자베스 여왕[16]은 천 파운드를 투자하고 200톤에 달하는 해군 선박 한 척을 제공하며 1576~1578년 동안 영국 상인, 탐험가, 관리들의 항해 탐험과 해외무역회사 설립을 위한 계획에 직접 참여하기도 하였다. 이것은 해외로 세력을 확장하는 것과 동시에 포르투갈인의 통제를 벗어나는 행동으로 영국에서는 이를 **캐세이 모험**Cathay venture이라고 부른다. 1580년 엘리자베스 여왕은 또 영국 탐험가 프란시스 드레이크[17]의 세계 일주 항해를 지원하였다. 프란시스 드레이크가 스페인 화물선을 습격한 후 금은보화를 약탈하여 배에 가득 싣고 돌아왔을 때, 여왕은 그에게 1만 파운드의 상금을 아낌없이 수여하였고 기사 작위까지 하사하였다. 이때부터 영국의 해적은 **왕립해군**Royal Navy으로 바뀌게 되었다.

1586년 여왕은 또다시 토마스 캐벤디시[18]를 파견하여 함대를 몰고 세계를 일주하도록 하였다. 토마스 캐벤디시의 함대는 마젤란 해협을 매우 순조롭게 통과한 후, 태평양에서 거대한 스페인 함선 **산타 안나호**Santa Anna 또는 Santa Ana를 약탈하였고, 또 탐험할 때 매우 요긴하게 사용할 수 있는 중국 지도를 손에 넣었다. 1588년 영국해군은 네덜란드해군과 연합한 후 해적 전술을 이용하여 스페인 **무적함대**Spanish Armada를 격퇴하였고, 이때부터 수백 년 동안 영국이 바다에서 패권을 차지하게 되었다. 그 후에 엘리자베스 여왕은 또 제임스 랭카스터[19]를 말라카로 보내 동방의 식민지를 개척하였다. 바로 이러한 정책적 배경에서 1599년 런던 상인은 아시아와의 통상계획 초안을 작성하게 되었다. 1600년 여왕은 공식적으로 **런던 상인 중심의 동인도회사**East India Company, EIC 설립을 허가하는 허가서에 서명하였으며, 이로써 영국은 희망봉부터 마젤란해협에 이르는 동방무역을 독점하게 되었다.

나폴레옹 이후 영국은 **해적의 나라**로 불렸다. 지금까지 세계에서 영국처럼 해적과 해적 활동에 그렇게 많은 자금을 제공하고 그렇게 높은 명예를 제공한 나라는 결코 없었다. 통계에 따르면 엘리자베스 여왕 통치 시기에, 영국 해적이 약탈한 장물의 가치는 1,200만 파운드에 달했고, 이것은 영국이 자본주의 초기 모습을 갖추는데 중요한 근원이 되었다.

1-3-1

1-3-2

1-3-3

1-3-4

1-3-1 영국 튜더 왕조를 연 헨리 7세[20]

1-3-2 15세기 헨리 7세로부터 '해상 장군'의 작위를 받은 이탈리아 탐험가 존 캐벗[21]

1-3-3 해외 탐험에 주주로 투자한 영국 여왕 엘리자베스 1세

1-3-4 영국 탐험가 프란시스 드레이크

1-3-5

1-3-6

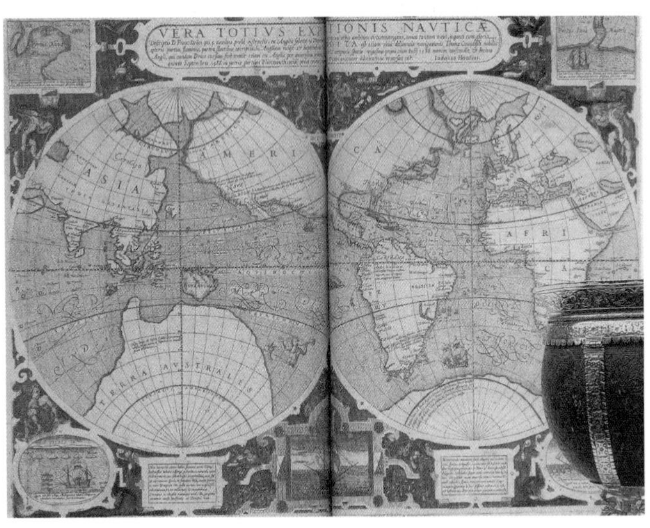

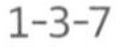

1-3-7

1-3-8

1-3-5 1585년 프란시스 드레이크의 전투함이 스페인 요새인 산티아고Santiago를 공략하는 모습
1-3-6 영국 탐험가 토마스 캐번디시
1-3-7 프란시스 드레이크가 사용하고 출판한 세계지도
1-3-8 영국 엘리자베스 시대의 유명한 탐험가 월터 롤리[22]

1-3-9 1588년 영국 전투함과 스페인 무적 함대의 대치 상황

1-3-10 영국 탐험가 제임스 랭카스터

1-3-11 제임스 랭카스터의 항해 범선

1-3-12 2011년 리비아 내전에 출동한 영국의 '빅토리호' 핵잠수함이 해적 깃발을 내걸고 있는 모습

1-3-9

1-3-10

1-3-11

1-3-12

1.4 마카오를 점령한 '프랑크인'

1517년 8월, 포르투갈인 페르낭 페레스 데 안드라데[23]와 토마스 피레스[24]는 함께 함선을 이끌고 광저우广州로 들어왔다. 아랍인이 포르투갈인을 프랑크인Frangi[25]이라고 불러서 중국인도 그들을 프랑크인佛朗机[26]이라고 불렀다. 그들이 광저우로 들어온 것은 포르투갈인이 함포로 중국의 문을 두드린 첫 번째 시도였다.

포르투갈인은 처음에 중국 지방 관리를 속여 명나라의 무역허가증을 얻으려고 하였지만, 그 코쟁이들이 예절을 몰라 지방관리와 조정의 신임을 얻기 어려웠고 정해진 기한이 지난 후 바로 본국으로 추방당하게 되었다. 페르낭 페레스 데 안드라데는 고집스럽게 총포를 믿고 둥관东莞의 난터우南头에 정박하였다. 토마스 피레스는 중국 고위 관리에게 뇌물을 주고 마자파히트Majapahit[27]에서 온 사신이라고 속여 베이징으로 들어갔고, 그의 통역관인 화자아삼火者亚三[28]은 환관 강빈江彬과의 관계로 인해 명 무종武宗[29]의 총애를 받게 되었다. 1521년 명 무종이 죽은 후 강빈은 세력을 잃어 죽임을 당했고, 그 후 피레스가 마자파히트의 사신이라는 거짓도 밝혀지게 되어 당시 명 세종[30]이 화자아삼을 처형하였으며, 토마스 피레스 등도 광저우로 압송하여 감금하였는데 그는 끝내 광저우 감옥에서 최후를 맞이하였다.

페르낭 페레스 데 안드라데는 둥관 난터우에 정박한 후 그곳에 병영을 세우고 장기간 점거할 생각을 가지고 있었는데, 그들이 곳곳에서 사람을 죽이고 선박을 빼앗고 인신매매를 일삼아서 『명사·불랑기전明史·佛朗机传』에 그들을 고양이 눈에 매부리코, 곱슬머리에 붉은 수염을 하고, 오가는 사람을 약탈하고, 아이들을 잡아먹는 악마[31]라고 기록하고 있다. 1533년 포르투갈인은 중국 지방 관리에게 뇌물을 주고 화물이 풍랑에 젖었다는 이유로 호경오濠镜澳[32] 해변을 빌려 화물을 햇볕에 말렸다. 처음에는 천막 수십여 개만 있었는데 나중에는 벽돌, 나무, 돌을 옮겨와서 집을 만들었고, 이는 마치 마을을 이룬 것 같았다.

명과 청의 중앙정부는 비록 마카오의 주권을 계속 유지하면서 병사를 보내 탄압하거나 감금하고, 새로운 규칙을 만들거나 관리를 파견하는 방식으로 포르투갈인에 대한 경비와 통제를 강화하였지만, 정치적으로 부패하였고 통제력이 미약하여 이러한 조치만으로 포르투갈인의 식민지 확장 추세를 막을 수 없었다. 포르투갈 마을은 부수면 다시 지었고, 교회는 갈수록 커졌으며, 이민자들도 끊임없이 늘어났다. 1757년 청 정부가 장쑤성江苏省, 저장성浙江省, 푸젠성福建省 세 곳의 세관을 폐쇄하고 광저우 한 곳에서만 대외 통상을 하도록 명령한 후, 마카오는 서양 각국의 상인이 광저우와 무역을 하는 기지 역할을 하게 되어 공상업 활동이 갈수록 빈번하고 활발하게 이루어졌으며 이러한 상황은 아편전쟁 발발 때까지 계속되었다.

1-4-1

1-4-2

1-4-3

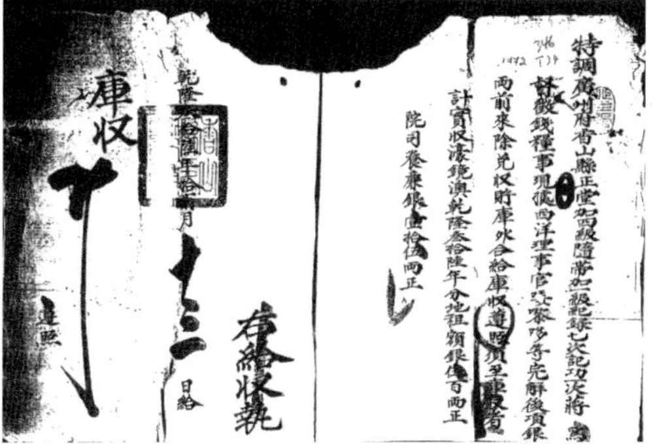

1-4-4

1-4-1 포르투갈인의 마카오 상륙지-마조각[33]

1-4-2 포르투갈 마누엘 국왕[34]의 재위기간1495~1521은 포르투갈 역사상 최고의 '황금 시기'

1-4-3 포르투갈인이 마카오를 점령하고 만든 포대

1-4-4 1771년 샹산현香山县의 지현知县이 마카오의 토지세를 받은 후 포르투갈 관리에게 발급한 영수증

1-4-5

1-4-6

1-4-7

1-4-5　17세기에 지은 마카오 성 도미니크 성당
1-4-6　포르투갈인이 세운 마카오 성곽
1-4-7　포르투갈인이 세운 마카오 성 바울 성당

1-4-8

1-4-9

1-4-10

1-4-11

1-4-8 포르투갈 식민 통치 시기의 마카오 깃발
1-4-9 1598년 포르투갈이 차지한 마카오 모습
1-4-10 포르투갈 식민 통치 시기의 마카오 모습
1-4-11 1870년 마카오 성 바울 성당 유적지

1.5 동인도 회사의 황금기

역사적으로 동인도의 범위는 오늘날 인도양 동쪽에 있는 인도, 동남아, 중국에서 일본까지의 넓은 지역을 포함한다. 따라서 동인도 회사의 업무 범위는 아시아 태평양 전 지역과 관련되어 있다.

동방 항로가 열린 후, 유럽은 네덜란드 동인도 회사, 덴마크 동인도 회사, 프랑스 동인도 회사, 스웨덴 동인도 회사, 영국 동인도 회사 등 단번에 여러 개의 동인도 회사를 만들었는데, 그중 동서양 무역과 문화 교류에 있어 영국 동인도 회사의 영향이 가장 컸고 가장 오랫동안 지속되었다.

영국 동인도 회사는 1600년에 만들어졌는데 초창기에는 동방무역 독점권을 가진 상업회사에 불과했지만, 후에 점점 영국이 동방을 침략하는 도구로 변질되었다. 1613년 영국 동인도 회사는 인도 서부 수라트Surat에 무역 거점기지를 만들었고, 그 후 또 인도 동남부 마드라스Madras에 상관商館을 열었다. 1698년 영국 동인도 회사는 인도 무굴제국Mughal Empire 정부로부터 벵골만 갠지즈강 항구에 위치한 콜카타Kolkata를 사들여 그곳에 무역 총본부를 세웠다. 인도에서 영국의 상업이 발전함에 따라 영국 정부는 동인도 회사를 이용해 식민지를 개척할 생각을 하게 되었다. 엘리자베스 여왕은 동인도 회사에게 무역 독점권, 군대 훈련권, 선전포고권과 화친권, 법정을 설립하여 본국 송환과 식민지 거주를 판결하는 권한 등 각종 권한을 부여하였다. 영국 정부는 동인도 회사를 사실상 인도를 침략하고 중국을 부당하게 취하기 위한 대리조직으로 삼았다.

1637년에 영국은 존 웨델 선장[35]이 이끄는 코틴상단 함대Courteen fleet가 중국 광저우에 도착한 적이 있지만 성공적이지 못했다. 1664년 영국 동인도 회사는 처음으로 상선을 보내 무역을 하려고 시도하였다. 광둥广东 당국은 영국 상선에게 선박의 톤당 2,000냥이라는 높은 세율의 선박세를 지급하라고 요구하는 방식으로 무역을 저지하였으며, 병사를 동원하여 감독하였고 총을 쏘며 물건 판매를 금지하였다. 영국인은 세금을 반으로 줄여달라고 요구하였으나 허락을 얻지 못해 양측은 5개월간 대치하였고 동인도 회사 상선은 아무런 소득 없이 돌아가게 되었다. 1685년이 되어서야 동인도 회사는 광저우에서의 무역권을 얻어냈고 이때부터 아편 밀수가 점차 성행하기 시작하였다.

영국 동인도 회사가 1760년대부터 하락세를 보이다가 1767년에는 영국 정부가 규정한 세금 40만 파운드를 낼 여력이 없어 정부로부터 대출하기 시작하였고, 이로 인해 재정위기가 갈수록 심각해져 1813년 인도에 대한 동인도 회사의 무역독점권이 결국 취소되었다.

1833년에는 중국에 대한 동인도 회사의 무역 독점권도 취소되어 중국과 영국 간의 동인도 회사를 통한 무역 방식은 영국 개별 상인散商의 자유무역으로 대체되었다.

1-5-1

1-5-2

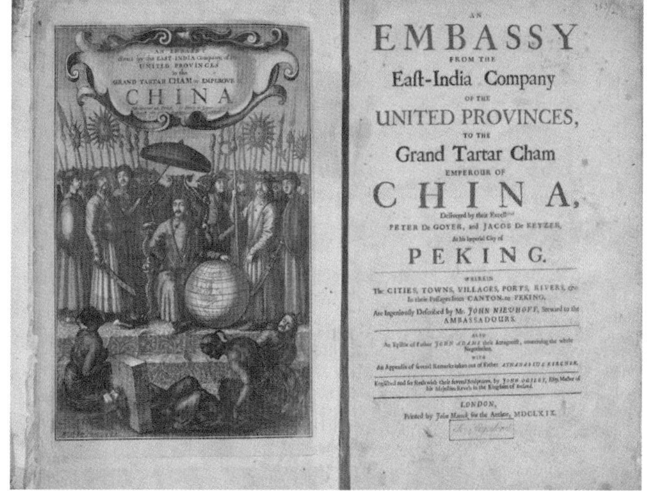

AN
EMBASSY
FROM THE
East-India Company
OF THE
UNITED PROVINCES,
TO THE
Grand Tartar Cham
EMPEROUR OF
CHINA,
Deliver'd by their Excell^cies
PETER De GOYER, and JACOB De KEYZER,
At his Imperial City of
PEKING.
WHEREIN
The CITIES, TOWNS, VILLAGES, PORTS, RIVERS, &c.
In their Passages from CANTON to PEKING,
Are Ingeniously Describ'd by Mr. JOHN NIEUHOFF, Steward to the AMBASSADOURS.
LONDON,
Printed by John Macock for the Author, MDCLXIX.

1-5-3

1-5-1　1602년 네덜란드 상인으로 조직된 네덜란드 동인도 회사

1-5-2　1656년 베이징에 도착한 네덜란드 동인도 회사 사절단

1-5-3　1665년 네덜란드 라이덴대학이 출판한 요한 니우호프[36]의 『네덜란드 동인도 회사 중국 방문 사절단 실록』[37]

1-5-4

1-5-5

1-5-6

1-5-4 벵골Bengal의 네덜란드 동인도 회사 거점
1-5-5 암스테르담에 있는 네덜란드 동인도 회사의 하역장
1-5-6 1665년 마카오 항구에 정박 중인 네덜란드 동인도 회사 선박

1-5-7

1-5-8

1-5-9

1-5-7 마카오에 도착한 스웨덴 동인도 회사 선박

1-5-8 영국 동인도 회사 로버트 테일러가운데와 그의 두 형제가 광저우와 콜카타를 가리키며 업무를 하는 모습

1-5-9 런던에 위치한 영국 동인도 회사 빌딩

1-5-10

1-5-11

1-5-10 영국 동인도 회사의 마드라스 총독부
1-5-11 영국 동인도 회사의 아편 창고
1-5-12 마카오에 있는 영국 동인도 회사 상인과 그의 가족

1-5-12

1.6 '천조天朝'에 발을 내딛은 하느님의 사신

서양 식민지가 확대됨에 따라 인류 영혼을 구하는 것이 임무인 천주교 선교사들은 그 시선을 동방으로 돌렸다. 그들은 굳건한 종교적 신념을 갖고 어떠한 어려움도 두려워하지 않았으며, 놀라울 정도의 의지로 생명의 대가를 지불하기도 하며 망망대해를 넘어 중국에 와서 넓은 중국 땅에 하느님의 복음을 전파할 수 있기를 갈망하였다. 그들이 바다 건너 동쪽으로 와서 기독교 교리를 전파하였기에 근대 중국인이 중국 이외 지역의 문화인과 대화를 시작하였고 전통 유교 문화와 다른 기독교 문화도 난생 처음 경험하게 되었다.

프란치스코 하비에르[38]는 중국에 온 최초의 천주교 예수회 선교사이다. 1552년 그가 중국 광둥 연해 지역에 도착했을 때는 마침 명 왕조가 왜구에 대응하기 위한 해금海禁 정책을 실시하고 있을 때여서 상촨上川이라고 하는 작은 섬에 체류하며 힘든 세월을 보내다가 얼마 지나지 않아 질병으로 사망하였다. 선교사 프란치스코 하비에르 이후 알레산드로 발리냐노[39], 미켈레 루지에리[40], 프란체스코 파시오[41] 등은 중국으로 건너와서 선교하였지만 별다른 성과를 거두지는 못하였고, 마테오 리치[42] 때가 되어서야 실질적인 성과를 거두게 되었다. 마테오 리치는 베이징으로 들어와 중국 내륙 지역까지 진출하여 유교 전통문화 속에 천주교가 스며들게 하였고, 중국 사대부 집단에게 서양 종교와 서양 문화를 성공적으로 전파하였다. 이 밖에 선교사 요한 아담 샬 폰 벨[43], 페르디난트 페르비스트[44], 줄리오 알레니[45] 등도 마테오 리치의 포교 노선인 중국화中国化를 따라서 서양 문화가 중국 체제 안에서 크게 전파될 수 있도록 하였다.

1-6-1

1-6-2

1-6-3

1-6-4

1-6-1 예수회 창시자 이냐시오 데 로욜라[46]

1-6-2 최초로 중국 땅을 밟은 예수회 프란치스코 하비에르 신부

1-6-3 선교 과정에서 많은 어려움을 겪은 예수회 프란치스코 하비에르 신부

1-6-4 프란치스코 하비에르 신부가 중국인에게 세례하는 것을 소재로 한 스테인드 글라스

1-6-5

1-6-6

1-6-7

1-6-8

1-6-5 프란치스코 하비에르 신부의 출생지인 스페인 나바라Navarra의 하비에르성Castillo de Javier
1-6-6 이탈리아 예수회 선교사 알레산드로 발리나뇨
1-6-7 중국식 복장을 한 마테오 리치
1-6-8 마테오 리치와 서광계[47]가 대화를 나누는 모습

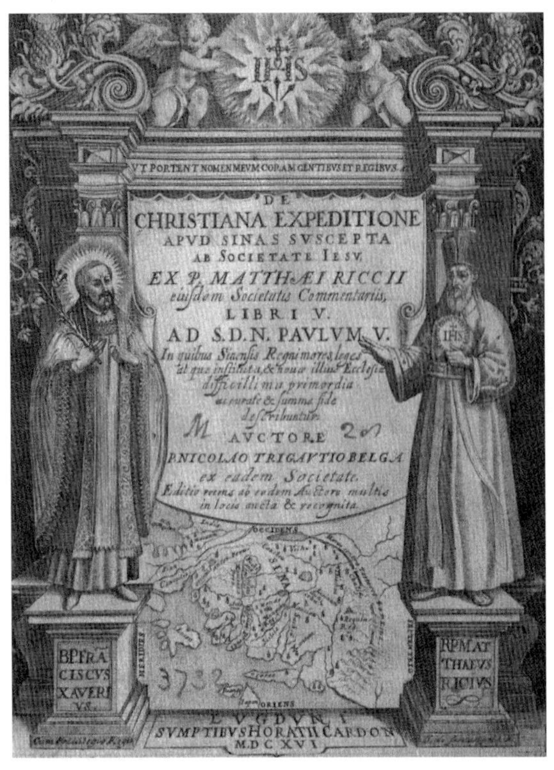

1-6-9

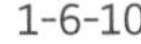

1-6-10

1-6-11

1-6-12

1-6-9 니콜라스 트리고[48]와 마테오 리치가 지은 『중국에서의 그리스도교 선교』[49] 1616년 판본의 표지

1-6-10 이탈리아 예수회 선교사 로도비코 불리오[50]

1-6-11 마테오 리치가 서광계의 도움을 받아 베이징에 지은 최초의 천주교 성당-남당南堂

1-6-12 베이징에 있는 마테오 리치의 묘

1.7 서학동점의 첫 번째 물결

명청明清 시기에 중국으로 온 천주교 선교사는 적어도 500여 명에 달했고, 대부분 포르투갈, 프랑스, 이탈리아, 독일, 벨기에, 네덜란드, 오스트리아, 스페인, 스위스 등에서 왔는데, 그들은 중국 전통문화와 전혀 다른 서양 문화와 과학 기술을 가져왔으며, 그들이 중국에 전파한 서양 학문은 분야가 다양하고 규모가 매우 크다는 특징이 있다. 서양의 천문학, 수학, 물리학, 건축학, 지도학, 의약학, 기계공학, 화기 이론과 제조, 심지어 철학, 음악, 회화 등은 모두 이 시기에 중국으로 들어왔고 서학동점西学东渐의 첫 번째 물결이 출렁였다.

이러한 큰 흐름은 중국 문화가 격변할 수 있는 하나의 계기가 되었으며, 역사적으로 볼 때 많은 최초가 바로 이때 생겨났다. 기하학, 망원경, 서양식 대포, 증기기관, 서양 음악 등이 잇달아 중국인에게 소개되었고, 이러한 것은 나중에 중국 문화의 중요한 구성 요소로 자리 잡게 되었다.

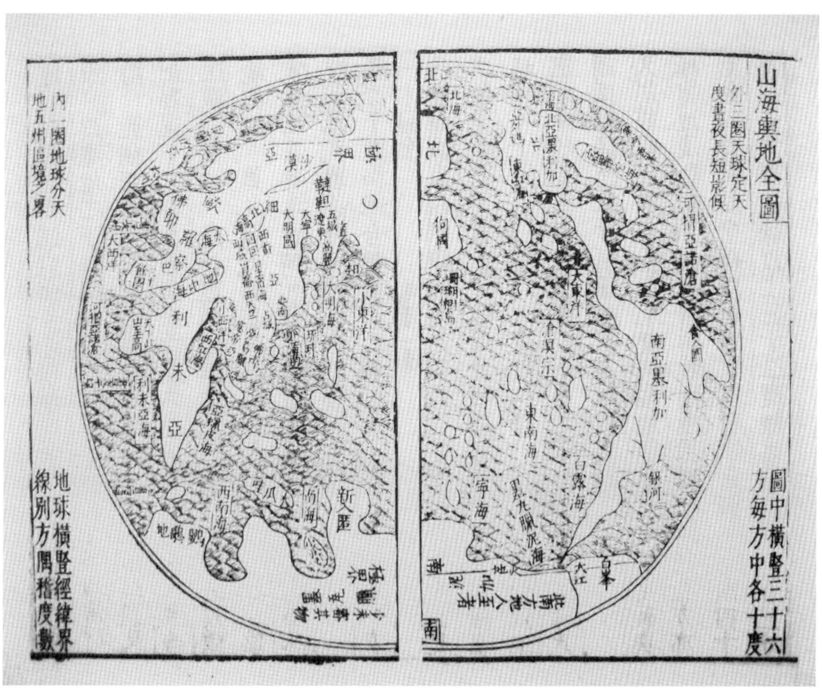

1-7-1

1-7-1 마테오 리치가 제작한 『산해여지전도山海輿地全图』

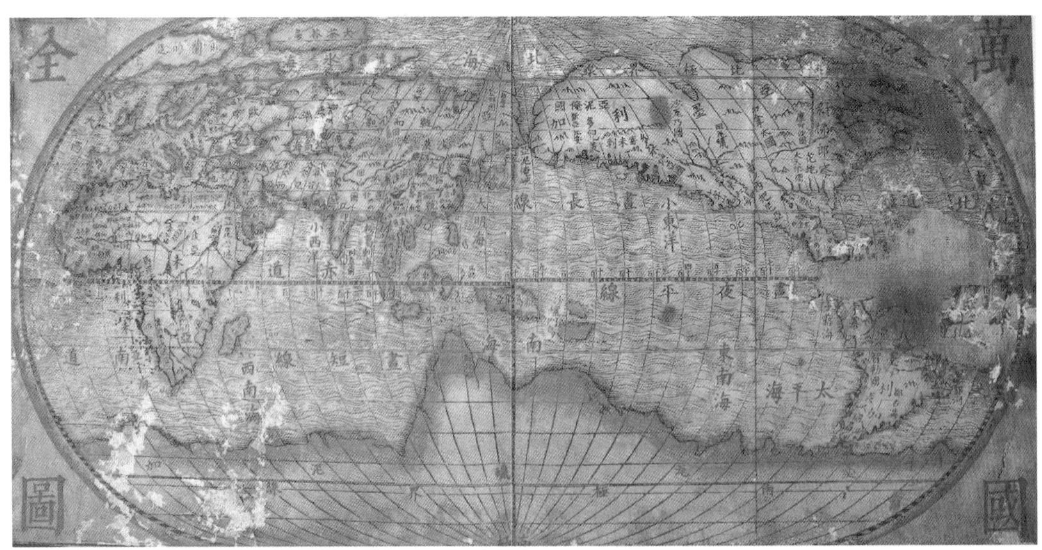

1-7-2

1-7-3

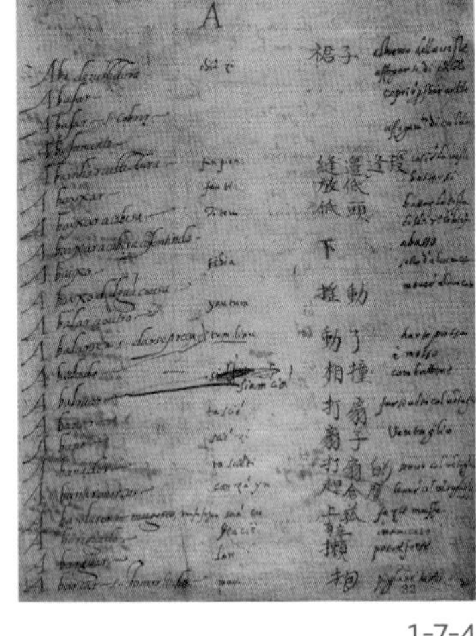

1-7-4

1-7-5

1-7-2 예수회 선교사 줄리오 알레니의 『직방외기职方外记』 속 세계 지도

1-7-3 흠천감钦天监의 감정监正을 역임하며 중국 천문학에 큰 공헌을 세운 벨기에 예수회 선교사 페르디난트 페르비스트

1-7-4 미켈레 루지에리, 마테오 리치, 종명인[51]이 만든 『포한사전葡汉辞典』 수기 원고

1-7-5 페르디난트 페르비스트가 그린 증기기관

1-7-6

1-7-7

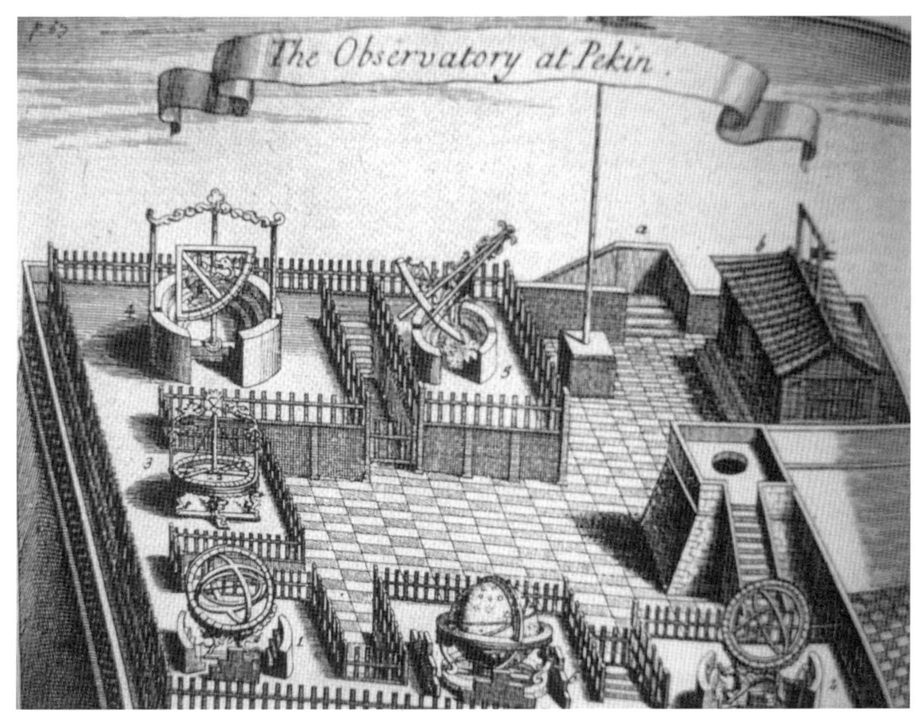

1-7-8

1-7-6 서광계가 손으로 쓴『 각「기하원본」서刻「几何原本」序』

1-7-7 서양 음악을 중국에 처음으로 들여온 이탈리아 선교수도회[52] 선교사 테오도리코 페드리니[53]

1-7-8 페르디난트 페르비스트가 만든 〈천문관측의기도天文观测仪器图〉

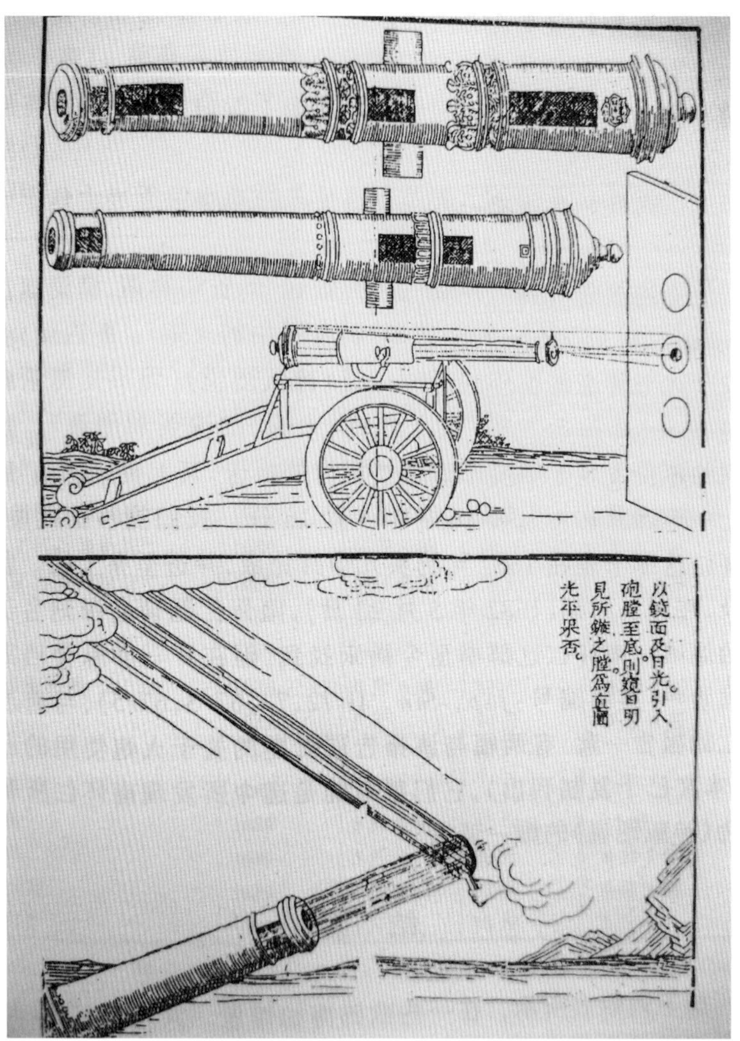

1-7-9

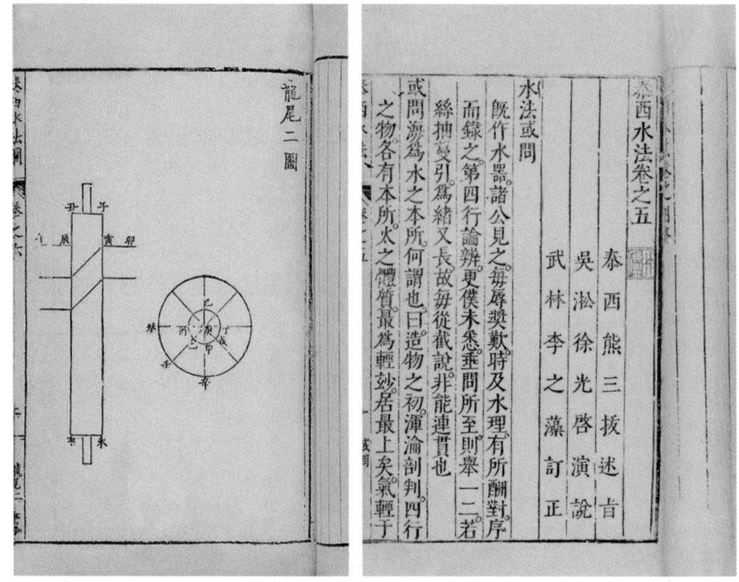

龍尾二圖

泰西水法卷之五

泰西熊三拔述旨
吳淞徐光啓演說
武林李之藻訂正

水法或問

旣作水器。諸公見之。每辱奬歎。時及水理。有所酬對。序而錄之。第四行論辨。更僕未悉。垂問所至。則舉一二。若緜抽旻引。爲緒又長。故每從截說。非能連貫也

或問。海爲水之本所。何謂也。曰。造物之初。渾淪剖判。四行之物。各有本所。火之體質。最爲輕玅。居最上矣。氣輕于

1-7-10

1-7-9 페르디난트 페르비스트의 저서『신위도설神威图说』

1-7-10 이탈리아 선교사 사바티노 데 우르시스[54]의 역서『태서수법泰西水法』

1-7-11

1-7-12

1-7-11 서양 천문학의 영향을 받은 첫 번째 중국 과학자들

1-7-12 서양 화법의 흔적이 있는 초병정[55]의 〈미인도仕女图〉

1.8 청나라 황제의 '서양인 천관洋天官'

중국 황제는 대대로 역법正朔을 중시하였고 기상과 역법은 왕조 법통의 정치적 의의를 부여받았다. 명청 시기 황제를 위해 기상을 관찰하고 절기를 예측하며 역법을 제정하는 것을 담당하는 국가기관을 흠천감钦天监이라고 하였으며, 그 기관의 최고 관리는 흠천감 감정监正이다. 청나라 순치제 때 요한 아담 샬 폰 벨을 시작으로 많은 서양 선교사들이 흠천감 감정이나 기타 직책을 맡았다. 페르디난트 페르비스트, 이그나츠 코글러[56], 페르디난드 아우구스틴 할레르스타인[57], 킬리안 스텀프[58], 자코모 로[59], 요한 테렌츠 슈렉[60], 토마스 페레이라[61] 등 유명한 선교사들도 흠천감에서 일을 한 적이 있다. 그들은 선진적인 서양의 천문학, 역법, 그리고 그에 상응하는 우주관과 시간 개념을 중국으로 들여와 중국 천문과 역법의 발전을 이끌었고, 중국인의 세계를 인식하고 자연을 연구하는 시야를 크게 넓혀놓았다.

이때부터 하늘天에 대한 중국인의 인식은 혁명적인 변화를 겪게 되어 하늘이 신학이나 윤리학의 의미에 그치는 것이 아니라 많은 현대 천문학 요소가 포함되어 있다는 것을 알게 되었다. 과학적인 관점에서 중국의 하늘이 서양의 하늘과 하나가 되기 시작하였다.

1-8-1

1-8-1 선교사가 그린 순치제와 요한 아담 샬 폰 벨이 수학에 열중하는 모습

1-8-2

1-8-3

1-8-4

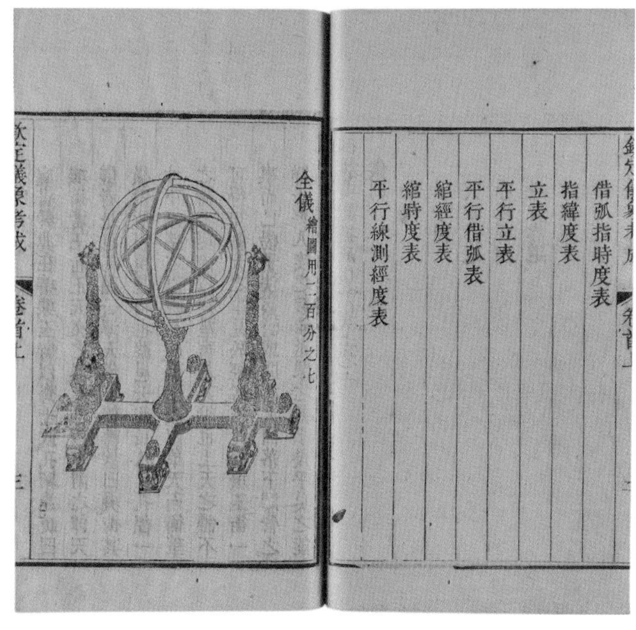

全儀 繪圖用二百分之七

借弧指時度表
指緯度表
立表
平行立表
平行借弧表
縮經度表
縮時度表
平行線測緯度表

1-8-5

1-8-2 천문학자인 요한 아담 샬 폰 벨이 일하는 모습

1-8-3 역법을 잘 알고 천문운동을 정확하게 측정하여 청 강희제[62]의 총애를 받은 벨기에 국적 흠천감 감정 페르디난트 페르비스트

1-8-4 청나라 흠천감 부감을 역임한 포르투갈 선교사 토마스 페레이라

1-8-5 청나라 흠천감 감정 독일 예수회 선교사 이그나츠 코글러가 편찬한『흠정의상고성钦定仪象考成』

1-8-6

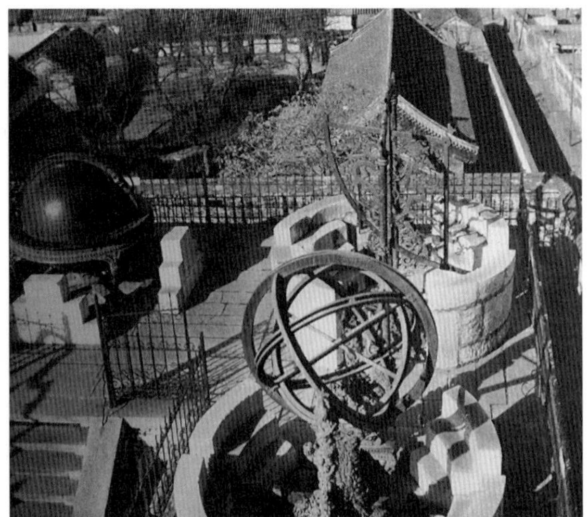

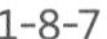

1-8-7

1-8-8

1-8-9

1-8-6 독일 선교사 킬리안 스텀프가 설계 제조한 〈지평경위의地平经纬仪〉

1-8-7 베이징 흠천감 관상대

1-8-8 지금까지도 사용 가능한 선교사가 만든 관상대 천문기기

1-8-9 중국인이 추억하는 천문기기

1.9 중국 궁궐의 서양 화가

유화와 수채화, 동양식 화법과 서양식 화법을 넘나들던 화가들이 있었는데, 그들은 푸른 눈에 높은 매부리코를 하고 있지만, 몸에는 실크로 된 중국 관복을 걸치고 있었다. 그들은 원래 대부분 선교사이지만 망망대해를 건너 이 멀고 고풍스러운 동방의 나라로 왔고, 중국 황제의 요청으로 중국 궁궐의 문화 관료가 되었다. 그들은 마국현[63], 낭세녕[64], 왕치성[65], 애계몽[66], 안덕의[67], 예천작[68], 탕집중[69], 장우인[70], 반정장[71], 하청태[72] 등의 중국식 이름을 갖고 있었다. 그들이 남긴 회화 작품은 당시 중국 전통 그림의 평면 기법을 뒤집어 놓았고, 그 후 중국 해서파海西派는 투시 화법의 새로운 장을 열었다. 그들의 예술 작품은 오늘날까지도 여전히 중국 문화 속에 살아있는 큰 자산이다.

서양 화가 중 주세페 카스틸리오네낭세녕의 작품이 가장 많고, 가장 많은 영향을 미쳤다. 그의 작품은 당시 큰 사건을 표현하는 역사화가 있고, 또 많은 황제와 후비의 초상화, 동물화, 화조화 등도 있다. 주세페 카스틸리오네의 작품은 대부분 중국에 남아있어 그의 예술 생애가 이미 중국 미술사의 한 부분이 되었고 중국 미술사에서 확고한 위치를 차지하고 있다. 청 황실의 내무부内务府 조반처造办处 문서의 기록에 따르면, 주세페 카스틸리오네는 중국 궁정 화가에게 유럽의 회화 기법을 전수한 적이 있으며, 그의 중국인 제자 중 현재까지 이름을 알 수 있는 사람도 10여 명이 있을 정도로 중국과 유럽의 문화 예술 교류에 지대한 공헌을 하였다.

1-9-1

1-9-2

1-9-1 이탈리아 화가 주세페 카스틸리오네 작품 〈팔준도八骏图〉
1-9-2 주세페 카스틸리오네가 중국 화법과 서양 화법을 융합하여 그린 작품 〈취서도聚瑞图〉

1-9-3

1-9-4

1-9-3 주세페 카스틸리오네 작품 〈류음쌍준도柳荫双骏图〉

1-9-4 주세페 카스틸리오네 작품 〈아옥석지모탕구도阿玉锡持矛荡寇图〉

1-9-5

1-9-5 주세페 카스틸리오네 작품 〈홍력관화도축弘历观画图轴〉

1-9-6

1-9-7

1-9-6 장 드니 아티레의 작품 〈위장점병围场点兵〉

1-9-7 장 드니 아티레가 청나라 군대가 대소화탁大小和卓과의 전쟁에서 이긴 것을 기념하기 위해 그린 작품 〈아르추르 전투阿尔楚尔之战〉

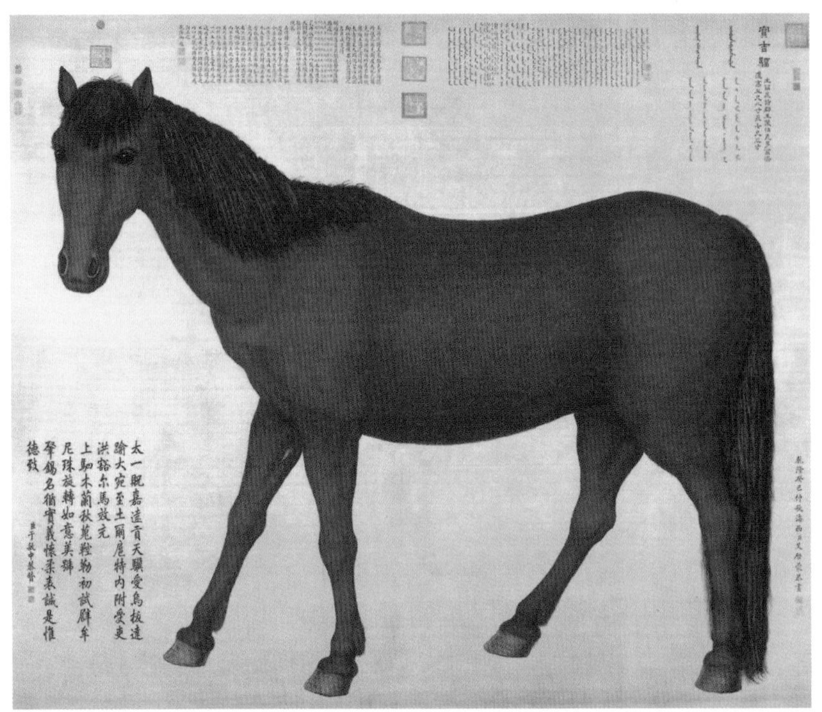

1-9-8

1-9-9

1-9-8 이냐시오 시켈바르트 작품 〈보길류도宝吉骝图〉

1-9-9 이냐시오 시켈바르트 작품 〈백록도百鹿图〉의 일부

1-9-10

1-9-10 루이 앙투안 드 푸와로 작품 〈화황응画黄鹰〉

1 크리스토퍼 콜럼버스Christopher Columbus, 克里斯托弗·哥伦布, 1452~1506

2 바르톨로메우 디아스Bartholomeu Dias, 巴尔托洛梅乌·迪亚士, 1450~1500

3 아메리고 베스푸치Amerigo Vespucci, 阿美利哥·维斯普西, 1454~1512

4 바스코 다 가마Vasco da Gama, 瓦斯科·达·伽马, 1460 혹은 1469~1524

5 에르난도 코르테스Hernando Cortes, 埃尔南·科尔特斯, 1485~1547

6 페르디난드 마젤란Ferdinand Magellan, 斐迪南·麦哲伦, 1480~1521

7 프라 마우로Fra Mauro, 弗拉·毛罗, 1390~1459

8 페드로 알바르스 카브랄Pedro Álvares Cabral, 佩德罗·阿尔瓦雷斯·卡布拉尔, 1467 혹은 1468~1520

9 엔히크 왕자Prince Henry, 亨利亲王, 1394~1460

10 프란시스코 드 알메이다Francisco de Almeida, 弗郎西斯科·德·阿尔梅达, 1450~1510

11 알폰소 드 알부케르크Afonso de Albuquerque, 阿尔梅达和阿方索·德·阿尔布克尔克, 1453~1515

12 구스타프 윌렘 반 임호프Gustaaf Willem van Imhoff, 古斯塔夫·冯·伊霍夫, 1705~1750

13 제임스 쿡James Cook, 詹姆斯·库克, 1728~1779

14 찰스 콘윌리스Charles Cornwallis, 查尔斯·康沃利斯, 1738~1805

15 로버트 클라이브Robert Clive, 罗伯特·克莱武, 1725~1774

16 엘리자베스 여왕Elizabeth I, 1533~1603

17 프란시스 드레이크Francis Drake, 弗朗西斯·德雷克, 1540~1596

18 토마스 캐벤디시Thomas Cavendish, 托马斯·卡文迪什, 1560~1592

19 제임스 랭카스터James Lancaster, 詹姆斯·兰开斯特, 1554~1618

20 헨리 7세Henry VII, 亨利七世, 1457~1509

21 존 캐벗John Cabot, 约翰·卡波特, 1450?~1499

22 월터 롤리Walter Raleigh, 沃尔特·雷利爵士, 1552 혹은 1554~1618

23 페르낭 페레스 데 안드라데Fernao Peres de Andrade, 1458~1522

24 토마스 피레스Tomé Pires 또는 Thomas Pirez, 皮莱士, 1465?~1524 or 1540

25 Frank에서 기원하였으며 유럽인이라는 의미이다.

26 佛朗机는 원래 Frank에서 온 말로, 유럽인을 의미한다.

27 인도네시아 자바 동부에 위치한 마지막 힌두교 왕국.

28 화자아삼火者亚三, 1473~1521, 말라카왕국满剌加에서 온 화인.

29 명 무종, 주후조朱厚照, 1491~1521

30 명 세종, 주후총朱厚熜, 1507~1567

31 『明史·佛郎机传』卷二百一十三
-. 其时, 大西洋人来中国, 亦居此澳。盖番人本求市易, 初无不轨谋, 中朝疑之过甚, 迄不许其朝贡, 又无力以制之, 故议者纷然。然终明之世, 此番固未尝为变也。其人长身高鼻, 猫睛鹰嘴, 拳发赤须, 好经商, 恃强陵轹诸国, 无所不往。后又称干系腊国。所产多犀象珠贝。衣服华洁, 贵者冠, 贱者笠, 见尊长辄去之。初奉佛教, 后奉天主教。市易但伸指示数, 虽累千金不立约契, 有事指天为誓, 不相负。自灭满剌加、巴西、吕宋三国, 海外诸蕃无敢与抗者。
-. 佛郎机, 近满剌加。正德中, 据满剌加地, 逐其王。十三年遣使臣加必丹末等贡方物, 请封, 始知其名。诏给方物之直, 遣还。其人久留不去, 剽劫行旅, 至掠小儿为食。已而夤缘镇守中贵, 许入京。武宗南巡, 其使火者亚三因江彬侍帝左右。帝时学其语以为戏。其留怀远驿者, 益掠买良民, 筑室立寨, 为久居计。

32 마카오를 가리키는 말. 포르투갈인은 현지에 마각신묘妈阁神庙가 있어서 그 지역을 Macao라고 불렀다.

33 마조각妈祖阁, 마조각은 마카오Macao의 음역어이다.

34 마누엘 1세Manuel I, 曼努埃尔, 1469~1521

35 존 웨델John Weddell, 约翰·威德尔, 1583~1642

36 요한 니우호프Johan Nieuhof 또는 Jean Nieuhoff, 约翰·纽霍夫, 1618~1672

37 *L'Ambassade de la Compagnie Orientale des Provinces Unies vers L'Empereur de la Chine , ou Grand Cam de Tartarie* 『荷兰东印度公司使节团访华记实』

38 프란치스코 하비에르Francisco Javier, 方济各·沙勿略, 1506~1552

39 알레산드로 발리나뇨Alessandro Valignano, 范礼安, 1539~1606

40 미켈레 루지에리Michele Ruggieri, 罗明坚, 1543~1607

41 프란체스코 파시오Francesco Pasio, 巴范济, 1554~1612
42 마테오 리치Matteo Ricci, 利玛窦, 1552~1610
43 요한 아담 샬 폰 벨Johann Adam Schall von Bell, 汤若望, 1591~1666
44 페르디난트 페르비스트Ferdinand Verbiest, 南怀仁, 1623~1688
45 줄리오 알레니Giulio Aleni, 艾儒略, 1582~1649
46 이냐시오 데 로욜라Ignatius Loyola, 罗耀拉, 1491~1556
47 서광계徐光启, 1562~1633
48 니콜라스 트리고Nicolas Trigault, 金尼阁, 1577~1628
49 *De Christiana expeditione apud Sinas*, 『基督教远征中国记』
50 로도비코 불리오Lodovico Buglio, 利类思, 1606~1682
51 종명인钟鸣仁, 1562~1622
52 선교수도회Congregation of the Mission
53 테오도리코 페드리니Teodorico Pedrini, 德理格, 1671~1746
54 사바티노 데 우르시스Sabatino de Ursis, 熊三拔, 1575~1620
55 초병정焦秉贞, 1689~1726
56 이그나츠 코글러Ignaz Kogler, 戴进贤, 1680~1746
57 페르디난드 아우구스틴 할레르스타인Ferdinand Augustin Hallerstein, 刘松龄, 1703~1774
58 킬리안 스텀프Kilian Stumpf, 纪理安, 1655~1720
59 자코모 로Giacomo Rho, 罗雅谷, 1593~1638
60 요한 테렌츠 슈렉Johann Terrenz Schreck, 邓玉涵, 1576~1630
61 토마스 페레이라Thomas Pereira 또는 Tomás Pereira, 徐日升, 1645~1708
62 강희제康熙帝, 1654~1722
63 마국현马国贤, Matteo Ripa, 마테오 리파, 1692~1745
64 낭세녕郎世宁, Giuseppe Castiglione, 주세페 카스틸리오네, 1688~1766
65 왕치성王致诚, Jean-Denis Attiret, 장 드니 아티레, 1702~1768
66 애계몽艾启蒙, Ignatius Sichelbar, 이냐시오 시켈바르트, 1708~1780
67 안덕의安德义, Jean-Damascene Sallusti, 장다마센 살루스티, ?~1781
68 예천작倪天爵, Jean-Baptiste Monnoyer, 장 밥티스트 모노얼, 1636~1699
69 탕집중汤执中, Pierre Nicolas le Cheron d'Incarville, 피에르 니콜라스 체론 댕가르빌, 1706~1757
70 장우인蒋友仁, Michel Benoist, 미셸 베누아, 1715~1774
71 반정장潘廷璋, Joseph Panzi, 죠셉 판지, 1733~1812
72 하청태贺清泰, Louis Antoine de Poirot, 루이 앙투안 드 푸와로, 1735~1813

2. 서양의 중국 이미지

2.1 중세 유럽인의 '차이나 드림'

중세 유럽인은 저 멀리 동방에 있는 중국에 대해 아는 것이 별로 없었다. 중국에 관한 유럽인의 지식은 아랍에서 온 사람들이 들려주거나, 우연히 중국을 다녀온 서양 여행가들의 여행기에서 온 것이다. 근대 이전에 중국에 관한 유럽 사람의 인식은 주로 마르코 폴로[1]의 『동방견문록』[2]을 통해 만들어진 것이다. 그들 인상 속의 중국은 국력이 막강하고 경제가 번영하였으며 교통이 편리하고 문화가 발전하였고, 또 중국인들은 수많은 금은보화를 가지고 있었다. 중국의 각 도시는 이탈리아의 베네치아보다 훨씬 부유했고 동양 여인의 아름다움은 서양 여인에 비할 바가 아닐 정도로 뛰어났다.

마르코 폴로의 『동방견문록』보다 조금 늦기는 했지만, 이것과 함께 서양에 널리 알려진 책으로 『존 맨더빌[3] 여행기[4]』가 있는데, 마르코 폴로에 이어 중국에 대한 감탄을 이어나간 작품이다. 영국 기사 작위를 가진 존 맨더빌은 중국에 가본 적이 없어서 이전 사람들이나 동시대 사람들의 여행기를 근거로 중국을 묘사하기는 했지만, 물산이 풍부한 중국과 번영한 중국 도시의 모습을 묘사하고 상상하는 데에는 전혀 문제 될 것이 없었다. 중국과 관련된 장절章节 속에서 거란契丹 왕인 칸Khan은 엄정하게 통치하며, 수많은 금은보화를 갖고 있고, 100여 명의 부인을 거느리고 있는데, 그를 마치 터키의 술탄처럼 거란의 칸을 세계에서 가장 강하고 부유한 군주로 묘사하고 있다. 존 맨더빌은 마르코 폴로가 불을 붙인 서양인 기억 속 거란의 이미지를 더욱 극대화하였다.

거란이 물자가 풍부한 것에 대한 중세 유럽인의 부러움은 그들의 발걸음을 동방으로 향하게 하였다. 서유럽 각국의 소위 Cathay venture는 유럽 사회가 근대 자본주의의 문턱으로 향하는 가장 큰 원동력이 되었다.

Cosmographia
breue introdu-
ctoria enel libro
d Marco paulo

Marco paulo. Micer pogio

S. domingo.
La ysla Ysabela

Calicu

El libro del famoso Marco paulo
veneciano d las cosas marauillosas
q vido enlas partes orietales. cóuie
ne saber enlas Indias. Armenia. A
rabia. Persia y Tartaria. E dl pode
rio dl grá Cá y otros reyes. Có otro
tratado de micer Pogio floretino q
trata delas mesmas tierras y yslas.

2-1-1

2-1-2

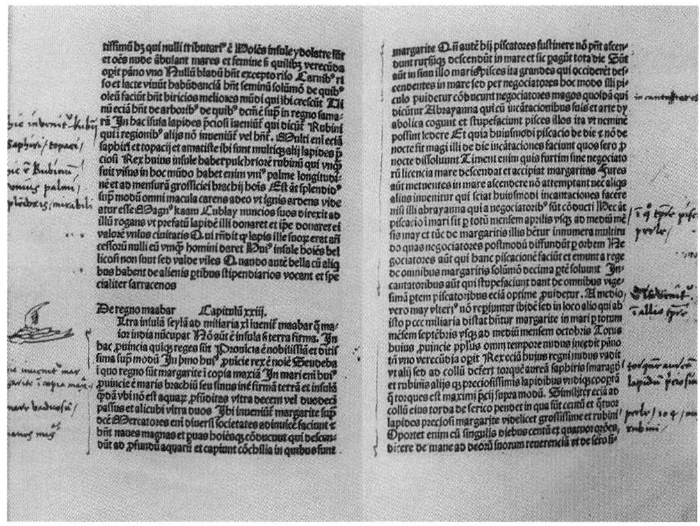

2-1-3

2-1-1 마르코 폴로 『동방견문록』 초기 판본 속 삽화

2-1-2 마르코 폴로 『동방견문록』 원본 중 한쪽

2-1-3 크리스토퍼 콜럼버스[5]가 마르코 폴로 『동방견문록』에 쓴 라틴어 주석

2-1-4

2-1-5

2-1-6

2-1-4 베네치아를 떠나 중국으로 향하는 마르코 폴로

2-1-5 몽고 전통 복장을 한 마르코 폴로

2-1-6 유명한 1375년 『카탈루냐 지도 Catalan atlas』에서 묘사한 마르코 폴로 일행이 금은보화를 가지고 동방에서 돌아오는 모습

2-1-7

2-1-8

2-1-9

2-1-7 쿠빌라이 칸[6]의 부유함과 비범함을 보여주는 표정과 행동

2-1-8 서양 그림 속 징기스 칸[7]

2-1-9 마르코 폴로의 여행기를 기초로 만들어진 유럽의 작품 〈항저우성杭州城〉

2-1-10

2-1-11

2-1-12

2-1-10 쿠빌라이 칸이 세금으로 거두어들인 많은 화폐를 보고 놀란 서양 사람들

2-1-11 『존 맨더빌 여행기』의 삽화 〈칸의 연회〉

2-1-12 중세 영국 여행 작가 존 맨더빌의 초상화

2.2 예수회 선교사의 뛰어난 필력

16세기 이후 중국으로 온 예수회 선교사들은 우수하고 찬란한 중국 유가 문화에 감화하였고, 발달한 중국 경제에 자극을 받아 매우 빨리 중국 문명에 빠져들었으며, 중국을 추앙하고 찬양하게 되었다. 그들은 중국의 만리장성, 운하, 도시를 감상하였고, 중국인의 정치 제도와 생활 방식을 높이 평가하였으며, 중국의 철학, 도덕, 윤리, 예의를 크게 칭송하였다. 그들의 글 속에서 중국은 시의詩意가 충만한 철학자들이 가르쳐 모든 사람이 박학다식한 나라이며, 기풍이 올바르고 자신이 가진 능력을 제대로 발휘하는 조화롭고 공정한 나라였다. 중국의 산천과 물자, 장인의 기술, 고전 경전, 문인 학사, 수학과 천문, 과거제도, 인심과 풍속 모두 그들이 숭상하는 대상이라고 유럽에 소개하였다. 그들의 글 속에서 중국은 아름답기 그지없는 이상적인 나라로 그려졌다.

2-2-1

2-2-1 프랑스 예수회 선교사 조아킴 부베[8]의 작품 〈중국 문무대신〉

RELATIONE
DELLA GRANDE
MONARCHIA
DELLA CINA
DEL
P. ALVARO
SEMEDO PORTVGHESE
DELLA COMPAGNIA
DI GIESV'.
CON PRIVILEGIO.
ROMÆ,
Sumptibus Hermanni Scheus,
M.D.C.XXXXIII.

2-2-2

2-2-3

2-2-4

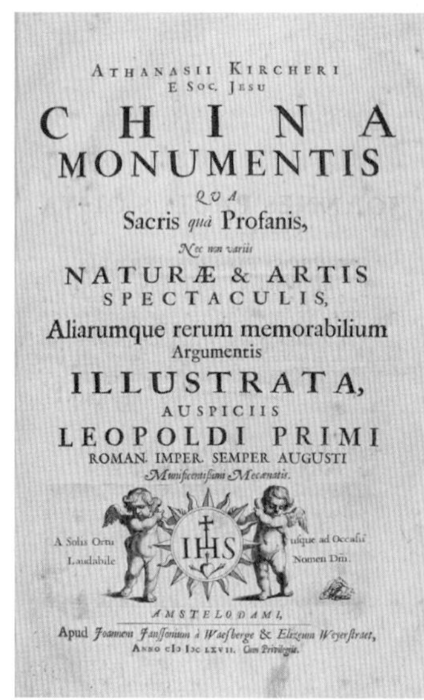
ATHANASII KIRCHERI
E SOC. JESU
CHINA
MONUMENTIS
QUA
Sacris quà Profanis,
Nec non variis
NATURÆ & ARTIS
SPECTACULIS,
Aliarumque rerum memorabilium
Argumentis
ILLUSTRATA,
AUSPICIIS
LEOPOLDI PRIMI
ROMAN. IMPER. SEMPER AUGUSTI
AMSTELODAMI,

2-2-5

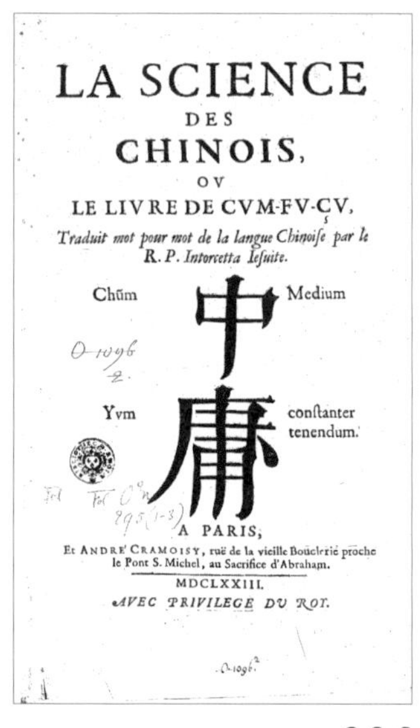
LA SCIENCE
DES
CHINOIS,
OV
LE LIVRE DE CVM·FV·CV,
Traduit mot pour mot de la langue Chinoiſe par le
R. P. Intorcetta Ieſuite.
Chūm 中 Medium
Yvm 庸 conſtanter tenendum.
A PARIS,
Et ANDRE' CRAMOISY, ruë de la vieille Boucлerie proche
le Pont S. Michel, au Sacrifice d'Abraham.
MDCLXXIII.
AVEC PRIVILEGE DV ROY.

2-2-6

2-2-2 포르투갈 예수회 선교사 알바루 세메두[9]의 저서 『대중국지大中国志』 표지
2-2-3 유럽에 중국을 보여준 이탈리아 예수회 선교사 마르티노 마르티니[10]의 『중국신지도집中国新地图集』
2-2-4 마르티노 마르티니 저서에 기록된 한자의 변천 방식
2-2-5 마르티노 마르티니의 스승인 독일 예수회 선교사이자 한학자 아타나시우스 키르허[11]의 저서 『중국도설中国图说』
2-2-6 이탈리아 예수회 선교사 프로스페로 인토르체타[12]가 번역한 『중용中庸』 표지

2-2-7

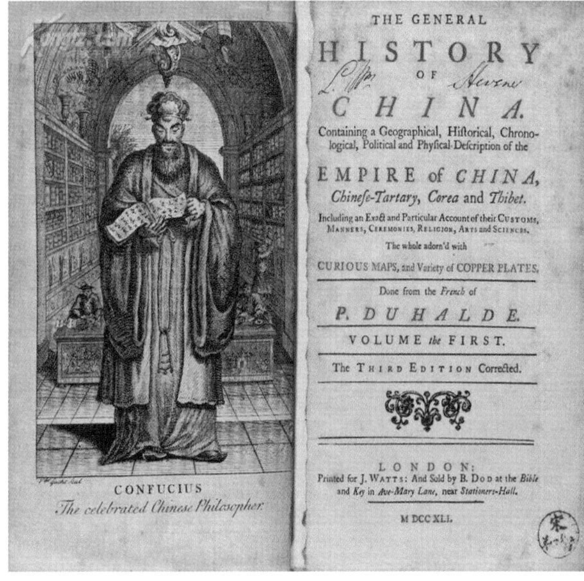

CONFUCIUS
The celebrated Chinese Philosopher.

THE GENERAL
HISTORY
OF
CHINA.
Containing a Geographical, Hiſtorical, Chronological, Political and Phyſical Deſcription of the
EMPIRE of CHINA,
Chineſe-Tartary, Corea and Thibet.
Including an Exact and Particular Account of their CUSTOMS, MANNERS, CEREMONIES, RELIGION, ARTS and SCIENCES.
The whole adorn'd with
CURIOUS MAPS, and Variety of COPPER PLATES.
Done from the French of
P. DU HALDE.
VOLUME the FIRST.
The THIRD EDITION Corrected.
LONDON:
Printed for J. WATTS: And Sold by B. DOD at the Bible and Key in Ave-Mary Lane, near Stationers-Hall.
M DCC XLI.

2-2-8

CAM-HY
Empereur de la Chine et de la Tartarie Orientale, âgé de 41 an et peint a l'âge de 32.

NOUVEAUX
MEMOIRES
SUR
L'ETAT PRESENT
DE
LA CHINE.
Par le P. LOUIS LE COMTE de la Compagnie de JESUS, Mathématicien du Roy.
TOME PREMIER.
Troiſiéme Edition reveüe & corrigée ſur la derniere de Paris.
A AMSTERDAM,
Chez HENRI DESBORDES, & ANTOINE SCHELTE.
M. DC. XCVIII.

2-2-9

2-2-7 폴란드 예수회 선교사 미카엘 보임[13]의 자화상
2-2-8 프랑스 예수회 선교사 장 밥티스트 뒤 알[14]의 『중화제국전지中华帝国全志 The General History of China』
2-2-9 프랑스 예수회 선교사 루이 르 콩트[15]의 『중국근사보도中国近事报道 Nouveaux mémoires sur l'état présent de la Chine』 속 중국 황제

2-2-10

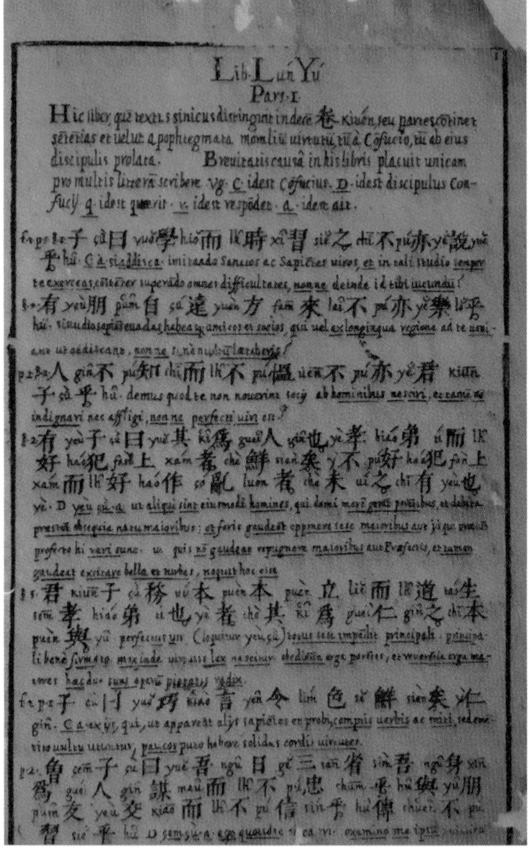

Lib. Lun Yu
Part. I

Hic liber, qui textus sinicus distinguit in decē 卷 Kiuén, seu partes, cōtinet sētētias et velut apophtegmata moraliū virtutū, tū à Cōfucio, tū ab eius discipulis prolata. Breuitatis causâ in his libris placuit unicam pro multis litterā scribere vg. C. idest Cōfucius. D. idest discipulus Confucij. q. idest quærit. r. idest respōdet. a. idest ait.

2-2-11

2-2-10 1729년『예수회 선교사 중국서간집耶稣会士中国书简集』에 수록된 강희제 초상화

2-2-11 프로스페로 인토르체타와 이나시오 다 코스타[16]가 공역한『논어论语』

2.3 이상하게 묘사한 중국 이미지

중국으로 온 초창기 예수회 선교사는 많은 편지와 보고서를 유럽으로 보냈다. 이 선교사들은 중국 문화의 위대함에 두려워하면서도 저멀리 동방에서 그들이 하는 선교활동을 자랑하기 위해, 유럽에 중국을 소개할 때 아무 생각 없이 중국의 우수한 점과 특별한 점을 과장해서 소개하였고, 중국의 단점과 문제점은 말하지 않았다. 그래서 유럽에서는 중국 이미지가 선교사로부터 걸러져서 다소 이상하게 묘사되었다.

이때, 봉건 전제 통치를 뒤집고자 하는 열망을 가진 유럽 계몽사상가들은 중세의 속박을 벗어날 사상적 무기와 평가하고 비판할 참조 대상을 급하게 찾던 중이었다. 선교사들이 만들어낸 기이한 중국의 이미지는 유럽 사상가들이 재가공하고 미화하였다. 이때 유럽인의 눈에 비친 중국은 철학 사상이 매우 깊은 개명한 국가였고, 중국인은 세계에서 윤리적으로 가장 수양이 잘 된 민족이었기 때문에, 유럽은 이렇게 문명이 발달한 중국과 중국인을 본보기로 삼을 수 있었다.

이와 더불어 유럽의 문예계도 사람을 미혹하는 **중국 콤플렉스**로 넘쳐났다. 중국 작품이 번역이나 재편집 등의 방식으로 유럽에 전해졌고, 유럽 각국의 문인들은 중국이라는 소재를 자신의 창작의 원천으로 삼았다. 그래서 중국 배경, 중국 주제, 중국 이야기, 중국 작품을 재편집하거나 각색하는 것은 한때 유럽 각국 문예계의 유행이 되었다. 중국의 『조씨고아赵氏孤儿』과 『호구전好逑传』이 유럽 문화계 인사들의 사랑을 가장 많이 받아서 영국, 독일, 프랑스, 네덜란드, 스페인 등의 문인들이 이것을 번역하거나 각색한 시나리오를 연이어 유럽에서 공연하였으며, 특히 명청 왕조가 교체되던 시기의 중국 역사 이야기는 그 당시 많은 유럽 문학예술 작품의 소재가 되었다.

2-3-1

BELLUM TARTARICUM,
OR THE
CONQUEST
OF
The Great and most renowned Empire of
CHINA,
By the Invasion of the TARTARS,
who in these last seven years, have
wholly subdued that vast Empire.
Together with a Map of the Provinces,
Written Originally in LATINE by
LONDON,
Printed for John Crook, and are to be
sold at his Shop at the Sign of the Ship
in St. Paul's Church-yard. 1654.

2-3-2

2-3-3

2-3-1 17세기 유럽인의 눈에 비친 중국 귀부인의 이미지

2-3-2 마르티노 마르티니의 『타타르의 전쟁사鞑靼战纪』[17] 1654 속표지

2-3-3 요한 니우호프[18]의 『네덜란드 사절단 중국 방문기出使中国游记』 속 난징 거리

2-3-4

2-3-5

2-3-6

2-3-7

2-3-8

2-3-4　17세기 유럽인의 눈에 비친 중국 복식
2-3-5　18세기 유럽의 중국 열풍 〈중국식 모임〉
2-3-6　서양 저술 속에 그려진 만주족의 이미지
2-3-7　프랑스 유화 화가가 그린 중국 시골 모습
2-3-8　프랑스 유화 속 중국 농민

2-3-9

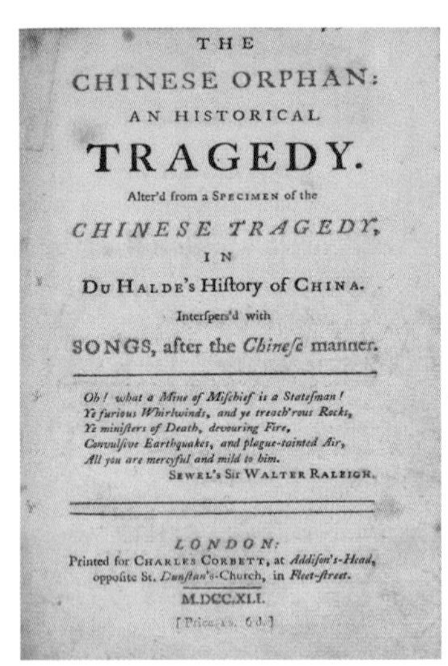

THE
CHINESE ORPHAN:
AN HISTORICAL
TRAGEDY.
Alter'd from a SPECIMEN of the
CHINESE TRAGEDY,
IN
DU HALDE's Hiſtory of CHINA.
Interſpers'd with
SONGS, after the *Chineſe* manner.

Oh! what a Mine of Miſchief is a Stateſman!
Ye furious Whirlwinds, and ye treach'rous Rocks,
Ye miniſters of Death, devouring Fire,
Convulſive Earthquakes, and plague-tainted Air,
All you are mercyful and mild to him.
SEWEL's Sir WALTER RALEIGH.

LONDON:
Printed for CHARLES CORBETT, at *Addiſon's-Head*,
oppoſite St. *Dunſtan's*-Church, in *Fleet-ſtreet*.
M.DCC.XLI.

2-3-10

2-3-9　중국 전제 제도도 최고로 추앙하는 프랑스 중농학파 창시자 프랑수아 케네[19]

2-3-10 『조씨고아』 영문 번역본 속표지

2.4 서양 상류사회의 '오리엔탈화'

17~18세기 유럽에는 로코코양식이 유행하였는데, 이는 전통 바로크양식의 권위적인 것과 형식적인 것에 반기를 드는 것으로, 그때는 생동적이고 자연스러우며 작고 아름다운 것을 추구하였다. 이것은 중국 예술이 추구하는 새롭고 세밀하고 우아하고 순박하고 초탈하는 것들과 그 방향이 일치한다. 사실 이때의 유럽 문화인은 여러 방면에서 중국 문화로부터 좋은 것을 흡수하였고, 중국은 그들이 배우고 모방하는 본보기가 되었다. 중국의 단아한 자기, 반짝이는 실크, 다채로운 칠기 모두 그들의 작품과 생활 속에 녹아들었다. 100년 동안 중국의 정신이나 중국식 기호를 품은 건축, 복식, 회화, 공예품, 그릇 등을 유럽의 유명한 도시나 거리 곳곳에서 볼 수 있었다. 오리엔탈화는 그 시기 서양 상류사회의 유행을 선도하는 특징이었다.

2-4-1

2-4-1 프랑스 화가 프랑수아 부셰[20]의 유화 〈중국시장中国集市〉

2-4-2

2-4-2 프랑스 황실 도자기 공장을 만들어 중국 도자기를 모방 제작하자고 주장했던 중국 스타일을 사랑한 루이 15세의 애첩 퐁파두르 부인[21]

2-4-3

2-4-4

2-4-5

2-4-3 에프터눈 티afternoon tea를 즐기는 영국 귀부인

2-4-4 유럽 18세기 회화 속 런던 큐 가든The Royal Botanic Gardens, Kew의 중국 탑Great Pagoda

2-4-5 조지 3세 때 동양 분위기로 충만한 탬스강

2-4-6

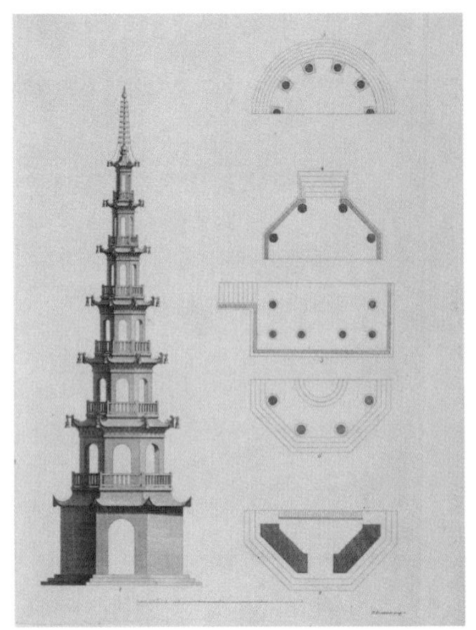
2-4-9

2-4-7

2-4-8

2-4-6 독일 포츠담Potsdam 상수시공원Park Sanssouci의 중국식 정자
2-4-7 17세기 최초로 만들어진 뮌헨에 있는 '영국 정원Englischen Garten' 의 중국 탑
2-4-8 화려함과 고급스러움이 물씬 풍기는 스웨덴 스톡홀름 드로트닝홀름 궁전Drottiningholm Palace의 청나라 자기
2-4-9 18세기 영국 건축가 윌리엄 챔버스[22]의『중국 건축, 가구, 의식, 기물 도안』[23] 속 스케치

2-4-10

2-4-11

2-4-12

2-4-10 중국 도자기를 모방하여 제작한 프랑스 세브르 자기

2-4-11 중국적 요소가 있는 프랑스 세브르 남색 자기

2-4-12 네덜란드 델프트Delft에서 생산된 자기

2.5 확 바뀌어버린 중국 이미지

18세기 중엽 후반부터 산업혁명이 시작되어 유럽이 빠르게 발전하는 시기로 접어들면서 생산력이 급증하였고 이로 인해 유럽 사회 각 분야는 급변하게 되었다. 과거 예수회 선교사들의 중국에 대한 이상주의적인 묘사는 점차 한 모퉁이로 사라졌고, 라이프니츠[24], 볼테르[25]식의 중국에 대한 관용, 부러움, 존경의 태도는 갈수록 **유럽문화 우월론**으로 대체되었다. 특히 영국의 특별 사절인 조지 매카트니[26]가 1793년 중국으로 와서 중국 내부 사정을 정탐한 후 유럽인의 **자만심**은 더욱 커져만 갔다. 그의 인상 속 중국과 중국인은 갈수록 낙후되고 옛것만을 고집하며, 기괴하고 어리석으며, 우스꽝스럽게 변해갔다. 이것은 중국 사회가 원래 가지고 있었던 모습이었지만 그들이 간과하고 넘겨버렸던 병폐들이었다. 계급 간 차별, 가난으로 아이를 대야 물에 박아 죽이는 행위, 기생놀음, 마약 탐닉, 부정부패, 미신, 빈곤 등은 유럽사람들에게 끊임없이 과장되고 확대되었다. 그들의 말, 저술, 그림 속에서 **신성**하게 묘사했던 것이 도리어 **희화화**하였고, 중국을 경외하고, 좋아하고, 숭상하였던 그들의 어휘들은 평가절하하고, 모욕하고, 조소하는 어휘들로 대체되었으며, 그들은 중국과 중국인의 이미지를 끊임없이 악의적으로 묘사하였다. 유럽에서 중국의 이미지는 180도로 크게 바뀌었으며 이런 상황은 거의 두 세기에 걸쳐 계속되었고, 그 후 아메리카 국가들은 19세기 말에도 중국인을 용속하고 사악한 집단으로 여기며 차가운 조소와 신랄한 풍자를 더해갔다.

2-5-1

2-5-1 몰락한 난징성

2-5-2

2-5-3

2-5-2 항저우 거리에서 죄수를 끌고 다니는 모습
2-5-3 낡고 오래된 대운하 옆 모습

2-5-4

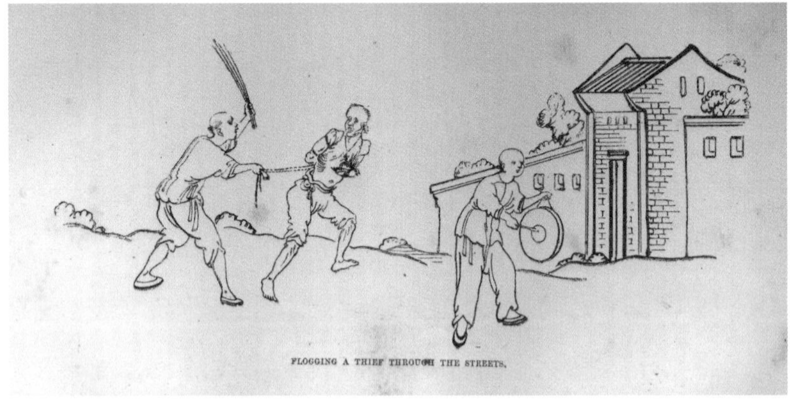

2-5-5

2-5-6

2-5-4 서양 책 속 중국의 가혹한 형벌 〈손가락을 조이는 협지형夾指刑〉
2-5-5 도둑이 태형을 받는 모습
2-5-6 법정에서 죄수에게 고문을 가해 자백을 강요하는 모습

2-5-7

2-5-8

2-5-9

2-5-7 위세 등등한 중국 관리
2-5-8 미신적 색채가 농후한 점술가
2-5-9 퉁저우通州 유민

2-5-10

2-5-11

2-5-12

2-5-10 사치스럽고 화려한 관리의 가족 연회

2-5-11 미국 정기간행물 삽화 〈1880년대 쫓겨나고 학살당하는 중국인〉

2-5-12 1885년 샌프란시스코 만화 〈영혼 없는 중국인〉[27]

2.6 '중국의 후원'을 연 서양인

1820년대 초 중국 윈난성云南省, 滇, 쓰촨성四川省, 川, 칭하이성青海省, 青, 티베트西藏自治区, 藏 등 서부지역은 전혀 개발되지 않은 불모지였다. 차마고도茶马古道를 따라 이어지는 아름다운 마을과 순박한 사람들은 더욱더 깊은 사색에 빠져들게 하였다. 신세계 발견자라고 자처하는 서양인은 이곳을 신비로운 중국의 후원으로 생각하였고, 예민한 후각과 학술적 배경을 갖추고 있는 서양 선교사와 여행가들은 잇따라 이곳을 탐험하였다.

중국 이름 담위도谭卫道라고 불리는 아르망 다비드[28]는 프랑스 천주교 선교사이자 동물학자이고 식물학자였다. 그는 1860년대 중국 쓰촨 야안雅安에서 선교활동을 하였고 프랑스 자연사박물관을 위해 자료를 수집하였다. 그가 수집한 자료는 동물학, 식물학, 지질학, 고생물학 분야를 모두 아우르는 것이었다. 1869년 그는 야안에서 중국 판다를 발견한 후 그것의 표본을 파리로 보냈는데, 유럽에서 센세이션을 불러일으킬 정도로 큰 관심을 보였다. 아르망 다비드는 중국에서 200여 종의 동물을 발견하였는데 그중 63개 종은 당시 동물학자들이 모르는 종이었고, 807종의 새도 발견하였는데 그중 65개 종은 이전 자료에 기록이 없는 것들이었다. 그는 또 중국 황실의 사냥터에서 유럽 자연 생태계에서 이미 종적을 감춘 사불상사슴 종류을 발견하였고 살아있는 사불상을 유럽으로 가져가는데 성공하였다. 식물학 분야에 있어서 아르망 다비드의 공헌은 매우 놀라울 정도이다. 그가 수집한 두견화만 해도 52개의 신품종이 있었는데 이는 당시 사람들이 전혀 모르는 것으로 이 표본들은 대부분 파리식물원의 박물관으로 보냈다.

어니스트 헨리 윌슨[29]은 영국 식물학자이자 원예학자이다. 그는 1899년에서 1911년까지 영국의 비치수목원Veitch Nurseries과 미국 하버드대학의 요청으로 중국 서부를 네 차례 방문하였고 식물의 표본과 종자를 채집하였다. 약 12년이라는 긴 시간 동안 그는 모두 4,700여 종의 식물, 66,000여 개의 식물 표본을 수집하였으며, 식물 종자 1,593개, 뿌리 168개를 서양으로 가지고 갔는데, 그중에는 새로운 식물 20여 종이 포함되어 있었다. 관상수 종류로 잘 알려진 손수건珙桐나무와 왕백합王百合은 바로 어니스트 헨리 윌슨이 중국에서 종자와 줄기를 채집해 가서 서양 각국에서 재배한 것이다. 경제식물인 키위도 어니스트 헨리 윌슨이 서양으로 가져간 후 뉴질랜드의 중요한 기간 산업이 되었다. 윌슨은 저서에서 중국을 세계 정원의 어머니라고 불렀고, 중국의 서부지역을 중국의 후원이라고 불렀다. 윌슨은 또 그의 독특한 시선으로 다양한 사진을 찍어 중국 서부지역의 희귀한 식물, 소박한 사람들의 모습,

독특한 경치 등을 기록으로 남겼다.

조셉 찰스 프란시스 록[30]은 미국의 탐험가, 식물학자, 지리학자이자 사진가이다. 20세기 초부터 그는 미국 『내셔널 지오그래픽National Geographic』, 미국 농업부와 하버드대학 식물연구소의 기고자, 탐험가, 사진가 등 여러 개의 신분으로 중국 서남부 지역을 조사하였다. 그는 중국 윈난성, 쓰촨성, 칭하이성, 티베트 등지를 오랫동안 탐험하였고, 현지 식물 군락, 인문 풍속 등 여러 방면에 걸쳐 폭넓고 깊이 있게 조사하였으며 여러 종류의 식물 표본을 서양으로 가져갔다. 현재 미국 보스턴 남부에 있는 아놀드 수목원Arnold Arboretum은 그가 채집한 많은 식물 표본을 보유하고 있다. 조셉 록은 윈난 리장丽江, 간쑤성甘肃省 남쪽 티베트 지역 뎨부현迭部县 등지의 자연 촌락을 조사하고 촬영하여 당시 미국의 유명한 간행물인 『내셔널 지오그래픽』에 발표하였다. 이로 인해 이전에 알려지지 않았던 중국 서부 부락과 작은 마을들이 하루아침에 전 세계로 이름을 알리게 되었다. 작가인 제임스 힐턴[31]은 그 영향을 받아 유명한 소설인 『잃어버린 지평선Lost Horizon』을 써서 샹그리라香格里拉의 아름다움을 전 세계에 알렸다.

아르망 다비드, 어니스트 헨리 윌슨, 조셉 찰스 프란시스 록을 대표로 하는 서양 과학 탐험가들이 중국 서부에서 조사한 것은 중국 서남 지역의 아름다움과 신비로움의 베일을 벗긴 일이었다. 그들이 서양 대중과 언론에 공개한 것은 중국 자연과 물산, 그리고 중국 사람들의 풍습에 대한 이해를 넓히게 되었고, 중국에 대한 긍정적인 국제적 이미지를 만들고, 서양에 유행하는 현대병을 풍자하는데 도움을 주었다. 하지만 반드시 짚고 넘어가야 할 것은 그들의 탐험과 소개가 여전히 백인 우월주의자와 식민주의자들이 자신을 우월한 위치에 두고 동양의 전통을 감상하는 분위기를 보였다는 점이다. 18세기부터 유럽학자들의 오리엔탈리즘의 영혼이 사라졌다 나타났다를 반복하고 있었다.

2-6-1　쓰촨 야안에 있는 판다를 발견한 아르망 다비드의 조각상

2-6-2

2-6-3

2-6-4

2-6-2 어니스트 헨리 윌슨이 찍은 충칭重庆 우시현巫溪县의 성

2-6-3 어니스트 헨리 윌슨이 찍은 쓰촨성 쑹판현松潘县 신탕관新塘关 마을

2-6-4 어니스트 헨리 윌슨이 찍은 서남 지역의 농촌 여인

2-6-5

2-6-6

2-6-7

2-6-8

2-6-9

2-6-10

2-6-5　조셉 록이 채집한 새의 샘플
2-6-6　조셉 록이 찍은 무리왕木里王의 자매들
2-6-7　조셉 록이 찍은 나시족纳西族의 제사
2-6-8　조셉 록이 찍은 리장丽江 쓰팡가四方街
2-6-9　조셉 록이 찍은 톄부현迭部县 장족 젊은이
2-6-10　조셉 록이 찍은 예즈叶枝 지방 관리

2.7 '중국인 노무단'이 전한 '중국 이미지'

서양 국가는 제1차 세계대전을 겪으면서 유럽 군사와 노동력의 심각한 부족에 직면하였다. 영국, 프랑스, 러시아삼국협상 체결국는 그들의 강력한 외교력을 이용하여 인구가 많은 중국이 전쟁에 참여할 것을 독려해 외부 세력의 힘으로 빨리 전쟁을 끝내고자 하였다.

하지만 유럽이 중국에서 멀리 떨어져 있어서 북양정부北洋政府는 영국, 프랑스, 러시아 연합군에 참여하여 독일과 전쟁을 하려고 하지 않았다. 소위 **중국 참전군**은 삼국협상 체결국의 협박 아래 이루어진 것이었다. 당시 북양정부 계파 중 하나인 환계 군벌皖系军阀은 국가 정규 부대를 유럽으로 파견하는 것을 유감으로 생각하여, 중국 북방 농민 위주의 중국 노동자들만 파견하였기 때문에 서방에서는 이를 **중국인 노무단**[32]이라고 불렀다. **중국인 노무단**은 세 나라의 서부전선에 중요한 노동력을 제공하였고, 그중 중국인 노동자 수천 명이 타국에서 목숨을 잃었다. 객관적으로 봤을 때, 중국인 노동자에 대한 세 나라의 대우는 작업 특성, 생활 조건, 보수나 대우 등 여러 방면에서 불공정하였고 인종차별적 성격을 띠고 있었다. **중국인 노무단**은 전쟁에서 가장 고되고 가장 위험하고 사람들이 가장 싫어하는 **궂은일**을 도맡아 했다. 하지만 근면 성실하고, 어려움도 참고 인내하며, **궂은일**을 도맡은 중국 북방 농민은 서양인에게 민국시대民国时代 중국인의 이미지를 심어주었다. 이때 서양인의 중국에 대한 이미지는 중국 전통에 대한 멸시가 섞여 있었고, 새로운 시대의 현재 중국인들에 대한 존경이 드러났으며, 중국의 **잠자는 사자가 깨어날 것**이라는 두려움이 함께 녹아있었다.

2-7-1

2-7-2

2-7-3

2-7-1 1916년 영국 육군부대가 유럽 전쟁 참전자를 모집하기 위해 웨이하이威海에 설치한 중국인 노동자 집중 훈련소

2-7-2 웨이하이 해변에서 승선 수속을 하는 중국인 노동자

2-7-3 웨이하이 진센딩金线顶에 위치한 군영에서 중국인 노동자들과 함께 유럽으로 운송을 기다리는 말

2-7-4

2-7-5

2-7-6

2-7-4 모래사장에서 단체 훈련하는 중국인 노동자
2-7-5 열심히 일하는 중국인 노동자
2-7-6 군수 공장에서 일하는 중국인 노동자

2-7-7

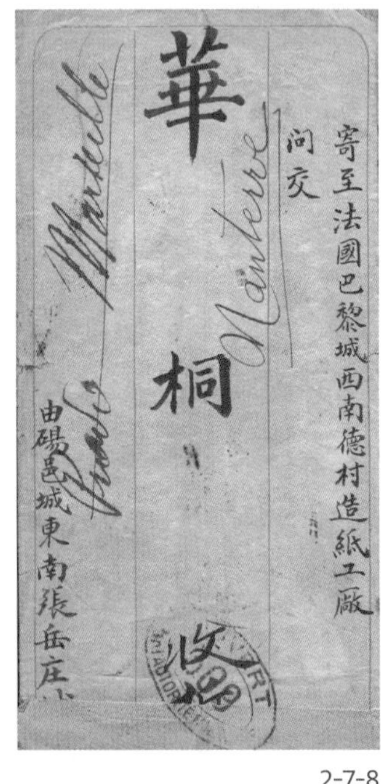

2-7-8

2-7-9

2-7-7 기기를 조작 중인 중국인 노동자

2-7-8 1917년 장쑤성江苏省에서 프랑스에 있는 중국인 노동자에게 보낸 서신

2-7-9 중국인 노무단 전사자인 산둥山东 출신 양스웨杨十月 묘비

2-7-10

2-7-11

2-7-10 프랑스 중국인 노무자병원의 묘지

2-7-11 영국의 제1차 세계대전 중국인 노무자 공동묘지

2.8 서양에 널리 퍼진 '공룡병'

용은 중국인의 토템으로 신성함, 고귀함, 위엄을 상징하며, 중화민족의 통일, 힘, 상서로움을 내포하고 있다. 서양인은 중국 문화를 접촉하는 그 날부터 이 점을 알게 되었다. 13세기 중국으로 온 마르코 폴로가 글에서 묘사한 바에 의하면 중국의 용은 중국의 다른 사물과 마찬가지로 신비스럽고 사랑스러운 부분이 있었다. 하지만 중국의 이미지가 유럽에서 180도로 바뀐 후, 특히 1895년 독일 황제 빌헬름 2세[33]가 공개적으로 **황화론**Yellow Peril, 黄祸论을 제기한 후, 서양은 계속 중국 용의 형상적 의미를 오도하는 듯했다. 중국 용을 **황화**황인이 백인을 위협하는의 상징으로 보았다. 용의 이미지가 서양의 일부 급진주의자들로부터 계속 희화화하고 악랄하게 묘사되면서, 용의 커다란 몸과 흉악한 눈은 중국이 거대하게 몸집을 키워 서양 국가의 잠재적인 위협요소라는 것을 암시하는데 이용되었다.

심지어 21세기인 지금도 아직 서양 언론에서는 중국 용을 **중국 위협론**China Threat의 상징적 부호와 표현 방식으로 그리고 있다. 예전의 **황화론**은 지금의 **위협론**이 되었고, 수백 년 동안 서양의 사고방식 속에는 시종일관 **공룡병**이 남아있다. 이러한 **공룡병**은 중국과 서양 문화가 정상적으로 교류하는 것을 방해하는 심리적 근원이다.

2-8-1

2-8-1 중세 유럽인이 마르코 폴로 『동방견문록』을 근거로 만들어낸 중국 용

2-8-2

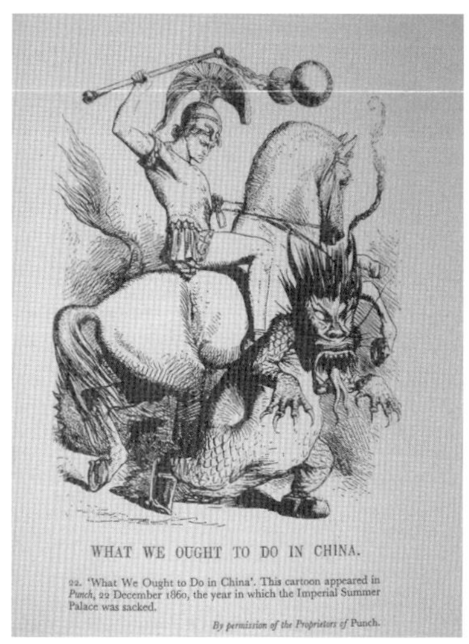

2-8-3

2-8-2 중국 전통문화 속 용의 모습
2-8-3 1860년 서양 사람이 그린 중국 용
2-8-4 최초로 '황화론'을 제기한 독일 황제 빌헬름 2세
2-8-5 19세기 독일 화가 헤르만 낵퍼스[34]의 그림 〈황화〉

2-8-4

2-8-5

2-8-6

2-8-7

2-8-8

2-8-9

2-8-10

2-8-6 팔국연합군 포스터 〈용의 도전에 맞서〉
2-8-7 팔국연합군 엽서 : 팔국연합군을 불러들인 중국 용
2-8-8 미국 만화 : 중국 용의 경제법
2-8-9 팔국연합군 엽서 : 중국 용의 목을 자르는 모습
2-8-10 미국 만화 : 세계를 위협하는 중국 용

1 마르코 폴로Marco Polo, 马可·波罗, 1254~1324
2 *Livres des merveilles du monde*
3 존 맨더빌John Mandevile, 曼德维尔, 1300~1371
4 The Voyage and Travels of Sir John Mandeville
5 크리스토퍼 콜럼버스Christopher Columbus, 克里斯托弗·哥伦布, 1451~1506
6 쿠빌라이 칸Kublai Khan, 忽必烈汗, 1215~1294
7 징기스 칸Genghis Khan, 成吉思汗, 1162~1227
8 조아킴 부베Joachim Bouvet, 白晋, 1656~1730
9 알바루 세메두Alvaro Semedo, 曾德昭, 1585~1658
10 마르티노 마르티니Martino Martini, 卫匡国, 1614~1661
11 아타나시우스 키르허Athanasius Kircher, 基歇尔, 1602~1680
12 프로스페로 인토르체타Prospero Intorcetta, 殷铎泽, 1626~1696
13 마카엘 보임Michal Boym, 卜弥格, 1612~1659
14 장 밥티스트 뒤 알Jean Baptiste du Halde, 杜赫德, 1674~1743
15 루이 르 콩트Louis Le Comte, 李明, 1655~1728
16 이나시오 다 코스타Inácio da Costa, 郭纳爵, 1599~1666
17 *De bello Tartarico historia*, Author: Martini, Martino, Imprint: London
18 요한 니우호프Johan Nieuhof 또는 Jean Nieuhoff, 约翰·纽霍夫, 1618~1672
19 프랑수아 케네Francois Quesnay, 魁奈, 1694~1774
20 프랑수아 부세Francois Boucher, 弗朗索瓦·布歇, 1703~1770
21 퐁파드르 부인Madame de Pompadour, 蓬巴杜, 1721~1764
22 윌리엄 챔버스William Chambers, 查布斯, 1726~1796
23 *Designs of Chinese buildings, furniture, dresses, machines, and utensils,* Chambers, William, Sir; Fourdrinier, P.; Grignion, Charles; Sandby, Paul, Published for the author, and sold by him ..., also by Mess. Dodsley ..., Mess. Wilson and Durham ..., Mr. A. Millar ..., and Mr. R. Willock, 1757.
24 고트프리트 빌헬름 라이프니츠Gottfried Wilhelm Leibniz, 莱布尼兹, 1646~1716
25 볼테르Voltaire, 伏尔泰, 1694~1778
26 조지 매카트니George Macartney, 马戛尔尼, 1737~1806
27 *The Chinese : Many Handed But Soulless*, Contributing Institution:UC Berkeley.
28 아르망 다비드Armand David, 阿尔芒·戴维, 중국 이름 谭卫道, 1826~1900
29 어니스트 헨리 윌슨Ernest Henry Wilson, 爱尔勒斯特·亨利·威尔逊, 1876~1930
30 조셉 찰스 프란시스 록Joseph Charles Francis Rock, 约瑟夫·洛克, 1884~1962
31 제임스 힐턴James Hilton, 詹姆斯·希尔顿, 1900~1954
32 Chinese Labour Corps
33 빌헬름 2세Wilhelm II von Deutschland, 威廉二世, 1859~1941
34 헤르만 낵퍼스Hermann Knackfuss, 克莱克福思, 1848~1915

3. 지하의 문화 교류와 지상의 문화 충돌

3.1 중국예의지쟁

마테오 리치[1]가 처음 중국에 왔을 때 중국 유교 관리들의 똑똑함과 중국 문화의 우수함에 많은 감화를 받아 선교 활동 중 선교 방식이나 교리 내용을 중국 풍습과 조화를 이루도록 많은 노력을 기울였다. 그는 신이라는 의미의 단어 데우스Deus를 번역할 때 중국 고전 중의 天하늘이나 上帝하느님 등의 고유어를 차용하려고 최대한 노력하였다. 하지만 그 후에 온 선교사는 그의 중국화 노선에 의문을 제기하였고, 이것이 중국과 서양의 승속僧俗, 즉 천주교와 중국 전통의 관계에 대한 논쟁-중국예의지쟁中国礼仪之争[2]을 촉발하였다.

이 논쟁에서 요한 아담 샬 폰 벨,[3] 페르디난트 페르비스트,[4] 줄리오 알레니[5] 등 예수회 선교사는 마테오 리치의 중국화 노선을 유지해서 별다른 문제도 없었지만, 예수회 선교사 니콜로 론고바르도,[6] 프란치스코회[7] 선교사 안토니오 카발레로 데 산타 마리아,[8] 도미니코 수도회[9] 선교사 후안 바우티스타 모랄레스,[10] 파리 외방전교회[11] 푸젠福建 주교 샤를 매그로[12] 등은 중국 신도가 조상에게 제사를 지내거나 공자에게 제를 올리는 것은 미신이나 이단과 다를 게 없다고 생각하였다. 중국의 강희제와 로마 교황청은 이 문제에 대해 논쟁하였고 서로 어떤 양보도 전혀 하지 않았다. 1704년 11월 교황 클레멘스 11세[13]는 금약 7조禁约七条를 선포하여 하늘天이나 하느님上帝을 천주天主로 칭하는 것을 금지하고, 기독교도가 조상에게 제사 지내고 공자에게 제사 지내는 것을 금지하였다. 로마 교황청의 금지령은 샤를 토마스 마이야르 드 투르농[14] 교주가 중국으로 가지고 왔다. 강희제는 교황의 칙령에 대해 '이에는 이, 눈에는 눈'식으로 선교사들이 중국 조정의 선교 허가증을 지니지 않거나 중국식 예의를 지키지 않으면 중국에서 포교할 수 없다는 훈령을 내렸고, 투르농 교주를 마카오로 내쫓아 감금하도록 명령하였다. 청나라 조정과 로마 교황청의 관계는 이로 인해 낭떠러지로 떨어지게 되었고, 중국과 서방 간 문화 교류의 첫 번째 열풍도 빠르게 식었다.

중국예의지쟁은 중국과 서방 모두에게 심각한 손실을 가져다주었다. 서방의 각 수도회 모두 중국 황제에 의해 중국 밖으로 쫓겨났고, 로마 교황청은 150여 년 동안 힘들게 개척해 얻은 선교의 성과를 거의 잃어버리게 되었다. 중국은 막 들어오기 시작한 새로운 서양 학문이 갑자기 단절되었고, 황제에서 관료나 일반 평민에 이르기까지 향후 거의 200년 동안 서양 문명을 접촉할 기회를 잃어버렸다.

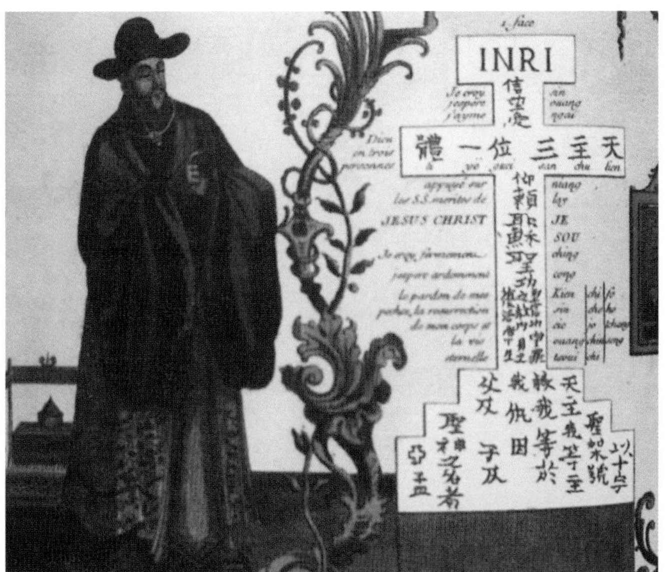

3-1-1

3-1-2

3-1-1 중국 복장을 한 예수회 선교사

3-1-2 '천지 만물의 천주를 존경하고 조상을 공경한다'[15]는 글귀가 새겨진 청대 천주교도의 선조 위패

3-1-3

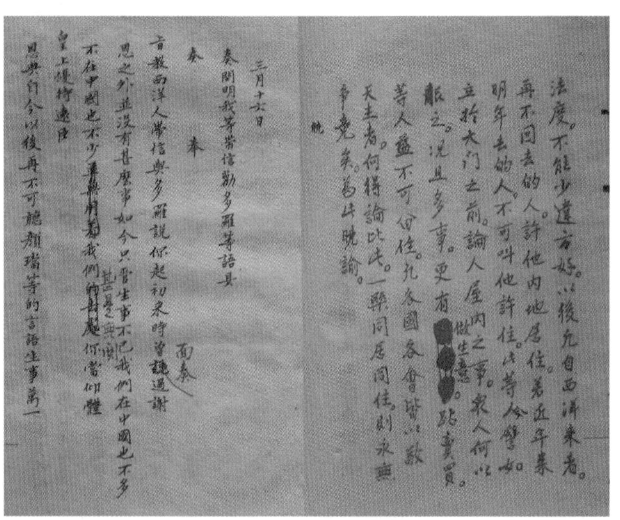

法度。不能少違方好。以後凡自西洋來者。
再不回去的人。許他內地居住。若今年來
明年去的人。不可叫他許住。此等人譬如
立於大門之前。論人屋內之事。眾人何以
服之。況且多事。更有做生意。販賣買。
等人益不可留住。凡各國各會皆以敬
天主者。何得論此些。一槩同居同住。則永無
爭競矣。爲此曉諭。

三月十六日
奏聞明我等帶信勸多羅等語具
奏 奉
旨教西洋人帶信與多羅說你起初來時曾面奏過謝
恩之外並沒有甚麼事如今只管生事不已甚是無謂我們在中國也不多
不在中國也不少我們的你當仰體
皇上優待遠臣
恩典自今以後再不可聽顏璫等的言語生事爲一

3-1-4

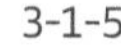

3-1-5

3-1-6

3-1-3 예수회 휘장
3-1-4 예의 문제를 겨냥해 강희제가 주묵으로 쓴 상주문
3-1-5 예수회 상하이上海 쉬자후이徐家汇 천주교 성당
3-1-6 도미니코 수도회 창시자 성 도미니크[16]

3-1-7

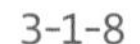

3-1-8

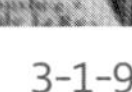

3-1-9

3-1-10

3-1-7　중국 현지화 선교 활동에 힘쓰는 예수회 아시아순찰사 알레산드로 발리냐노[17]

3-1-8　중국예의지쟁 중 기회주의적인 태도를 보이는 교황 클레멘스 9세[18]

3-1-9　교황 칙령을 가지고 중국으로 온 투르농 교주

3-1-10　중국예의지쟁 중 중국 문화를 지키는 강희제

3-1-11

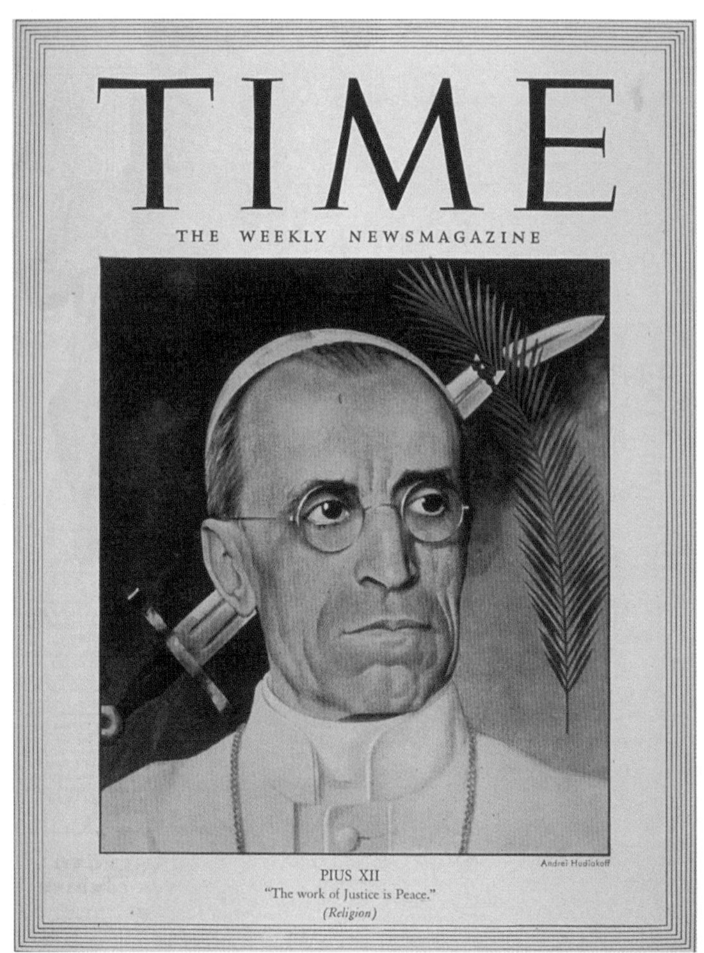

TIME

THE WEEKLY NEWSMAGAZINE

Andrei Hudiakoff

PIUS XII

"The work of Justice is Peace."

(Religion)

3-1-12

3-1-11 클레멘스 11세의 능묘

3-1-12 200년 후 1939년 중국 천주교도가 조상과 공자에게 제사 지내는 것을 허가하는 칙령을 내린 교황 비오 12세[19]

3.2 천주교의 '문화 잠복'

강희제[20]와 로마 교황청의 힘겨루기로 청나라는 끝내 금교禁教 정책을 내놓았다. 강희제는 모든 외국인 선교사에게 중국 조정의 허가증印票을 지닐 것을 요구하였고, 중국의 예의와 법도를 지키고, 영원히 서양으로 돌아가지 않을 것을 맹세해야만 중국에서 거주하고 포교 활동을 할 수 있었다. 옹정제[21]가 재위한 후 천주교에 대한 금교가 더욱 엄해졌고, 이후 건륭제[22], 가경제[23], 도광제[24]에 이를 때까지 청나라 각 군주는 모두 금교 정책과 조치를 엄격하게 실시하였다.

이러한 상황에서 포교 성과를 지켜내고자 하는 천주교 선교사는 두 가지 대책을 마련하였는데, 하나는 성과 이름을 바꾸고 사람들 속으로 들어가 지하에서 비밀리에 포교 활동을 하는 것이었다. 그래서 푸젠성福建省, 장쑤성江苏省, 장시성江西省, 산시성陕西省, 쓰촨성四川省, 산둥성山东省, 즈리성直隶省 등지에 천주교 비밀 선교 거점을 마련하였다. 천주교를 믿는 중국 민중으로 구성된 천주교 마을은 지금까지도 존재한다. 또 다른 하나는 신분을 숨기고 서양 선교사가 아니라 서양 기술자로 중국 조정에 고용되어 중국 관복을 입고 중국 관화官话를 쓰며 중국 군신들과 왕래하는 것이다. 청 조정의 베이징 흠천감钦天监의 감정监正을 역임한 적이 있는 예수회 선교사는 8명이며, 독일 선교사인 이그나츠 코글러[25]는 30년 동안 흠천감 감정을 지냈다. 황궁의 화가로 지낸 사람도 10여 명이다. 조정에 있든 민간에 있든 천주교 선교사들은 일반적이지 않은 모습으로 문화 잠복을 하였고, 중서 문화 교류의 소통 통로를 유지하였다.

3-2-1

3-2-2

3-2-3

3-2-1 베이징 처궁좡로车公庄路의 서양 선교사 묘원

3-2-2 1723년에 세워진 어시베이鄂西北의 비밀 포교당 본당인 후베이湖北 구청현谷城县 선야沈垭 천주교 성당

3-2-3 1837년에 세워졌고 프랑스, 벨기에, 이탈리아, 네덜란드 등에서 온 선교사들이 선교 활동을 한 후베이 리촨시利川市 화리링花梨岭 천주교 성당

3-2-4

3-2-5

3-2-6

3-2-7

3-2-4 묘족어苗族语 신약전서新约全书

3-2-5 프랑스 예수회 선교사 미셸 베누아[26]가 설계한 원명원圆明园

3-2-6 화가로 중국 황궁에서 일한 이탈리아 선교사 마테오 리파[27]

3-2-7 마테오 리파가 청 조정을 위해 그린 그림 〈서령신하西岭晨霞〉

3-2-8

3-2-9

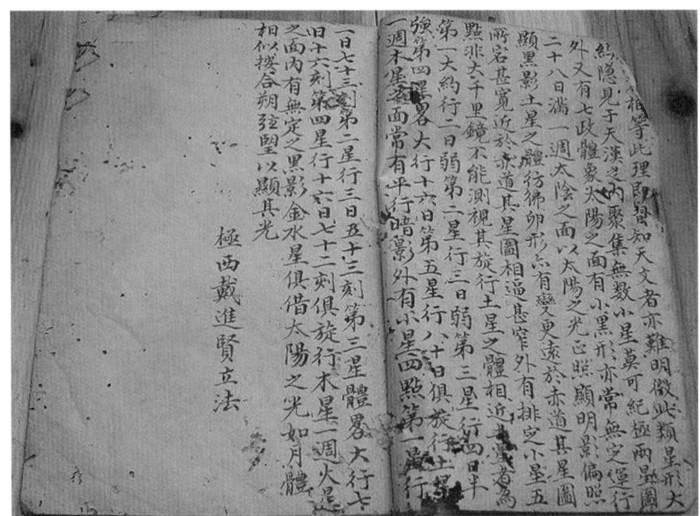

一日七十三刻第二星行三日五十三刻第三星體畧大行七
日十六刻第四星行十六日七十二刻俱旋行木星一週火星
之面內有無定之黑影金水星俱借太陽之光如月體
相似撥合朔弦望以顯其光

極西戴進賢立法

3-2-10

3-2-8 흠천감에서 일한 독일 선교사 이그나츠 코글러

3-2-9 건륭제와 영국 특사 조지 매카트니[28]의 대화에 통역으로 참여한 프랑스 예수회 선교사 장 조셉 마리 아미오[29]

3-2-10 독일 선교사 이그나츠 코글러의 천문학서 필사본

3.3 또 다른 방식으로 중국으로 온 동방정교회

1671년강희 10년에 러시아 망명자들이 부정한 수단으로 헤이룽강黑龙江 야커싸성雅克萨城에 구세주부활 교회를 만들었는데, 이것이 동방정교회가 중국에 세운 최초의 교회이다.

1686년강희 25년에 청나라 군대가 야커싸성을 공격하였고, 이때 러시아 전쟁 포로들이 베이징과 성징盛京, 지금의 선양沈阳으로 오게 되었다. 베이징으로 온 전쟁 포로 45명 중 막심 레온티예프[30]라는 사제가 있었다. 청 정부는 동즈먼东直门 후자위안胡家园 후퉁胡同 안의 한 관제묘关帝庙를 그들에게 임시 기도소로 내주었는데, 이것이 바로 베이징 사람들이 말하는 나찰묘罗刹庙 혹은 러시아 북관俄罗斯北馆이다. 러시아 교구는 이 성당을 성 소비아 성당으로 불렀는데성 니콜라 성당이라고도 부르고, 후에 성모안식 성당이라고 바꾸었다, 이것이 베이징의 첫 번째 동방정교회 성당이다. 이 성당에서 일한 막심 레온티예프가 중국에 있는 러시아 동방정교회의 첫 번째 신부이다.

제정 러시아 표트르 1세[31]는 베이징의 성 소피아성당을 러시아가 중국을 정탐하는 교두보로 삼으려는 생각으로, 여러 차례 외교 대표와 상단商团을 파견하여 베이징에 성당과 포교단을 만드는 문제를 논의하였다. 1715년 표트르 1세는 대수도원장 힐라리온 레자이키[32], 수사 사제 라브렌티[33], 수사 보제 프레몽트,[34] 성당 보조 아파나예브 등으로 구성한 포교단을 베이징으로 보냈는데 이것이 첫 번째 러시아 정교회 주베이징 선교단이다.

1727년옹정 5년 책릉[35], 도리심[36] 등 중국 관료가 러시아 사신과 체결한 캬흐타조약Treaty of Kyakhta은 러시아 정교회가 정기적으로 선교사를 파견하여 베이징에 머무르며 공부하고, 베이징 둥자오민샹东交民巷에 새로운 성당을 세울 수 있는 권리를 인정하였다. 조약의 규정에 따르면 청 정부는 베이징에 주재하는 러시아측 인사들에게 음식을 제공하고, 국비로 관리하여야 한다.

러시아는 1715년부터 첫 번째 동방정교회 선교사를 베이징으로 파견하였고, 이후 10년마다 한 번씩 파견하였는데, 매번 약 10명 정도였고, 그중 4명은 종교인, 6명은 중국어와 만주어를 배우는 일반 학생으로 구성하였다. 이 제도는 중국의 금교禁教 기간임에도 불구하고 캬흐타조약으로 인해 교류가 계속되었고, 러시아 정교회는 1949년까지 총 20회에 걸쳐 선교단을 파견하였다.

베이징의 러시아 동방정교회 선교단은 중국과 러시아 간 문화 교류의 가장 중요한 루트였다. 중국에 온 동방정교회 선교사와 유학생은 중국어, 만주어, 몽골어를 배우고 중국 역사 문화를 연구하는 것이 주요 임무였고, 그 과정에서 유명한 학자를 많이 배출하였다. 그래서 중국은 동방정교회 업무를 처리하기 위해 이번원理藩院 하에 러시아문관俄罗斯文馆을 설립할 수밖에 없었고, 팔기군八旗军 자녀들을 선발하여 러시아문관에서 러시아어와 러시아 문화를 배우도록 하였다.

3-3-1

3-3-1 〈일러스트레이티드 런던 뉴스〉[37] 속의 베이징 동방정교회 성당

3-3-2

3-3-3

3-3-4

3-3-5

3-3-6

3-3-2 베이징 러시아 동방정교회 성당남당

3-3-3 17세기 말 야커싸雅克萨의 러시아 동방정교회 성당

3-3-4 베이징 동방정교회 성 소피아 성당

3-3-5 동방정교회 9회 베이징 선교단 단장인 대수도원장 비추린[38]

3-3-6 동방정교회 13회 베이징 선교단 단장인 대수도원장 팔라디우스 카파로프[39]

3-3-7

3-3-8

3-3-9

3-3-7　하얼빈 성 니콜라 성당
3-3-8　하얼빈 성 이베론 성당
3-3-9　하얼빈 성 소피아 성당

3-3-10

3-3-11

3-3-10 민국시기 상하이 동방정교회 성당

3-3-11 한커우漢口 톈진로天津路 동방정교회 성당

3.4 어려움을 이겨낸 신교 선교사

영국, 네덜란드, 미국 등 신흥국가들이 부상하면서 기독교 신교 세력이 유럽과 미국에서 점차 우위를 차지하게 되었다. 영국이 스페인을 무찌르고 해상을 제패하였을 때 영국과 미국의 선교사들도 동방으로 포교를 시작하였다. 영국과 미국은 런던 포교회, 스코틀랜드 선교협회, 미국 해외선교위원회 등 해외 선교협회를 잇따라 만들고, 선교사들을 중국으로 파견하여 종교적 돌파를 하였다. 1807년 첫 번째 신교 선교사 영국인 로버트 모리슨[40]이 광저우에 도착하였고, 뒤이어 미국인 선교사 브리지먼,[41] 데이비드 아빌[42], 피터 파커[43], 사무엘 웰스 윌리엄스[44], 영국인 선교사 윌리엄 밀네[45], 메드허스트[46] 등이 잇따라 중국 연해 지역에 도착하였다. 첫 번째 신교 선교사들이 중국 연해로 들어오면서 오랫동안 지속되었던 이하대방夷夏大防[47]을 무너뜨리고 다시 한번 중국과 서양 간 문화 교류의 길을 열게 되었다.

3-4-1

3-4-1 마카오의 모리슨 교회

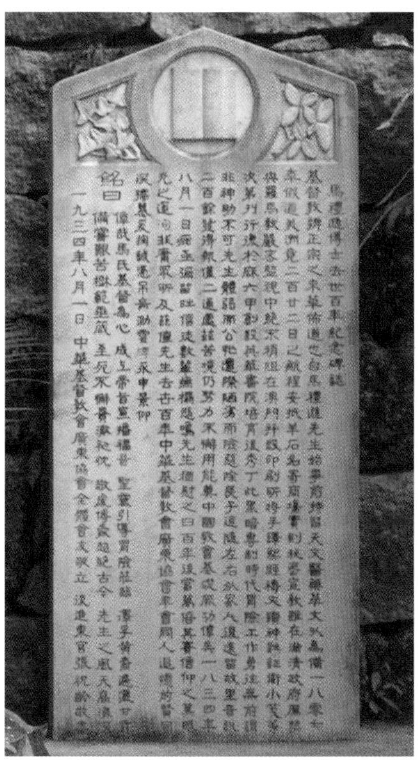

3-4-2

CHINA:
ITS STATE AND PROSPECTS,
WITH ESPECIAL REFERENCE TO
THE SPREAD OF THE GOSPEL:
CONTAINING
ALLUSIONS TO THE ANTIQUITY, EXTENT, POPULATION, CIVILIZATION, LITERATURE, AND RELIGION OF THE CHINESE.
BY W. H. MEDHURST,
OF THE LONDON MISSIONARY SOCIETY.

Illustrated with Engravings on Wood,
BY G. BAXTER.

LONDON: JOHN SNOW, 26, PATERNOSTER ROW.
1838.

3-4-3

3-4-4

3-4-5

3-4-6

3-4-2 마카오에 있는 로버트 모리슨 묘지
3-4-3 메드허스트의 저서 『중국의 현황과 전망』의 속표지
3-4-4 광저우로 온 신교 선교사와 방문객이 이야기 나누는 모습
3-4-5 로버트 모리슨 조수인 영국인 신교 선교사 윌리엄 밀네
3-4-6 1838년 메드허스트가 중국에서 일하는 모습

3-4-7

3-4-7 첫 번째 영국인 신교 선교사 로버트 모리슨

3-4-8

3-4-8 로버트 모리슨과 그의 중국인 조수가 공동 번역한 『성경』

3-4-9

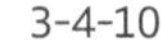

3-4-10

3-4-11

3-4-12

3-4-9　일본어 저술 속 초기에 중국으로 온 미국인 선교사 사무엘 웰스 윌리엄스
3-4-10　초기에 중국으로 온 미국 선교사 브리지먼 부부
3-4-11　1834년 광저우로 온 미국 선교사 피터 파커
3-4-12　로버트 모리슨이 중국으로 온 것을 기념하는 중국 선교 100주년 기념식

3.5 상대방의 목소리에 귀를 막은 두 사람의 대화

중국예의지쟁이 발생한 후 중국과 서양 간 문화 교류의 문이 닫혀 선교사들은 쫓겨나서 중국을 떠나거나 혹은 선교 권한을 포기하고 중국 황제의 관직을 받아들였다. 중국과 유럽 국가는 이후 200년 동안 개별적인 왕래는 있었지만, 양측은 오만하게 자기 말만 하며 상대방의 목소리에는 귀를 귀울이지 않았고 상대방의 마음을 고려할 생각이 전혀 없었다.

신흥 강대국 영국은 유럽 국가의 우두머리 역할을 자처하며 줄곧 중국 조정과의 직접 교류를 추진했다. 1793년, 영국은 박사의 직함을 가지고 있던 조지 매카트니를 특사로 임명하여 중국으로 파견하였다. 영국 사절단은 대부분 박사, 철학자, 의사, 엔지니어, 화가, 지도제작자, 식물학자, 항해전문가 등으로 구성되었고, 그들이 가지고 온 선물도 대부분 영국의 문명 발달을 잘 보여주는 천문지리 기기, 시계, 악기, 차량, 무기, 선박 모형 등이었지만, 중국 측은 조지 매카트니를 중국으로 조공하러 온 사절인 **공사**贡使로 대우하였다. 조지 매카트니가 톈진天津에서 베이징까지 타고 온 배와 가마에 모두 **잉글랜드공사**英吉利贡使라는 글귀를 내걸고 있다. 황제를 알현하는 예의 문제에 있어 청 조정은 조지 매카트니가 반드시 중국 황제에게 삼궤구고三跪九叩[48]의 예를 갖출 것을 요구하였고, 그는 약간 자신의 의견을 고집하기도 하였지만 중국 조정의 압박으로 어쩔 수 없이 알현의 예를 모두 갖추었다. 조지 매카트니는 원래 그가 가지고 온 훌륭한 선물이면 중국 황제로부터 통상 승낙을 받아낼 수 있을 것으로 생각하였지만, 건륭제가 **천조는 물산이 풍부하여 없는 것이 없어서 외국인의 물품으로 통상하지 않는다**[49]라는 칙령을 그에게 발부하며 영국의 요구를 모두 거절하였다. 1816년 영국은 다시 애머스트[50]를 중국으로 파견하였다. 애머스트는 그가 대영제국 특사의 자격으로 파견되었음을 강조하며 삼궤구고의 예를 거절하였는데, 이에 중국 가경제嘉庆帝는 아예 그를 본국으로 쫓아내라는 칙령을 내렸고, 이로써 서로 자신의 견해만 고집하던 중국과 영국 두 강대국의 오만한 대화는 끝이 났다.

3-5-1

3-5-2

3-5-3

3-5-1　조지 매카트니의 기사 작위
3-5-2　조지 매카트니 사절단의 수행 화가 윌리엄 알렉산더[51]의 자화상
3-5-3　조지 매카트니 사절단이 톈진에 도착한 모습

3-5-4

3-5-5

3-5-4 건륭황제가 조지 매카트니를 접견하는 모습

3-5-5 조지 매카트니 사절단이 후먼虎门을 떠나는 모습

3-5-6

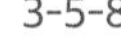

3-5-9

3-5-6　영국 화가가 그린 건륭황제
3-5-7　건륭황제 초상화
3-5-8　조지 스타운톤[52]의 저서『영국인 특사 조지 매카트니의 중국 기행』[53]의 속표지와 삽화
3-5-9　건륭황제를 알현한 조지 스타운톤

3-5-10

3-5-11

3-5-12

3-5-10 중국 황제와 대화를 원하는 영국 국왕 조지 3세[54]

3-5-11 1816년 영국의 중국 사절단 애머스트 단장

3-5-12 격노하여 애머스트를 압송 후 추방한 가경황제

3.6 '이하대방'을 뛰어넘는 선구자

1860년대 이전 중국과 외국 간에 정신적인 것에서부터 물질적인 것까지 소위 이하대방夷夏大防이 있었다. 주류사회에 정통한 인사나 안분지족하는 인사는 보통 이 경계선을 넘지 않는다. 하지만 역사에는 항상 우연이 있다. 약 200년 동안 빗장을 내걸었지만, 여전히 때때로 이하대방을 넘는 용감한 사람들이 서양 국가로 가서 외국의 실정을 알게 되었고 새로운 지식을 배워왔다.

1645년 마카오 사람인 정마낙[55]은 로드[56]신부를 따라 로마로 가서 연구에 몰두하였고 1760년대까지 청나라 사절로서 공식적으로 외국에 머물렀다. 역사 자료에 이하대방의 벽을 허문 많은 용감한 사람들의 이름이 기록되어 있고, 그중 극소수만 그들의 모습을 남겼는데, 그들은 중국과 외국 간 문화 교류사에 찬란한 빛을 더했다.

3-6-1

3-6-2

3-6-1 1756년 런던에 간 임리관[57]

3-6-2 18세기 말 유럽에 간 사청고[58]가 남긴 구술『해록海录』

3-6-3

3-6-4

3-6-5

3-6-6

3-6-3 1769년 런던으로 간 진길관陈佶官

3-6-4 1776년 도싯 부인[59]의 하인으로 잉글랜드에 도착한 왕이통汪伊通

3-6-5 1786년 스웨덴으로 간 중국 상인 채아복蔡阿福

3-6-6 1847년 미국 선교사 브라운[60]을 따라 미국으로 간 용굉[61]

3-6-7

3-6-8

3-6-9

3-6-10

3-6-7　1793년 런던으로 가서 조지 3세를 접견한 임아구[62]

3-6-8　암스테르담에서 귀국을 기다리는 중국 선원

3-6-9　유럽 선박에서 일하는 중국 선원의 초상화

3-6-10　영국 에딘버러대학 첫 번째 중국 유학생 황관 박사[63] 동상

3.7 시대를 넘어 다시 시작된 '마테오 리치 노선' 선교

명말부터 중국으로 오는 기독교 선교사는 두 가지 선교 방식을 가지고 있었다. 하나는 원래 가지고 있던 종교의 교리와 문화적 예의를 엄격하게 지키고, 서양 위주로 기존 서양 종교를 중국인에게 전도하고 중국인을 신도로 만들고자 하는 방식이다. 또 다른 하나는 중국의 풍습과 유교 전통을 존중하며 가능한 중국에서 전통적으로 사용하던 어휘를 이용하여 서양 종교를 중국화함으로써 중국인이 자연스러운 분위기 속에서 기독교를 받아들이도록 하는 방식이다. 후자는 처음에 마테오 리치가 시작한 것으로 **마티오 리치 노선**이라고 불린다. 중국으로 온 선교사 중 **자유파**는 마테오 리치가 사망한 지 200년 후에 다시 **마테오 리치 노선**을 걷기 시작하였는데, 그들은 중국 복장을 하거나, 공맹孔孟의 언어를 말하거나, 중국 당나귀나 중국 일륜차를 타거나, 중국식 땋은 머리를 하거나, 농가의 부뚜막에서 양반다리도 하면서 매우 **중국적**인 방식으로 중국 서민 속에서 포교하였고, 결국 서양 종교와 그것에 부수적으로 따라오는 서양 문화를 중국 속에 녹아들게 만들었다.

3-7-1

3-7-1 외딴 농촌으로 가서 선교하는 선교사

3-7-2

3-7-3

3-7-4

3-7-5

3-7-2 일륜차를 타고 시골로 가는 선교사
3-7-3 선교사의 중국식 생일 맞이
3-7-4 선교하기 위해 시골로 향하는 선교사
3-7-5 머리끝에서 발끝까지 중국식 소도구와 의상을 착용한 선교사

3-7-6

3-7-7

3-7-6 창파오长袍와 마고자马褂를 입은 선교사
3-7-7 선교사와 중국인 기독교 신도

3-7-8

3-7-9

3-7-10

3-7-8 청두成都에 있는 선교사 숙소
3-7-9 충칭重庆에서 청두까지 배를 타고 온 캐나다 선교사
3-7-10 복음당 내부 모습

3-7-11

3-7-12

3-7-11　캐나다 선교사와 그들의 중국어 교사

3-7-12　중국식 복장을 한 선교사

3.8 성경 유포 후 뜻밖의 성과

유럽과 미국의 신교 선교사는 중국에 온 후 많은 노력과 재원을 쏟아부어 성경을 번역하고 종교 관련 작품을 편저하였다. 1814년 처음으로 중국에 온 영국 선교사 로버트 모리슨은 단독으로 번역한 『신약전서新约全书』를 출판하였다. 1823년 로버트 모리슨과 또 다른 신교 선교사인 윌리엄 밀네가 공동으로 번역한 구약전서旧约全书 『신천성서神天圣书』, 즉 **모리슨 번역본**도 광저우에서 출판하였다. 1840년 이후 로버트 모리슨의 아들 존 로버트 모리슨[64], 영국 선교사인 메드허스트, 미국 선교사 브리지먼, 독일 선교사 칼 귀츨라프[65] 등이 함께 수정한 중국어본 성경인 **칼 귀츨라프 번역본**이 **모리슨 번역본**에 이어 광둥广东과 광시广西 두 지역에서 광범위하게 유행하였다. 이와 아울러 다른 통속적인 종교 홍보 소책자도 대량으로 출판하였다.

서양 종교에 대한 중국 조정의 봉쇄를 해제하기 위한 노력의 하나로, 선교사들은 수시로 종교 관련 작품을 직접 중국인들에게 무료로 나눠주거나, 혹은 많은 중국 **빈민**을 고용해 중국의 서원书院이나 과거장 같은 곳에서 개별적으로 배포하면서 중국 내륙에 최대한 널리 퍼뜨렸다. 미국 선교사 브리지먼은 1846년 미국성서공회[66]로 보낸 서한에 중국인 한 명을 고용하여 외국인이 갈 수 없는 곳에 성경을 배포하는 비용으로 매월 8위안에서 10위안을 사용하였다고 하였는데, 이 금액은 당시 상당히 **고수입**이었다.

종교 관련 서적의 보급과 배포로 서양 교회는 미처 생각하지 못한 두 가지 결과를 낳았다. 하나는 홍콩과 광둥 지역의 가난한 서민이 돈을 받아 챙긴 후에 성경과 복음서를 지정한 지역에 배포하지 않고 대량의 성경을 무게에 따라 잡화상에 팔았으며, 그후 성경은 식품을 포장하는데 사용되었고 받은 돈은 아편을 사거나 직접 피우는 데 사용하여 중국에서 아편 중독자가 늘어나는 근원이 되었다. 또 다른 하나는 중국 시골 학교 훈장인 홍수전[67]이 성경을 모두 읽은 후 자신이 하느님의 둘째 아들이고 예수와 형제라고 말하며 인간 세상에 **천부황상제**天父皇上帝의 나라-태평천국을 만들었다.

3-8-1

3-8-2

3-8-3

3-8-1 복음서를 배부하는 중국인 신도

3-8-2 『권세양언劝世良言』[68]의 저자이자 로버트 모리슨의 선교 보조원 양발[69]

3-8-3 중국인 목사

3-8-4

3-8-5

3-8-6

3-8-4 배상제교拜上帝教의 중요 문헌

3-8-5 홍수전이 만든 배상제회拜上帝会의 비밀 거점인 광시성广西省 구이핑시桂平市 쯔징산紫荆山 다충촌大冲村

3-8-6 1864년 프랑스 〈르몽드 일뤼스트레Le Monde Illustre〉에 실린 천왕 홍수전의 동판화

3-8-7

3-8-8

3-8-9

3-8-10

3-8-11

3-8-7 태평천국 옥새
3-8-8 태평천국의 예배 모습
3-8-9 태평천국 벽화
3-8-10 태평천국 천왕부 전경 안내도
3-8-11 태평천국 천왕 보좌宝座

3.9 계속되는 '종교 축출'

서양 기독교와 서양 문화가 중국에 전파된 후 일부 중국 지식인과 민중들의 불만이 야기 되었고, 200여 년 동안 끊임없이 여러 집단에서 종교 축출 운동이 일어났다. 먼저 1616년명 만력 44년 난징 예부시랑礼部侍郎 심각[70]이 주도한 난징 교안南京教案[71]이 일어난 후, 1664년청 강희 3년 양광선[72]이 일으킨 흠천감 교안钦天监教案이 있었고, 1900년 서태후[73]가 조종한 가장 큰 교안인 의화단운동义和团运动까지 발생하였는데, 각 사건 모두 선교사와 신도들을 죽이고 성당을 부수고 성당 재산을 몰수하였으며, 그 결과, 아편전쟁 전후의 모습이 크게 달라졌다. 아편전쟁 이전에는 선교사와 서양 정부가 인내하며 별다른 불만을 토로하지 않고 중국 정부의 박해를 받았다면, 아편전쟁 이후에는 선교사와 서양 열강들이 기회를 틈타 위세를 발휘하거나, 무력으로 협박하거나, 직접 군사를 동원하여 중국 정부가 죄를 인정하는 서류에 서명하고, 목숨을 잃은 사람들에 대해 보상하라고 중국 정부와 민중을 압박하였다.

의화단운동은 중국 민중의 종교 축출 행동이 최고로 치달은 사건이자, 중화민족이 근대 이후에 당한 극한의 치욕이었다. 동서양 11개 국가의 대표와 군대가 중국 도성의 궁궐과 땅을 짓밟고 중화민족 한 명당 백은白银 한 냥씩을 그들에게 배상하도록 압박하였다.

3-9-1

3-9-1 대사관으로 피난 가서 숨어있는 미국 선교사와 가족

3-9-2

3-9-3

3-9-4

3-9-5

3-9-2 프랑스 화보 속 의화단이 선교사를 살해하는 모습
3-9-3 해외 화보 속 독일공사 클레멘스 폰 게텔러[74]가 피살당하는 모습
3-9-4 외국 화보 속 의화단이 철도와 전선을 훼손한 모습
3-9-5 프랑스 화보에 실린 팔국연합군이 살해한 의화단 단민团民

3-9-6

3-9-7

3-9-8

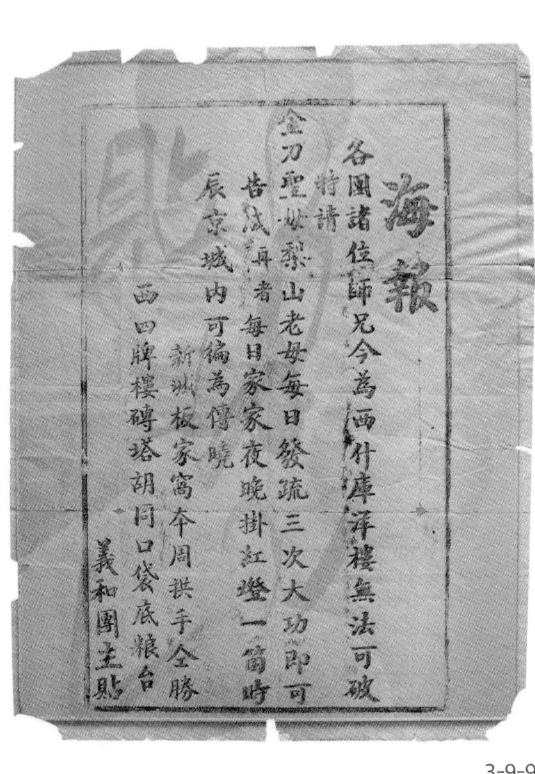

海報

各國諸位師兄今為西什庫洋樓無法可破
特請
金刀聖母黎山老母每日發疏三次大功即可
告成 再者每日家家夜晚掛紅燈一箇時
辰京城內可徧為傳曉
新洲板家窩本周拱手全勝
西四牌樓磚塔胡同口袋底糧台
義和團主貼

3-9-9

3-9-6 '흠명의화단양대钦命义和团粮台' 깃발을 손에 든 의화단 단민

3-9-7 의화단에 의해 불 타버린 왕하이러우 성당望海楼教堂

3-9-8 팔국연합군 사령관

3-9-9 의화단이 시스쿠西什库성당북당을 공격한다는 대자보

3-9-10

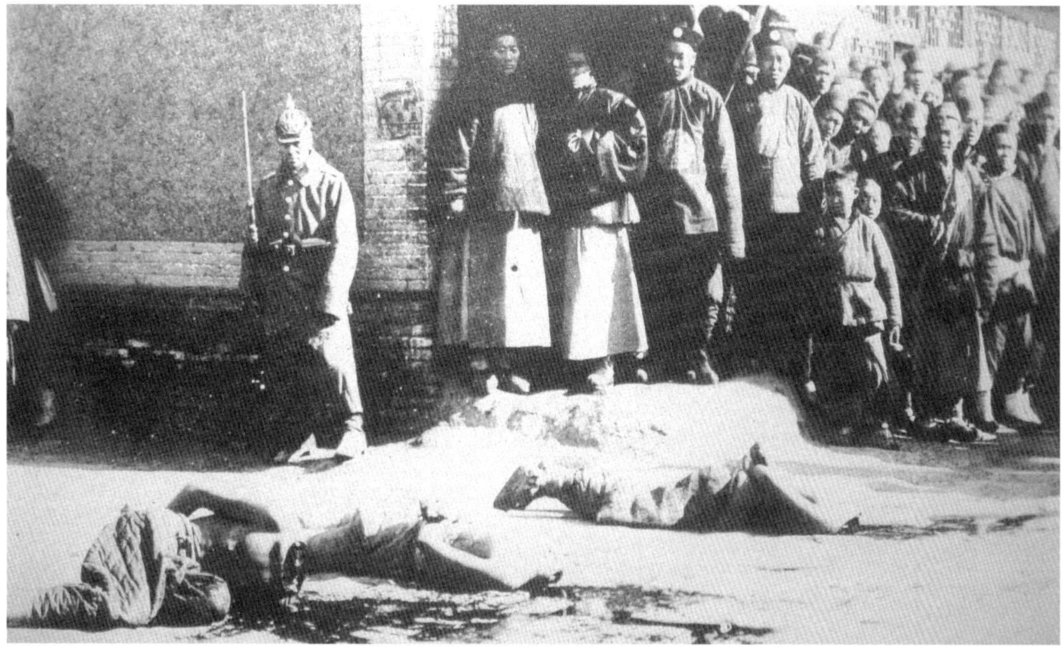

3-9-11

3-9-10 베이징에서 벌어진 팔국연합군과 의화단 간의 전쟁

3-9-11 프랑스 화보 속 팔국연합군이 의화단 단민을 참수하는 모습

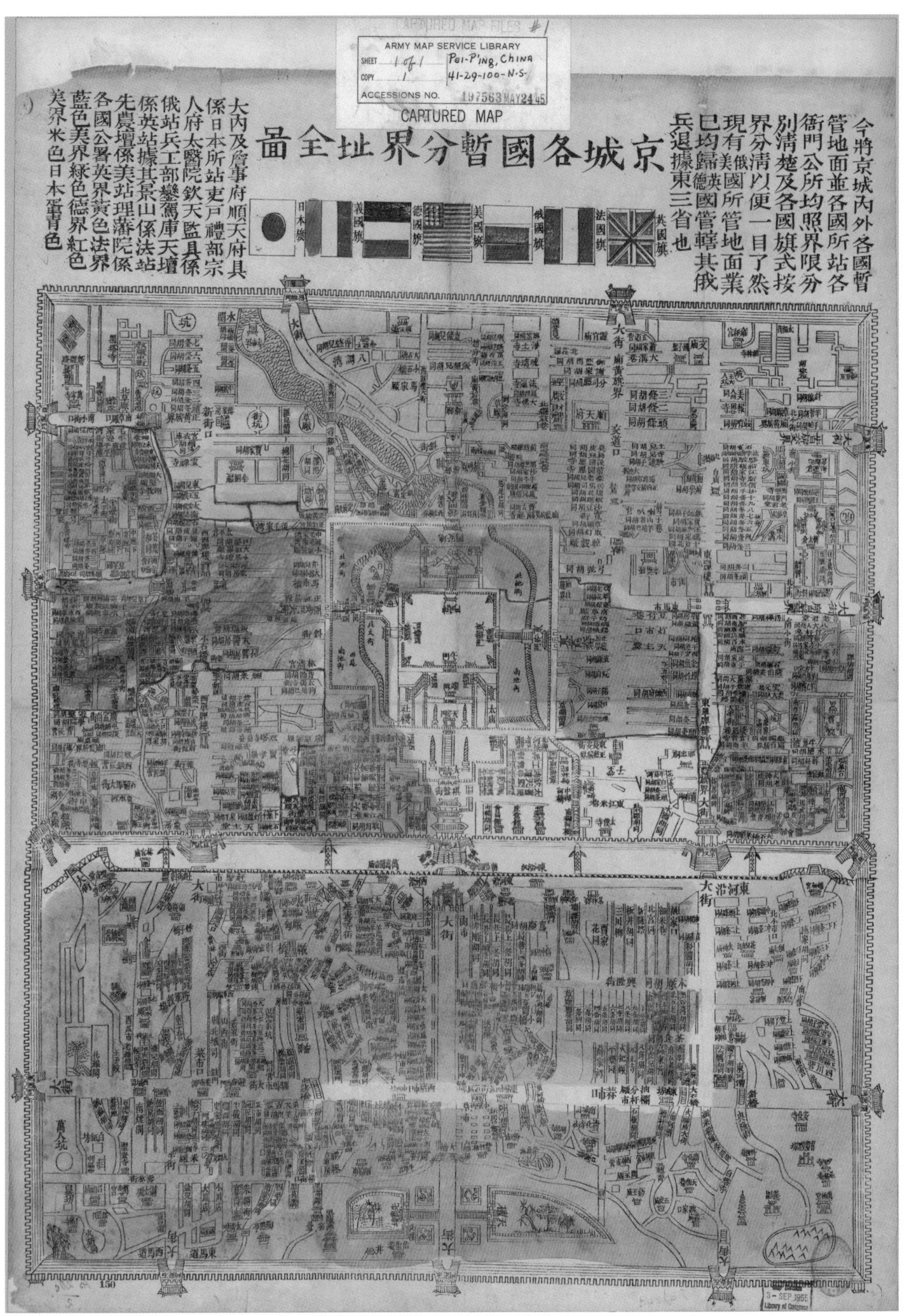

3-9-12

3-9-12 베이징을 분할 점령하려는 열강의 시도

3.10 중국 문화를 도적질한 서양 한학자

세계적으로 깊은 영향을 미친 문명국가로는 중국, 인도, 이슬람, 그리스 네 곳이 있다. 이 4대 문명의 유일한 교차지점이 바로 중국 서역이다. 그러므로 둔황敦煌을 중심으로 하는 서역의 고고학 연구나 문물 발굴은 중국과 세계 여러 문명과의 교류 역사를 부활시키는 중요한 문화적 의의가 있다.

19세기 하반기부터 서양 한학자들은 고고학 연구에 있어 중국 서역의 중요성을 인식하고 문화 도굴을 위해 잇따라 이곳으로 오게 되었다. 1876년 제정 러시아 군관인 니콜라이 프르제발스키[75]가 로브노르[76]를 고찰한 때부터 50년 동안 다양한 명분을 들어 42개가 넘는 시찰단이 중국 서북 지역을 다녀갔고 그때마다 항상 문화 유물을 도굴하였다. 만청晚清 정부와 국민 정부의 국력이 약했고 고고학적 인식이 부족하여, 이러한 문화 유물 도굴과 밀수가 만연하였음에도 효과적으로 막을 수가 없어 많은 양의 오래되고 진귀한 유물이 다른 나라나 지역으로 흩어지게 되었다. 현재 중국 역사 문화 분야 종사자들과 중국 국민은 유럽과 미국의 박물관이나 도서관에서만 선조들의 유물을 볼 수밖에 없게 되었다.

문화재를 도굴한 서양인 중 영국인 마크 아우렐 스타인[77]이 가장 유명하다. 그는 네 차례에 걸쳐 중국 서부를 시찰하였고, 중국 둔황 막고굴莫高窟 장경동藏经洞 등지에서 필사본, 회화, 직물 등 다량의 둔황 문물을 훔쳐 갔다. 그밖에 프랑스인 폴 펠리오[78], 러시아인 표드르 코즐로프[79]와 세르게이 올덴부르크[80], 독일인 알베르트 그륀베델[81]과 알베르트 폰 르 콕[82], 미국인 랭던 워너[83] 등도 수천년 동안 한번도 볼 수 없었던 유물 도굴에 동참하였다. 기록에 따르면, 현재 중국에 있는 둔황 유물은 모두 2만여 개인데, 세계 각지에 흩어져 있는 것은 총 5만여 개에 달하며, 영국, 프랑스, 러시아, 미국, 덴마크, 독일 등은 모두 중국에서 흘러나간 많은 문물을 소장하고 있다.

중국 서북 지역에서 서양 문화계 인사들이 펼친 문화 도굴은 동양 약탈이라는 서양 식민주의의 침략 본질을 나타내고 있지만, 객관적으로는 중국 현대 고고학과 둔황학敦煌学의 탄생을 자극하였고, 중국 문화에 대한 서양인들의 관심과 중시를 이끌며 동서 문화가 전세계적으로 소통하는 것에 도움을 주었다.

3-10-1

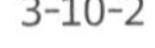

3-10-2

3-10-3

3-10-1　영국 한학자이자 문화재 도굴 전문가 아우렐 스타인
3-10-2　현재 대영박물관에 소장 중인 아우렐 스타인이 가져간 벽화
3-10-3　아우렐 스타인이 중국에서 훔쳐간 유물 대부분이 소장된 대영박물관

3-10-4

3-10-5

3-10-4 시찰 중인 아우렐 스타인과 그의 수행원

3-10-5 아우렐 스타인이 골라낸 한문汉文과 비한문非汉文의 필사본

3-10-6

3-10-7

3-10-8

3-10-6 프랑스 한학자 폴 펠리오
3-10-7 둔황 장경동에서 유물을 찾고 있는 폴 펠리오
3-10-8 폴 펠리오가 살았던 막고굴

3-10-9

3-10-10

3-10-11

3-10-12

3-10-9 미국 고고학자 랭던 워너
3-10-10 러시아 동양학자 세르게이 올덴부르크
3-10-11 러시아 동양학자 세르게이 올덴부르크 도굴팀
3-10-12 미국 고고학자 랭던 워너가 떼어 간 벽화의 흔적

1 마테오 리치Matteo Ricci, 利玛窦, 1552~1610
2 중국예의지쟁Chinese Rites Controversy은 중서예의지쟁中西礼仪之争이라고도 불린다.
3 요한 아담 샬 폰 벨Johann Adam Schall von Bell, 汤若望, 1591~1666
4 페르디난트 페르비스트Ferdinand Verbiest, 南怀仁, 1623~1688
5 줄리오 알레니Giulio Aleni, 艾儒略, 1582~1649
6 니콜로 론고바르도Nicolò Longobardo, 龙华民, 1559~1654
7 프란치스코회方济各会, Ordo Fratrum Minorum
8 안토니오 카발레로 데 산타 마리아Antonio de Santa Maria Caballero, 利安当, 1602~1669
9 도미니코 수도회多明我会, Dominican Order
10 후안 바우티스타 모랄레스Juan Bautista de Morales, 黎玉范, 1597~1664
11 파리 외방전교회巴黎外方传教会, Paris Foreign Missions Society
12 샤를 매그로Charles Maigrot, 阎当, 1652~1730
13 교황 클레멘스 11세Clemens PP. XI, 教皇克雷芒十一世, 세속명 조반니 프란체스코 알바니, Giovanni Francesco Albani, 1649~1721
14 샤를 토마스 마이야르 드 투르농Charles Thomas Maillard de Tournon, 铎罗 혹은 多罗, 1668~1710
15 敬天地万物之真主及孝敬祖先父母
16 성 도미니크Saint Dominic, 圣多明我, 1170~1220
17 알레산드로 발리냐노Alessandro Valignano, 范礼安, 1539~1606
18 교황 클레멘스 9세Pope Clement IX, 教皇克雷芒九世, 1600~1669
19 비오 12세Pius PP. XII, 庇护十二世, 1876~1958
20 강희제康熙帝, 1654~1722
21 옹정제雍正帝, 1678~1735
22 건륭제乾隆帝, 1711~1799
23 가경제嘉庆帝, 1760~1820
24 도광제道光帝, 1782~1850
25 이그나츠 코글러Ignatius Kogler, 戴进贤, 1680~1746
26 미셸 베누아Michel Benoist, 蒋友仁, 1715~1774
27 마테오 리파Matteo Ripa, 马国贤, 1692~1745
28 조지 매카트니George Macartney, 马戛尔尼, 1737~1806
29 장 조셉 마리 아미오Jean Joseph Marie Amiot, 钱德明, 1718~1793
30 막심 레온티예프Максим Леонтьев, 马克西姆·列昂节夫, ?~1711 또는 1712
31 표트르 1세Peter the Great, 彼得一世, 1672~1725
32 힐라리온 레자이키Иларион Лежайкий, 伊拉里昂·列扎伊斯基, ?~1717
33 라브렌티Лаврентий, 拉夫连季, ?~?
34 프레몽트Fremont, 菲利蒙, ?~?
35 책릉博尔济吉特·策棱, 1672~1750
36 도리심图理琛, 1667~1740
37 Illustrated London News.
38 니키타 야코브레비치 비추린Никита Яковлевич Бичурин, 比丘林, 1777~1853
39 팔라디우스 카파로프Palladius Kafarov, 巴拉第·卡法罗夫, 1817~1878
40 로버트 모리슨Robert Morrison, 罗伯特·马礼逊, 1782~1834
41 엘리자 콜맨 브리지먼Elijah Coleman Bridgman, 裨治文, 1801~1861
42 데이비드 아빌David Abeel, 雅裨理, 1804~1846
43 피터 파커Peter Parker, 伯驾, 1804~1888
44 사무엘 웰스 윌리엄스Samuel Wells Williams, 卫三畏, 1812~1884
45 윌리엄 밀네William Milne, 威廉·米怜, 1785~1822
46 월터 헨리 메드허스트Walter Henry Medhurst, 麦都思, 1796~1857

47 중국과 서양을 구분하는 의미이다.

48 무릎을 꿇고 절하는 것을 가리키는 말로 정중한 예를 표시한다는 것을 의미한다.

49 天朝物产丰盈, 无所不有, 原不藉外夷货物以通有无。

50 윌리엄 피트 애머스트William Pitt Amherst, 阿美士德, 1773~1857

51 윌리엄 알렉산더William Alexander, 威廉·亚历山大, 1767~1816

52 조지 스타운톤George Leonard Staunton, 乔治·伦纳德·斯当东, 1737~1801

53 Staunton, George Leonard 1797, *An Authentic Account of an Embassy from the King of Great Britain to the Emperor of China* 『英使马戛尔尼出使中国记』, London: George Nicol.

54 조지 3세George III, 乔治三世, 1738~1820

55 정마낙郑玛诺, 세례명 Manuel de Sequeira, 1633~1673

56 알렉산드르 드 로드Alexandre de Rhodes, 陆德, 1593~1660

57 임리관林利官, Loum Riqua 庄钦永 2013, 「'镀金鸟笼'里的呐喊:郭实猎政治小说《是非略论》析论」, 『国际汉学』 72~99.

58 사청고谢清高, 1765~1821

59 엘리자베스 색빌Duchess of Dorset, Elizabeth Sackville 1689~1768

60 사무엘 로빈스 브라운Samuel Robbins Brown, 布朗, 1810~1880

61 용굉容闳, 1828~1912

62 임아구林亚九, 1924~1947

63 황관黄宽, 1829~1878

64 존 로버트 모리슨John Robert Morrison, 马儒翰, 1814~1843

65 칼 프리드리히 오거스트 귀츨라프Karl Friedrich August Gützlaff, 郭士立, 1803~1851

66 미국성서공회American Bible Society, 美国圣经会

67 홍수전洪秀全, 1814~1864

68 1832년 양발이 지은 기독교 신교의 중국어 포교서이다.

69 양발梁发, 1789~1855

70 심각沈漼 혹은 沈榷, ?~1624

71 종교 분쟁으로 생겨난 사건을 가리킨다.

72 양광선杨光先, 1597~1669

73 서태후慈禧太后, 자희태후, 1835~1908

74 클레멘스 오거스트 폰 케텔러Clemens August Freiherr von Ketteler, 克林德, 1853~1900

75 니콜라이 프르제발스키Nikolay Przhevalsky, 普尔热瓦尔斯基, 1839~1888

76 로브노르Lob Nor, 중국 신장 위구르자치구 동남부에 위치한 호수.

77 마크 아우렐 스타인Marc Aurel Stein, 斯坦因, 1862~1943

78 폴 펠리오Paul Pelliot, 保罗·伯希和, 1878~1945

79 표드르 코즐로프Pyotr Kuzmich Kozlov, 科兹洛夫, 1863~1935

80 세르게이 올덴부르크Sergey Fyodorovich Oldenburg, 鄂登堡, 1863~1934

81 알베르트 그륀베델Albert Grünwedel, 格伦威德尔, 1856~1935

82 알베르트 폰 르 콕Albert von Le Coq, 勒柯克, 1860~1930

83 랭던 워너Langdon Warner, 华尔纳, 1881~1955

4. 행상과 '번객'

4.1 상관 시대의 13행가

영국을 필두로 하는 신흥 유럽 국가의 상인들은 17세기부터 계속해서 중국 광저우로 와서 중국 당국이 개항하고 통상할 것을 요구하였다. 하지만 중국 조정은 통상무역에 관심이 없어 오랫동안 중외 무역을 광저우 일대에서만 제한적으로 하도록 하였고, 외국 상인이 마음대로 중국 상인과 자유무역을 해서는 안 되며, 중국인과 함께 생활하거나 거주해서는 夷洋杂处 안 된다고 규정하였다. 그래서 당시 광저우 성 밖에 많은 외국 상관商馆이 생겨났고, 모든 중외 무역은 이 지역에서 집중적으로 해야만 했으며, 반드시 중국 조정이 승인한 10여 곳의 독점 국영 상점, 즉 행상行商이 중개하여야만 했다. 중외 무역은 소위 상관 시대 혹은 행상 시대로 들어섰다.

광저우의 행상은 처음에 10여 곳이 있었고 후에 행상 수의 증감이 있기는 하였지만, 사람들은 습관적으로 그것을 13행이라고 부른다. 상관과 13행이 있던 곳인 13행가는 아편전쟁 이전 중국에서 부가 가장 집중되었던 곳이자 중외 문화가 모이고 부딪치는 교차 지점이었다.

4-1-1

4-1-1 광저우 13행 원경도

4-1-2

4-1-3

4-1-2 청대 수출용 그림 〈광저우 13행가〉
4-1-3 찻잎 상자에 그림 그리는 화가

4-1-4

4-1-5

4-1-6

4-1-7

4-1-4 가정집 벽에 걸려 있는 그림 속의 13행

4-1-5 광저우 상점의 차를 검사하는 프랑스 상인과 중국 상인

4-1-6 18세기 광저우 찻잎 창고에서 물건을 검사하는 외국 상인

4-1-7 13행가의 모습

4-1-8

4-1-9

4-1-8　13행의 모자 상점

4-1-9　13행 부근의 번화한 시장

4-1-10

4-1-11

4-1-10 자기를 상자에 담는 13행 창고 모습
4-1-11 13행 외국 상관의 동쪽

4-1-12

4-1-13

4-1-14

4-1-12 13행을 시찰하는 중국 관리
4-1-13 13행의 대화재
4-1-14 13행의 소방팀

4.2 외국인이 부러워하는 제국 행상

광저우 13행은 중국 전역에서 대외 무역을 독점하는 유일한 기구로, 그 경영자는 관료이자 상인이며半官半商, 중국인과 외국인을 함께 관리하면서 모든 중국인과 외국인의 수출입 업무를 대리할 뿐만 아니라, 청 정부와 외국 상인 간의 관영 중개를 하며 상무와 외교의 이중 권력을 갖고 있었다. 중국 상인과 외국 상인 위에 군림하는 행상의 독점 지위는 그들이 중외 무역에 손을 뻗친 후 권세를 이용해 대량의 부를 축적할 수 있게 만들었다. 청나라 초기 광둥 사람인 굴대균[1]의 〈광저우 죽기사广州竹枝词〉[2]에 '오사 팔사 광단이 좋아서, 은전이 13행에 가득 쌓였네'[3]라는 구절이 있다.

광저우 행상이 당시 중국 유일한 대외 황금 해안을 통제하고 있었기 때문에 그들의 지위와 부에 대해 그 시대의 중국과 외국 상인들은 부러움을 금치 못하였다. 13행 중 오伍, 반潘, 노卢, 엽叶 4대 가족의 자산은 천만 냥 이상이었고, 이화행怡和行의 오병감[4]은 천하 최대 부자 상인으로 외국인은 그를 높여 오호관伍浩官이라고 불렀으며, 그는 2,600만 냥 이상의 자산을 보유하였다. 기록에 따르면, 1822년 상관에 큰 화재가 발생했다. 그 화재는 7일 밤낮동안 계속 이어졌는데, 화재로 인해 백은 약 4,000만 냥이 불에 탔고, 그때 백은이 하수도로 녹아 들어간 후 다시 응고되어 만들어진 길이가 약 1~2리에 달했다고 하니, 당시 13행의 행상들이 얼마나 많은 부를 쌓았는지 알 수 있다.

4-2-1

4-2-2

4-2-1 광저우 동부행同孚行의 차 상자
4-2-2 13행 최고 부자 이화행의 오병감

4-2-3

4-2-4

4-2-5

4-2-6

4-2-3 광리행广利行의 행상 '무관茂官' 노문금卢文锦

4-2-4 유럽 상인이나 미국 상인에게 '반계관潘启官'[5]으로 불린 반진승潘振承

4-2-5 스웨덴 동인도 회사의 배를 타고 스웨덴 예테보리에 도착한 반진승

4-2-6 인관仁官 엽상림叶上林

4-2-7

4-2-8

4-2-7 광저우 거상巨商의 개인 정원
4-2-8 행상 반계관의 첫 번째 관저

4-2-9

4-2-10

4-2-9 행상 반계관의 두 번째 관저
4-2-10 지금의 반가대원潘家大院

4.3 '항각 상인'의 부상

항각상港脚商은 영어 country merchant의 번역으로 인도, 동인도 군도와 중국 간의 무역에 종사하는 동인도 회사 외의 **민간 상인** 혹은 **개별 상인**자유 상인들을 가리키는 말이다. 1600년 동인도 회사는 엘리자베스 여왕으로부터 희망봉에서 동쪽의 마젤란 해협까지 동쪽 전체 지역의 무역 특허권을 얻은 후 점차 중국과 인도 간의 무역을 독점하였다. 하지만 같은 시기 영국, 인도, 미국의 자유 상인들이 동인도 회사의 독점에 불만을 품고, 중국, 유럽, 인도, 난양 등지에서 계속 잡화무역을 하고, 영국과 미국 자본가들의 공산품 판매를 대리하며, 아편이나 백은 등 금지품 밀수까지 하게 되었다. **공사 상인**公司商과 **항각 상인** 간의 투쟁은 서로 결탁하여 협력하는 것으로 결정이 나서, 1860년대부터 항각 상인은 동인도 회사의 비준을 거쳐, 찻잎 등 회사가 독점하고 있는 항목 이외의 대중국 무역에 개입하게 되었고, 그후로 항각 무역은 빠른 속도로 발전하게 되었다.

동인도 회사와 항각 상인은 영국의 대중국 경제 확장 과정에서 각각 다른 역할을 맡게 되었다. 항각 상인은 동인도 회사로부터 허가서를 얻은 후 동인도 회사의 통제 속에 해상 운송 등의 무역을 하게 되었고, 인도의 면화나 아편 등을 중국으로 판매하며 폭리를 취하였다. 동인도 회사는 항각 무역을 수단으로 백은의 흐름을 놓았는데, 19세기 초 동인도 회사 광저우 금고의 현금 중 거의 1/3 정도가 항각 상인에서 온 것이었다. 이것으로 동인도 회사는 대중무역 적자로 인한 자금 부족의 어려움을 크게 완화하였고, 광저우에서 찻잎을 사는데 필요한 자금을 확보하였다.

항각 상인의 실력이 높아지고 특히 미국 상인 세력이 개입함에 따라, 동인도 회사의 동방무역 독점권은 갈수록 그 자리를 잃게 되었고, 1834년에 이르러 영국의 동방무역 독점권은 끝내 영국 정부에 의해 폐지되었다. 항각 상인의 자유무역, 자유 경쟁의 시대가 이때부터 시작되었다. 윌리엄 자딘[6], 제임스 매시선[7], 랜슬롯 덴트[8] 등 과거의 거물 항각 상인은 점차 중국과 영국 간 무역의 주인공이 되었고, 그들의 신흥무역회사도 중외 무역 관계를 주도하였다.

4-3-1

4-3-2

4-3-3

4-3-1 항각 무역의 중심 도시 중 하나인 콜카타Kolkata
4-3-2 항각 무역의 중심 도시 중 하나인 광저우
4-3-3 1818년 미국 찻잎 선박 클레오파트라호

4-3-4

FOR CHINA,

TO SAIL ON 5TH MAY,

THE fine new Baltimore-built Clipper Brig FROLIC, 210 tons measurement, commanded by Captain EDWARD FAUCON. For Freight of Opium, having two-thirds of her Cargo engaged, apply to

MARTIN, MURRAY & Co.

Rampart Row, 29th April, 1845. (456)*

4-3-5

4-3-4 네덜란드 자바선박회사의 대자보

4-3-5 1845년 아편을 실어 중국으로 간다는 인도 〈봄베이 타임즈〉 광고

4-3-6

4-3-7

4-3-8

4-3-6　1920년대부터 광저우에서 활약한 영국 상인 윌리엄 자딘
4-3-7　광저우에서 모피와 아편 장사로 거부가 된 미국계 독일 상인 존 제이콥 애스터[9]
4-3-8　1786년 광저우에서 중국 찻잎과 인도 방직품 무역에 종사한 미국 상인 엘리아스 하스켓 더비[10]

4-3-9

4-3-10

4-3-11

4-3-9 1920년대 중국 실크와 차 그리고 난징 직물 무역에 종사한 미국 필라델피아 상인 스티브 지라드[11]

4-3-10 중국, 영국, 인도의 항각 무역으로 부를 축적한 유대계 상인 엘리아스 빅터 사순[12]가족

4-3-11 봄베이에 있는 빅터 사순 가족의 선착장

4.4 중외 무역의 브로커-양행

양행洋行은 근대 중국에서 무역에 종사하던 외국 상인의 대리업체를 가리키는 말이다. 아편전쟁 이전에는 양행이 중국의 유일한 통상 개항지였던 광저우에 약 30여 곳이 집중되어 있었다. 아편전쟁 이후에는 중국 연해 지역에 통상 개항지가 늘어남에 따라 중국에 있는 외국 양행의 수도 갈수록 늘어났다. 제2차 아편전쟁을 전후하여 중국에 있는 외국 양행은 그 수가 총 200여 곳에 이르렀고, 1911년에는 2,860여 곳으로 늘어났다.

양행 초기에 그 업무는 주로 무역과 해상 운송 등 유통 영역에 국한되었지만, 후에 점차 생산과 금융 등의 분야로 확대하였고, 선박의 수리와 건조, 부두의 저장 창고, 보험, 은행, 무역 서비스를 위한 가공 및 제조 모두 그들의 경영 범주 안에 있었다. 그것은 기본적으로 중국 근대의 대외 무역, 심지어 중국 국민경제의 명맥을 통제하였다.

영국 상인의 양행은 중국에 있는 양행 총수의 60% 이상을 차지하였다. 이화怡和[13], 보순宝顺, 인기仁记[14], 의기义记[15], 사순沙逊[16], 태고太古[17], 노공무老公茂[18], 신사순新沙逊[19] 등은 모두 유명한 대형 양행이다. 미국 상인의 양행은 영국 다음으로 많고, 기창旗昌[20], 경기琼记[21], 동부同孚[22], 풍태丰泰[23], 풍유丰裕[24], 협융协隆[25], 무생茂生[26] 등이 있다. 독일 상인의 양행은 중국 무역에서 비교적 후진 주자로 주로 서문자西门子[27], 덕부德孚[28], 동흥东兴[29] 등이 있다.

양행이 근대 중국에서 세력을 확장한 것은 중국의 정치적 경제적 주권이 몰락하였다는 것을 보여주는 하나의 상징적인 모습이었지만, 중국 국력의 쇠퇴와 인재 부족의 시대에 이러한 상황이 벌어진 것은 동서양 양대 문명이 서로 만났을 때 어쩔 수 없이 필연적으로 생겨나는 것이며, 중국 경제가 세계로 발걸음을 내딛는 초기 단계의 비장한 모습이다.

4-4-1

4-4-2

4-4-3

4-4-1 이화양행의 지배인과 가족사진
4-4-2 이화양행의 상하이 제사공장
4-4-3 분주한 한커우汉口의 이화 부두

4-4-4

4-4-5

4-4-6

4-4-7

4-4-4 이화양행이 만든 중국 최초의 철도-상하이 오송철도吴淞铁路
4-4-5 이화양행의 창시자 윌리엄 자딘 가족이 스코틀랜드에서 사들인 장원토지
4-4-6 1858년 덴트 양행[30] 빌딩
4-4-7 1869년 덴트 양행 빌딩

4-4-8

4-4-9

4-4-10

4-4-8 홍콩의 미국 경기양행[31] 본부

4-4-9 영국 태고양행이 홍콩에 태고 도크를 만들 때 남긴 비석

4-4-10 이화양행의 광고

4-4-11

4-4-14

4-4-12

4-4-13

4-4-11 1907년 독일 태래양행泰来洋行[32]이 만든 란저우兰州 황하대교黄河大桥의 현재 웅장한 모습

4-4-12 광저우 기창양행旗昌洋行 사장 사무엘 러셀[33]의 미국 코네티컷주 고택

4-4-13 이화양행 창시자 중 한 사람인 제임스 매시선의 스코틀랜드 묘지

4-4-14 1973년 준공한 홍콩의 첫 번째 고층빌딩 이화빌딩怡和大厦

4.5 제멋대로 아무렇게나 말하는 '번관'

중국 정부는 1940년대 이전에 영국 동인도 회사의 최고경영자와 외교적 사무를 협상하는 것을 제외하고, 광저우에 거주하는 어떠한 외교관도 인정하지 않았다. 그렇지만, 서양인이 외교관을 임명하거나 자신을 외교관이라고 자처하는 열정을 막지는 못했다. 한편으로, 미국, 스웨덴, 네덜란드, 덴마크, 영국 등의 상인들은 광저우에서 자신의 입지를 넓히고 다른 상인과 비교해 경쟁력을 높이기 위해, 정부가 자신을 외교관으로 임명해야 한다고 적극적으로 주장하였다. 또 한편으로, 일부 서양 국가의 정부가 자국의 탐험가나 다른 나라의 해외 탐험가라도 본국의 이익을 대신하여 중국 정부와의 관계 개선을 주선하는 방법을 찾아내기를 바랐다. 그 결과, 19세기 초반 50년 동안 중국 광저우에 **외국 영사**가 많이 생겼고, 광둥 사람들은 습관적으로 그것을 **번관**이라고 불렀다.

초기 **번관**은 일반적으로 상인이 겸직하였다. 예를 들어, 초대 주광저우 영국 영사인 사무엘 쇼[34]는 중국으로 온 첫 번째 배인 **중국 황후호**[35]의 책임자였고, 초대 주광저우 스웨덴 영사인 안데르스 룽스테드[36]는 1798년 중국으로 와서 광저우에 체류하던 상인이었다. 그중 어떤 사람은 자국 정부에게 자신을 임명해달라고 요청하였고, 어떤 사람은 다른 나라 정부에 승인을 신청하였으며, 또 어떤 사람은 자신이 유럽 어떤 나라의 영사라고 마음대로 말하고 다니기도 하였다. 영국 상인인 존芮约翰은 주광저우 오스트리아 영사라고, 빌 형제인 다니엘 빌[37]과 토마스 빌[38]은 주광저우 프로이센 영사라고, 토마스 덴트[39]는 주광저우 사르데냐Regno di Sardegna[40]영사라고 스스로 말하고 다녔다. 광저우에는 또 시칠리아, 제노바, 하노버, 심지어 이미 망한 나라인 폴란드 영사도 활동하고 있었다. 1833년 동인도 회사 책임자의 권한이 폐지되기 전에는 영사가 어느 나라를 대표하는지, 혹은 정식으로 인가를 받았는지와 상관없이 모두 직위를 주지 않았으며, 그 권한도 상업 활동에만 국한되었고 외교적인 권력은 없었다. 1833년 후에도, 영국 영사만 정부로부터 임금을 받았고 나머지 영사는 여전히 **스스로 일하는** 것일 뿐이었다. 하지만, 아편전쟁 이후에는 서양 영사들이 점차 권력도 있고 돈까지 있는 직업 외교관이 되었으며, 외교적 지위도 중국 정부로부터 보장받게 되었다.

4-5-1

4-5-2

4-5-3

4-5-4

4-5-5

4-5-6

4-5-1 초대 주광저우 미국영사 사무엘 쇼
4-5-2 이화양행의 창시자이자 주광저우 덴마크 영사를 겸직한 제임스 매시선
4-5-3 제임스 매시선 기념비
4-5-4 영국의 초대 주중상무감독 윌리엄 존 네이피어[41]
4-5-5 군복 입은 윌리엄 존 네이피어
4-5-6 윌리엄 존 네이피어 기념비

4-5-7

4-5-8

4-5-9

4-5-10

4-5-11

4-5-12

4-5-7 영국의 2대 주중상무감독 찰리 엘리어트[42]
4-5-8 군복을 입은 찰리 엘리어트
4-5-9 동인도 회사 주광저우 책임자이자, 영국의 주중상무감독과 2대 홍콩 총독을 역임한 존 프란시스 데이비스[43]
4-5-10 1847년 광저우 창저우다오長洲에 묻힌 초대 주중미국공사 알렉산더 힐 에버렛[44]
4-5-11 1812년에서 1820년까지 주광저우 미국 영사를 역임한 필라델피아 상인 벤자민 츄 윌콕스[45]의 묘지
4-5-12 스웨덴 상인이자 초대 주광저우 스웨덴 영사인 안데르스 룽스테드의 이름을 딴 마카오의 룽스테드 도로

4-5-13

4-5-14

4-5-13 가도嘉道년간 영사관 기능을 겸한 상관商馆
4-5-14 상관에서 이루어지는 중외 교류

4.6 막을 수 없는 '외국인의 중국어 배우기'

기독교 신교 선교사들이 광저우에 처음 왔을 때, 중국은 외국인과 중국인 사이를 단절하는 문화 정책을 엄격히 시행하고 있었다. 외국인은 중국 문자를 접하고 중국 문화를 연구하는 것이 엄격하게 금지되었고, 중국인은 개인적으로 외국인에게 중국어를 가르치면 모두 체포되어 감옥에 갔다. 도광道光 시기에 중국으로 와서 선교 활동을 한 브리지먼[46]은 그의 중국어 선생님이 그에게 중국어를 가르칠 때, 옆에 자수를 놓은 신발 한 켤레를 두었는데 이것은 정부 관리가 와서 검사할 때 외국인에게 자수 신발 만드는 것을 가르치고 있어요라고 대답하기 위해서라고 말했다. 더 심한 예로, 어떤 중국어 선생은 외국인에게 중국어를 가르치다가 수감되는 고통을 피하려고 독약을 품고 있기도 하였다.

그러나 이렇게 심한 압박 속에서도 예의를 알지 못하는 이방인은 여전히 중국어를 배우고 한문화를 연구하는 것을 중국에서 반드시 해야 할 일로 생각하였다. 도광道光년간 재중 선교사는 중국어로 포교를 할 수 있었고 한문으로 잡지나 서적까지 출판하기도 하였다. 당시 중국 중앙 관료와 지방 관료는 이런 출판을 유치하고 이해하기 힘든 형편없는 서양 야만인들의 헛소리 정도로 생각하였지만, 그것이 근대 중국 최초의 중국어로 쓰인 사상 계몽서라는 것은 의심의 여지가 없다. 봉쇄된 대청제국은 그런 출판물이 있어서 그나마 바깥세상의 정보를 얻을 수 있었다.

19세기 말, 외국인의 중국어 학습은 이미 어느 정도 체계를 갖추게 되어 일부 중국 연해 도시에서 중국어 잡지를 만들어냈고, 재중 선교사나 외교관 중에 중국 언어와 문화에 정통한 한학자들이 생겨났다. 중국어는 이제 중국인만이 가질 수 있는 특권이 아니었다.

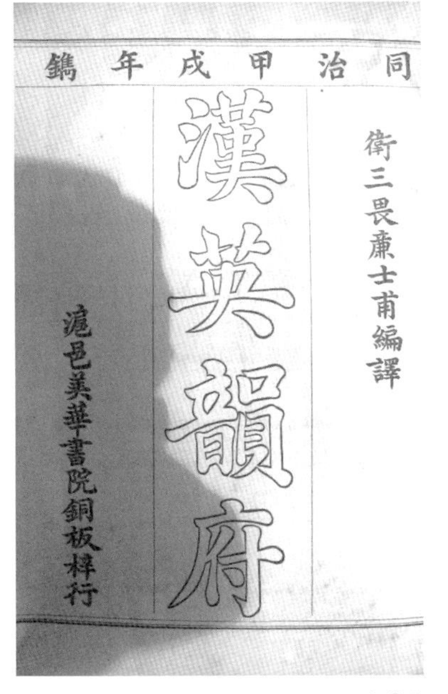
同治甲戌年鐫
漢英韻府
衛三畏廉士甫編譯
滬邑美華書院銅板梓行

4-6-1

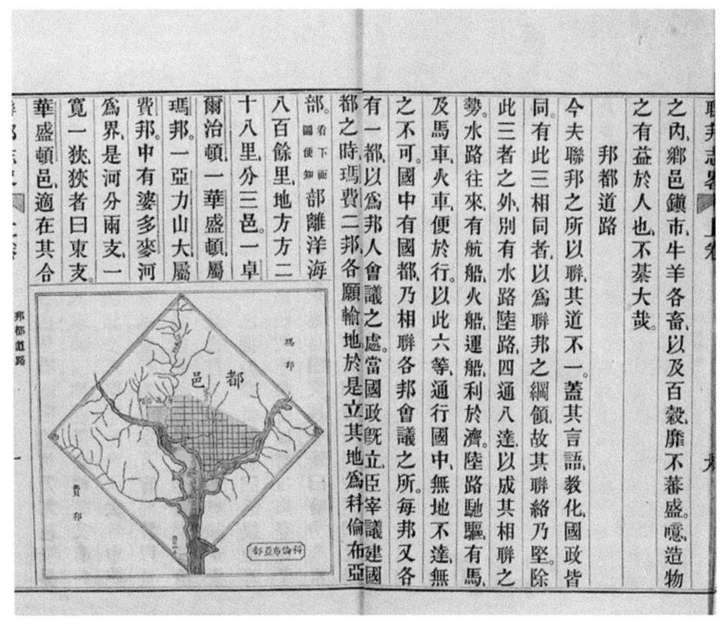
之內鄉邑鎮市牛羊各畜以及百穀靡不蕃盛。噫造物之有益於人也不甚大哉。

邦都道路

今夫聯邦之所以聯其道不一。蓋其言語教化國政皆同有此三相同者以爲聯邦之綱領故其聯絡乃堅。除此三者之外別有水路陸路四通八達以成其相聯之勢。水路往來有航船火船運船利於濟。陸路馳驅有馬及馬車火車便於行。以此六等通行國中無地不達無之不可。國中有國都乃相聯各邦會議之所。每邦又各有一都以爲邦人會議之處。當國政既立臣宰議建國都之時瑪費二邦各願輸地於是立其地爲科倫布亞部。(看下面圖便知) 部離洋海八百餘里地方方二十八里分三邑。一卓爾治頓一華盛頓屬瑪邦。一亞力山大屬費邦。中有婆多麥河爲界是河分兩支一寬一狹狹者曰東支華盛頓邑適在其合

4-6-2

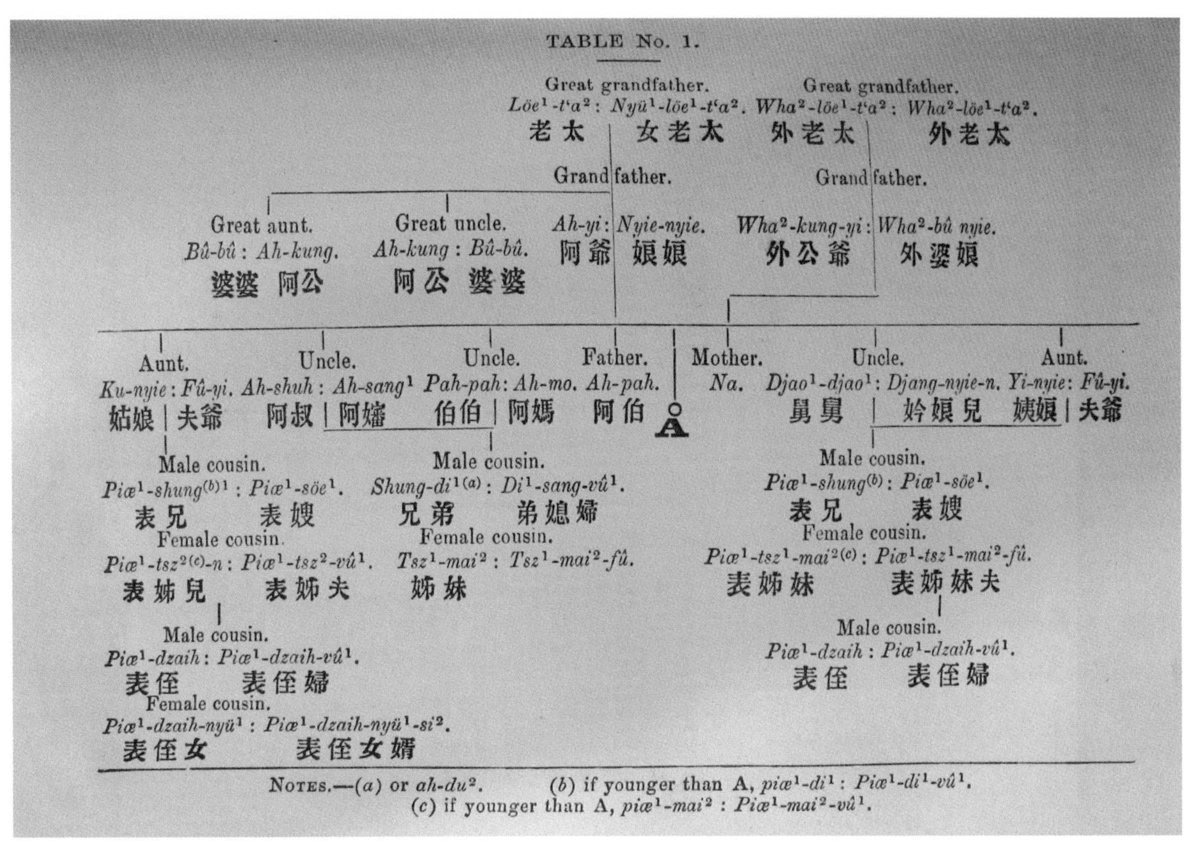
TABLE No. 1.

Great grandfather. *Löe^{1}-t'a^{2} : Nyü^{1}-löe^{1}-t'a^{2}.* 老太 | 女老太
Great grandfather. *Wha^{2}-löe^{1}-t'a^{2} : Wha^{2}-löe^{1}-t'a^{2}.* 外老太 | 外老太

Grandfather. *Ah-yi : Nyie-nyie.* 阿爺 娘娘
Grandfather. *Wha^{2}-kung-yi : Wha^{2}-bû nyie.* 外公爺 外婆娘

Great aunt. *Bû-bû : Ah-kung.* 婆婆 阿公
Great uncle. *Ah-kung : Bû-bû.* 阿公 婆婆

Aunt. *Ku-nyie : Fû-yi.* 姑娘 | 夫爺
Uncle. *Ah-shuh : Ah-sang^{1}* 阿叔 | 阿嬸
Uncle. *Pah-pah : Ah-mo.* 伯伯 | 阿媽
Father. *Ah-pah.* 阿伯
A
Mother. *Na.*
Uncle. *Djao^{1}-djao^{1} : Djang-nyie-n.* 舅舅 | 妗娘兒
Aunt. *Yi-nyie : Fû-yi.* 姨娘 | 夫爺

Male cousin. *Piæ^{1}-shung$^{(b)1}$: Piæ^{1}-söe^{1}.* 表兄 表嫂
Female cousin. *Piæ^{1}-tsz$^{2(c)}$-n : Piæ^{1}-tsz^{2}-vû^{1}.* 表姊兒 表姊夫
Male cousin. *Piæ^{1}-dzaih : Piæ^{1}-dzaih-vû^{1}.* 表侄 表侄婦
Female cousin. *Piæ^{1}-dzaih-nyü^{1} : Piæ^{1}-dzaih-nyü^{1}-si^{2}.* 表侄女 表侄女婿

Male cousin. *Shung-di$^{1(a)}$: Di^{1}-sang-vû^{1}.* 兄弟 弟媳婦
Female cousin. *Tsz^{1}-mai^{2} : Tsz^{1}-mai^{2}-fû.* 姊妹

Male cousin. *Piæ^{1}-shung$^{(b)}$: Piæ^{1}-söe^{1}.* 表兄 表嫂
Female cousin. *Piæ^{1}-tsz^{1}-mai$^{2(c)}$: Piæ^{1}-tsz^{1}-mai^{2}-fû.* 表姊妹 表姊妹夫
Male cousin. *Piæ^{1}-dzaih : Piæ^{1}-dzaih-vû^{1}.* 表侄 表侄婦

NOTES.—(a) or *ah-du^{2}*. (b) if younger than A, *piæ^{1}-di^{1} : Piæ^{1}-di^{1}-vû^{1}*. (c) if younger than A, *piæ^{1}-mai^{2} : Piæ^{1}-mai^{2}-vû^{1}*.

4-6-3

4-6-1 미국 선교사 윌리엄스[47]가 편찬한 『한영운부汉英韵府』
4-6-2 미국 선교사 브리지먼의 중국어 저서 『대미연방지략大美联邦志略』의 표지
4-6-3 외국인의 중국어 학습 교재 『원저우방언입문温州方言入门』의 한쪽

官話指南

KOAN-HOA TCHE-NAN

BOUSSOLE

DU

LANGAGE MANDARIN

TRADUITE ET ANNOTÉE

PAR

LE PÈRE HENRI BOUCHER, S. J.

MISSIONNAIRE AU KIANG-NAN

DEUXIÈME ÉDITION

SECOND VOLUME

ZI-KA-WEI

IMPRIMERIE DE LA MISSION CATHOLIQUE

1893

4-6-4

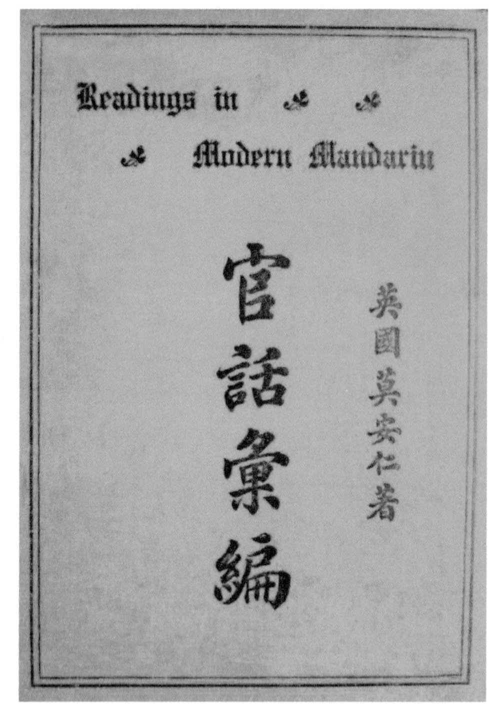

Readings in Modern Mandarin

官話彙編

英國莫安仁著

4-6-5

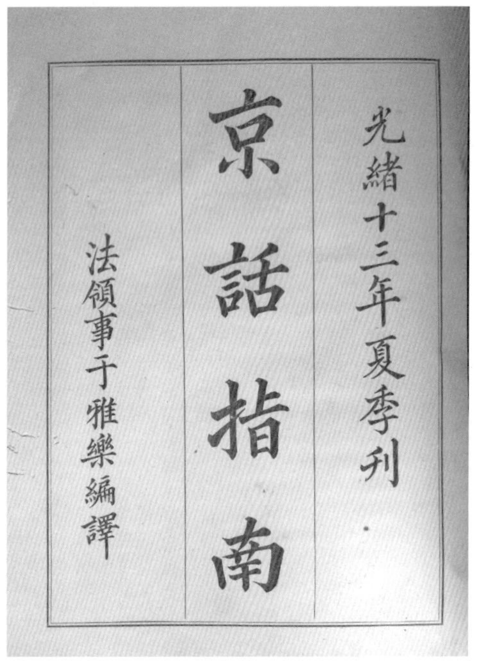

光緒十三年夏季刊

京話指南

法領事于雅樂編譯

4-6-6

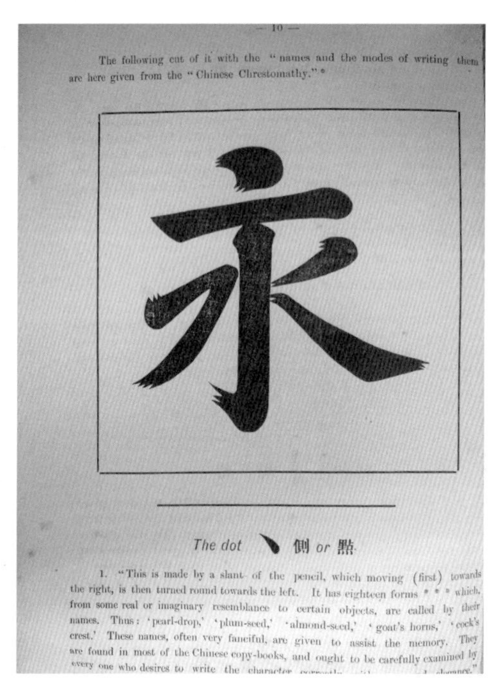

— 10 —

The following cut of it with the "names and the modes of writing them are here given from the "Chinese Chrestomathy." *

The dot 側 or 點

1. "This is made by a slant of the pencil, which moving (first) towards the right, is then turned round towards the left. It has eighteen forms * * * which, from some real or imaginary resemblance to certain objects, are called by their names. Thus: 'pearl-drop,' 'plum-seed,' 'almond-seed,' 'goat's horns,' 'cock's crest.' These names, often very fanciful, are given to assist the memory. They are found in most of the Chinese copy-books, and ought to be carefully examined by every one who desires to write the character

4-6-7

4-6-4 예수회 선교사가 편찬한 『관화지남官话指南』

4-6-5 영국 침례교 목사 에반 모르간[48]이 편집 출판한 중국어 교재 『관화휘편官话汇编』

4-6-6 프랑스 영사 카밀 하르트[49]가 편저한 『경화지남京话指南』

4-6-7 외국인의 중국어 서예 학습 전문 교재

語言自邇集
(YÜ YEN TZŬ ÊRH CHI).
A
PROGRESSIVE COURSE
DESIGNED TO ASSIST THE STUDENT OF
COLLOQUIAL CHINESE
AS SPOKEN IN THE CAPITAL AND THE METROPOLITAN DEPARTMENT.
IN THREE VOLUMES.
SECOND EDITION.
PREPARED BY
THOMAS FRANCIS WADE,
Sometime H.B.M.'s Minister in China.
AND
WALTER CAINE HILLIER,
Chinese Secretary to H.B.M.'s Legation, Peking.
VOL. I.
SHANGHAI:
PUBLISHED AT THE STATISTICAL DEPARTMENT OF THE INSPECTORATE GENERAL OF CUSTOMS,
AND SOLD BY
KELLY & WALSH, LIMITED, SHANGHAI, YOKOHAMA, AND HONGKONG.
LONDON: W. H. ALLEN & Co., WATERLOO PLACE.
1886.

4-6-8

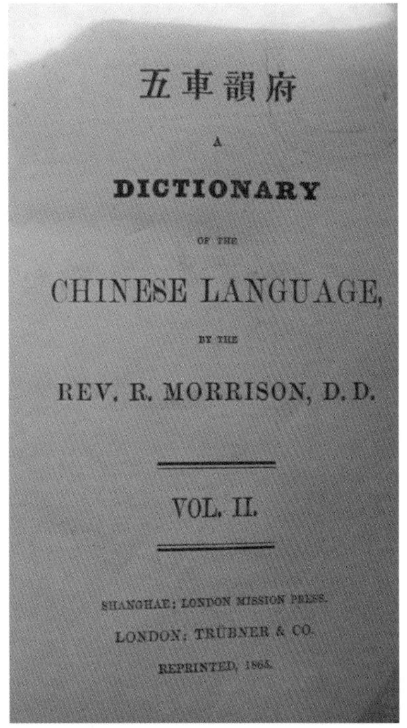
五車韻府
A
DICTIONARY
OF THE
CHINESE LANGUAGE,
BY THE
REV. R. MORRISON, D.D.
VOL. II.
SHANGHAE: LONDON MISSION PRESS.
LONDON: TRÜBNER & CO.
REPRINTED, 1865.

4-6-9

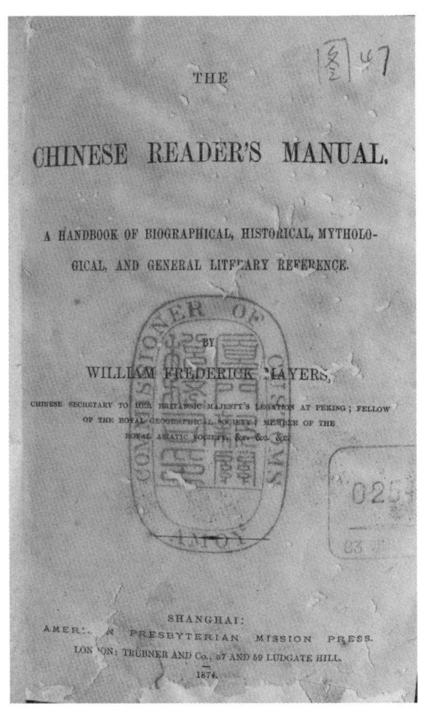
THE
CHINESE READER'S MANUAL.
A HANDBOOK OF BIOGRAPHICAL, HISTORICAL, MYTHOLOGICAL, AND GENERAL LITERARY REFERENCE.
BY
WILLIAM FREDERICK MAYERS,
CHINESE SECRETARY TO HER BRITANNIC MAJESTY'S LEGATION AT PEKING; FELLOW OF THE ROYAL GEOGRAPHICAL SOCIETY; MEMBER OF THE ROYAL ASIATIC SOCIETY, &c. &c. &c.
SHANGHAI:
AMERICAN PRESBYTERIAN MISSION PRESS.
LONDON: TRÜBNER AND Co., 57 AND 59 LUDGATE HILL.
1874.

4-6-10

4-6-11

4-6-8　토마스 프란시스 웨이드[50]의 『어언자이집语言自迩集』

4-6-9　영국 런던 선교회가 출판한 중국어 음운서 『오거운부五车韻府』

4-6-10　외국인 중국어 학습 교재 『중국독물지남中国读物指南』

4-6-11　허버트 엘런 자일스[51]가 만든 외국인의 중국어 학습 필수 공구서 『화영자전华英字典』

4-6-12

PROLEGOMENA.] THE HISTORY OF THE SHOO KING. [CH. I.

of Confucius we find it further specially applied to designate the historical remains of antiquity, in distinction from the poems, the accounts of rites, and other monuments of former times.[3] Not that those other documents might not also be called by the general name of *shoo*.[4] The peculiar significancy of the term, however, was well established, and is retained to the present day. *The Shoo*, in the lips of Confucius, denoted documents concerning the history of his country from the most ancient times to his own; as spoken of since the Han dynasty, it has denoted a compilation of such documents, believed (whether correctly or not, we shall presently inquire) to have been made by the sage. In the prolegomena to my first volume, p. 1, I have called it 'The Book of History,' and Medhurst styles it 'The Historical Classic, the most authentic record of the Annals of the Chinese Empire;' but both these designations are calculated to mislead the reader. The Book, even as it is said to have come from the hand of Confucius, never professed to contain a history of China; and much less are we to look in it for the annals of that history. Its several portions furnish important materials to the historian, but he must grope his way through hundreds of years without any assistance from the Shoo. It is simply a collection of historical memorials, extending over a space of about 1,700 years, but on no connected method, and with great gaps between them. This is the character of the Work, and nothing more is indicated by the name Shoo King.

The name Shang Shoo. 2. As to the name 'Shang Shoo,'[1] by which the Classic is very frequently both spoken and written of, it is generally said by scholars that it originated subsequently to the burning of the Books. Thus Maou K'e-ling tells us that 'the Shoo was anciently named simply the Shoo, but that, after the portions of it preserved by Fuh-shang appeared, as they were the Books of highest antiquity, it was named the Shang Shoo.'[2] Maou's statement is

3 See the fourth paragraph. 4 An instance quite in point may be referred to in the third and only existing part of Mih-tsze's treatise on Manes (明鬼篇). On the 6th page, he has two quotations from the Shoo King, and one from the She. The latter is introduced by 周書大雅有之, 'We read in the Ta Ya, *one of the Books of Chow*.'

1 尙書. 2 書舊祗名書自伏書出後以其爲上古之書故名尙見孔氏正義. See the 古文尙書寃詞, Bk. I., p. 10. In explanation of the term 尙, Maou adds—若春秋說題辭尙者上也上世帝王之遺書也劉熙釋名 (The 釋名 still remains. Low He belonged to the closing times of the Han dynasty), 尙者上也以堯爲上始而書其時事也. A difficulty occurs in receiving this view from the 28th and 30th of the Books of

SECT. I.] DOWN TO THE BURNING OF THE BOOKS. [PROLEGOMENA.

based on the authority of K'ung Ying-tă, of the T'ang dynasty. It is so far correct,—in saying that the oldest name of the Book was simply the Shoo; but the epithet of *Shang* was in use before the time of Fuh-shang. We find it in the treatise of Mih-tsze referred to above.[3] We may acquiesce in the meaning which is assigned to it. *Shang* may be descriptive of the documents with reference either to their antiquity or to the value set upon them.

3. In the Analects, Confucius and Tsze-chang quote from the Shoo by the simple formula—'The Shoo says.'[1] In the Great Learning, four different Books, all in the classic as we have it now, are mentioned by name.[2] Mencius sometimes uses the same formula as Confucius,[3] and at other times designates particular Books.[4] It is most natural for us to suppose that Confucius, when he spoke of

Did Confucius compile the classic of the Shoo? 'The Shoo,' had in his mind's eye *a collection of* Historical Documents bearing that title,—the same which we still possess in a mutilated condition. But it may not have been so. His language—'The Shoo says'—may mean nothing more than that in one of the ancient documents, come down from former times, well known to many, and open to general research, so and so was to be found written. Such even Chinese critics must allow to have been his meaning, if he used the phrase before he himself made the compilation of the documents which they universally ascribe to him. I propose now to inquire on what authority the sage is believed to have made such a compilation; and, as a specimen of the current tradition on the subject, I may commence by quoting the account in the 'Records of the Suy dynasty' (A.D. 589–617).—'Historical Documents began immediately with the invention of written characters. Confucius inspected the documents in the library of Chow; and having found the records of the four dynasties of Yu, Hea, Shang, and Chow, he preserved the best among them, and rejected the others. Beginning with Yu and

Chow, which belong to the period of what is called the Ch'un-ts'ew; and Maou concludes by saying that as the Books of the Shoo were recovered in the Han dynasty, they then characterised all documents prior to the times of Ts'in as of high antiquity (書出漢代其視秦以前皆上古耳). This conclusion of Maou is overthrown by the use of the term by Mih-tsze. 3 See the 明鬼篇下, p. 7,—故尙書夏書其次商周之書語數鬼神之有也.

1 書云. Ana. II. xxi; XIV. xliii. 2 The Great Learning, Comm. i. 1, 2, 3; ii. 2; ix. 2; x. 11, 14. 3 書曰. I. Pt. II. iii. 7; xi. 2; III. Pt. I. i. 4; Pt. II. ix. 6; VI. Pt. II. v. 4. 4 I. Pt. I. ii. 4; II. Pt. I. iv. 6; III. Pt. II. v. 6; IV. Pt. I. viii. 5; V. Pt. I. v. 8; VII. Pt. II. iii.

4-6-13

4-6-12 상하이 미국 장로회가 출판한 『화영만자전华英万字典』
4-6-13 제임스 레게[52]가 번역한 『중국경전中国经典』

4.7 중국과 서양이 어우러진 수출용 자기

원명元明 시기 중국 자기瓷器는 이미 멀리 유럽 시장까지 진출하였다. 청 강희제, 옹정제, 건륭제 때 중국의 청화青花 자기, 분채粉彩 자기, 법랑채珐琅彩 자기가 최고의 수준에 달했기 때문에 유럽 상인들이 이때 더욱더 대규모로 우수한 품질의 중국 자기를 유럽과 미국 각지로 운송하였다. 18세기 100년 동안만 하더라도 유럽으로 수출된 중국 자기의 양은 6,000만 개 이상일 것이라고 전문가들을 예측한다. 중국 광저우도 세계적으로 유명한 자기의 도시가 되었다.

중국에서 유행하는 자기와 달리 청대 광저우의 수출용 자기는 중국과 서양 양대 문화의 특색을 띠고 있다. 그것은 중국 그릇의 공예적 특징뿐만 아니라 유럽과 미국 그릇의 형태적 스타일도 갖고 있었고, 중국 도자기의 채색 예술 전통을 갖고 있으면서도 유럽과 미국의 예술적인 문화 요소를 주입하여 중국과 서양 문화가 잘 어우러지고 융합하는 역사적 발전을 반영하였다.

청대의 수출용 자기는 이국적인 분위기가 농후했다. 자그마한 자기 접시에 네덜란드 식민지, 스웨덴의 도시, 영국의 시골 마을, 프랑스의 궁정 모습, 미국 국기, 성경 이야기, 그리스 신화 등 유럽과 미국 문화 예술 속 풍물과 장면이 많이 들어갔다. 어떤 맞춤식 수출용 자기에는 유럽 명문가의 가족 휘장을 그려 넣기도 하였다.

4-7-1

4-7-2

4-7-1 벨기에 플랑드르Flandre 메헬렌Mechelen성 휘장이 그려진 접시
4-7-2 유럽 가문 휘장이 있는 인물 산수화 문양의 접시

4-7-3

4-7-4

4-7-5

4-7-6

4-7-7

4-7-3 서양 도시 문양과 인물 형상이 있는 분채 잔
4-7-4 서양 사람이 그려진 분채 접시
4-7-5 서양 사람이 그려진 분채 접시
4-7-6 서양 사람이 그려진 분채 차 주전자
4-7-7 서양 사람이 그려진 분채 접시

4-7-8

4-7-9

4-7-10

4-7-8　서양 풍경이 그려진 분채 화병
4-7-9　중국 사람과 서양 사람을 함께 그려넣은 커피 잔
4-7-10　1756년 몰리호가 중국 해역으로 들어오는 것을 기념한 접시

4-7-11

4-7-12

4-7-13

4-7-14

4-7-11 건륭乾隆년간 영국 그로스베너Grosvenor 공작 가문의 휘장이 새겨진 접시

4-7-12 서양 사람이 그려진 여섯 개 꽃잎 모양의 찻주전자 받침

4-7-13 영국 찰스 피어스 가문의 휘장이 새겨진 자기 접시와 주문서

4-7-14 스웨덴에서 거래된 중국 자기

4.8 남고 화실과 수출용 그림

중국과 서양 간 무역은 광저우 예술품 시장을 만들어냈다. 영국 화가 조지 치너리[53]가 중국에 온 후 홍콩이나 마카오 등지에서 서양 화법을 가르쳤고, 안목 있는 중국 청년 예술가들이 그를 스승으로 삼아 서양의 화법을 배우고자 하였다. 19세기 가경 도광 연간에 광저우 거리에 이미 서양화를 그리는 중국 예술가들이 활약하였다. 중국 예술가들은 중국 사물과 풍경을 소재로 서양화의 기법을 빌어 서양 사람들을 고객으로 하는 수출용 그림인 **중국 무역화**를 그렸다. 광저우 13행에는 수십 곳의 수출용 화방과 작업실이 모여 있었고, 수출용 그림을 그리는 화가, 화공, 점원 등 **관계자**가 2천에서 3천여 명에 달했다. 화가 중 이름이나 예명을 남긴 사람으로는 작림作霖, Spoilum, 남고啉呱, Lamqua, 정고庭呱, Tinqua, 신고新呱, SunQua, 욱고煜呱, YouQua 등이 있는데 그중에 그림 실력이 가장 좋고 그림이 가장 많은 사람은 남고이다. 남고는 외국인이 그의 호칭을 번역한 것으로 실제 이름은 확인하기 어렵다. 그는 일찍이 조지 치너리에게 그림을 배웠고, 실력을 갖춘 후에는 13행 징위안가靖远街에 화실을 열고, 젊은 화공 20여 명을 고용하여 수출용 그림을 그렸다.

남고와 많은 무명 화가들의 작품은 당시 주강珠江 삼각주 지역의 경치와 사람들의 모습을 사실적으로 기록하여 동양에 대한 서양인들의 호기심과 심미관을 크게 자극하였고, 서양사람들이 이 그림들을 소장하고 싶어했기 때문에 홍콩, 마카오에서 유럽과 미국 각지까지 넓은 판로가 펼쳐졌다. 현재 유럽과 미국의 많은 예술관과 박물관은 아직도 CANTON에서 온 중국의 수출용 그림을 소장하고 있다.

4-8-1

4-8-2

4-8-3

4-8-1 영국 화가 조지 치너리의 자화상
4-8-2 중국 화가 남고의 자화상
4-8-3 광저우 정고의 화실

4-8-4

4-8-5

4-8-6

4-8-4 청대 수출용 그림 〈광저우 13행〉
4-8-5 청대 수출용 그림 〈찻잎 무게를 달다〉
4-8-6 청대 수출용 그림 〈방사紡紗〉

4-8-7

4-8-8

4-8-9

4-8-7 청대 수출용 그림 〈용주 경기〉

4-8-8 청대 수출용 그림 〈샴Siam, 현재의 태국의 조공선〉

4-8-9 청대 수출용 그림 〈용태永泰 화방〉

4-8-10

4-8-11

4-8-12

4-8-10 청대 수출용 그림 〈용춤〉

4-8-11 청대 수출용 그림 〈희곡 화용석조华容释曹 공연〉

4-8-12 청대 수출용 그림 〈생일〉

4-8-13

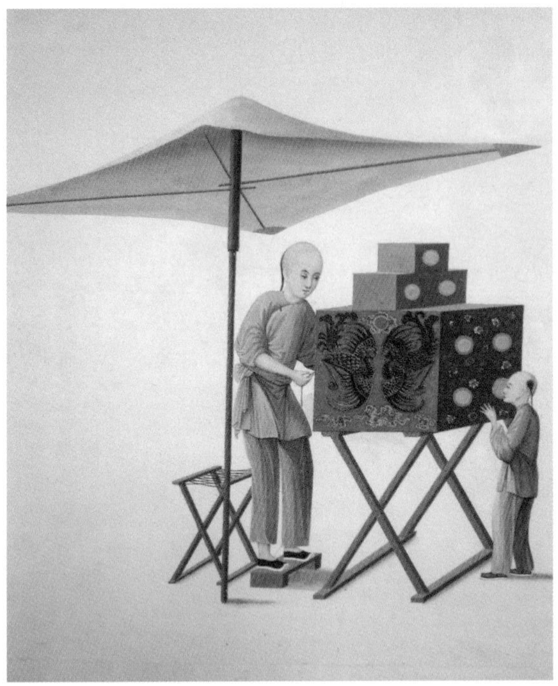

4-8-14

4-8-15

4-8-13 청대 수출용 그림 〈차 볶기〉

4-8-14 청대 수출용 그림 〈서양 풍경〉

4-8-15 청대 수출용 그림 〈중국 차 거래〉

4.9 '두 얼굴'의 매판

매판买办이라는 단어는 포르투갈어인 Comprador음역 康百度를 중국어로 번역한 것으로, 원래 의미는 인력을 구매하는 것이다. 청 초기에는 광둥에 거주하는 외국 상인을 위해 일하는 중국 공행의 인력 관리하는 사람을 매판이라고 하였는데 후에 중국에 있는 외국 기업이 고용한 대리인을 가리키는 말로 점차 발전하였다.

매판은 중국과 서양 양측 사이에서 중개하는 특수 중개인 계층으로, 외국 기업 고용인과 중국 국민이라는 이중 신분을 가지고 있었다. 외국 기업 직원으로서는 외국 세력의 비호를 받으며 외국 고용주를 대신해 중국 측과 교섭을 하였기 때문에 나쁜 사람의 앞잡이 역할을 하거나 외국 세력을 등에 업고 다른 사람을 속이는 일을 피하기 어려웠다. 또 중국 국민으로서는 민족의식과 중국 법률의 제약을 받아 국가나 민족에 도움이 되는 행동을 할 수밖에 없었다.

매판의 중간자적인 지위는 그들이 중국과 서양 간 무역 거래의 순조로운 진행을 위해 각종 방법을 사용할 수 있도록 만들었고, 이로 인해 매우 빨리 근대 중국에서 가장 부유한 계층이 되었다. 19세기 중기 이후에 재산이 엄청나게 많은 대매판大买办이 생겨났다. 대매판들은 외국 양행을 위해 일하면서 임금을 받고, 또 자신이 직접 투자하여 공장을 세우고 상점을 열기도 하였다. 게다가 일부는 자신의 자본과 지력의 우세를 이용하여 정부의 양무운동洋务运动과 신정운동新政运动에 뛰어들어 중국 현대화의 선구자적인 인물이 되기도 하였다.

중국의 상업 근대화와 금융 근대화가 발전하면서 제2차 세계대전 후 매판 제도는 점차 한물가게 되었다. 붓으로 내역을 베껴 쓰던 것이 전후에는 펜으로 바뀌게 되었고, 주판도 컴퓨터로 대체되었다. 영어의 유행으로 매판이 존재하는 가장 중요한 이유인 중국인과 외국인 사이의 언어 장벽도 없어지게 되었다. 매판과 매판제도는 마침내 역사의 무대에서 사라지게 되었다.

4-9-1

4-9-2

4-9-3

4-9-4

4-9-1　중국 근대의 유명한 매판 당정추[54]

4-9-2　영국 상인 상하이 보순양행宝顺洋行의 매판 서윤[55]

4-9-3　이기양행怡记洋行과 보순양행宝顺洋行의 매판 이춘생[56]

4-9-4　1860~1862년 한커우汉口 영국 공역양행公易洋行[57]의 매판 영창[58]

4-9-5

4-9-6

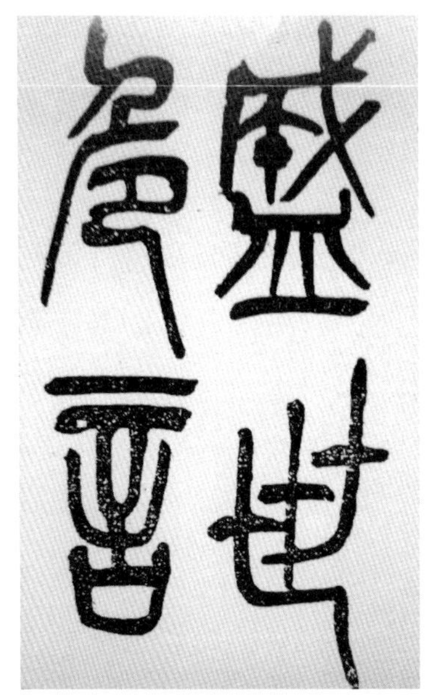

4-9-7

立保單人陳三谷為塘領長男玉池
前往日本國央喝行當買办之職以
長男玉池買賣事歎盡皆熟悉而且
一片忠誠千金可託惟是己則公心
人難篤信倘有意外不測之事各安天
命如果懷私走騙繞為陳三谷是問
特立此保單一張交執存照
咸豐拾年四月廿二日 陳三浴的筆

4-9-8

4-9-5 태고양행太古洋行 마지막 매판 막간생[59]

4-9-6 매판이자 양무洋务 관료인 정관응[60]

4-9-7 정관응의 개혁서 『성세위언盛世危言』의 속표지

4-9-8 1860년 홍콩의 미국 경기양행琼记洋行이 일본 요코하마 은행 분점을 개설했을 때의 중국 매판 보험증서

4-9-9

4-9-10

4-9-11

4-9-9 독일 상인 노린양행鲁麟洋行과 화아도승은행华俄道胜银行의 매판 우흡경[61] 왼쪽에서 여섯 번째

4-9-10 19세기 외국 양행 매판의 단체 사진

4-9-11 영국 텐진 이화양행怡和洋行 매판 양염경[62]과 독일인 구스타프 데트링[63], 영국인 존 이노센트[64]가 합자하여 세운 애스터 호텔[65]

4-9-12

4-9-13

4-9-14

4-9-12 영국 상인 HSBC[66] 톈진분점 매판인 오조경[67]의 큰아들 오송평[68] 고택

4-9-13 영국 인기양행仁记洋行 매판 이길보[69]의 톈진 고택

4-9-14 홍콩 대매판 하동[70] 부부의 묘

1 굴대균屈大均, 1630~1696
2 洋船争得是官商, 十字门开向二洋。五丝八丝广缎好, 银钱堆满十三行。
3 五丝八丝广缎好 , 银钱堆满十三行。
4 오병감伍秉鉴, Howqua, 1769~1843
5 반계관潘启官, 또는 潘振承 반진승, 1714~1788
6 윌리엄 자딘William Jardine, 威廉·渣甸, 1784~1843
7 제임스 매시선James Nicolas Sutherland Matheson, 马地臣, 1796~1878
8 랜슬롯 덴트Lancelot Dent, 颠地, 1799~1853
9 존 제이콥 애스터John Jacob Astor, 约翰·雅各布·阿斯特, 1864~1912
10 엘리아스 하스켓 더비Elias Hasket Derby, 埃利亚斯·哈斯克特·德比, 1739~1799
11 스티븐 지라드Stephen Girard, 斯蒂芬·吉拉德, 1750~1831
12 엘리아스 빅터 사순Elias Victor Sassoon, 维克多·沙逊, 1881~1961
13 Jardine Matheson.
14 Gibb, Livingston & Company.
15 Holliday Wise & Company.
16 David Sassoon & Company.
17 John Swire & Sons Limited.
18 Liberty Limited.
19 E.D. Sassoon & Company.
20 Russell & Company.
21 Augustine Heard & Company.
22 Olyphant & Company.
23 Frazar & Company
24 Fogg, H. & Company.
25 Fearon, Daniel & Company.
26 American Trading Company.
27 Siemens China Company.
28 Defag.
29 Handa Menko & Company.
30 Dent & Company.
31 Augustine Heard & Company.
32 Telge & Company.
33 사무엘 러셀Samuel Russell, 塞缪尔·罗素, 1789~1862
34 사무엘 쇼Samuel Shaw, 山茂召, 1754~1794
35 The Empress of China.
36 안데르스 룽스테드Anders Ljungstedt, 龙思泰, 1759~1835
37 다니엘 빌Daniel Beale, 丹尼尔 比尔, 1759~1842
38 토마스 빌Thomas Beale, 托马斯 比尔, 1775~1841
39 토마스 덴트Thomas Dent, 托马斯 颠地, ?~?
40 1720~1861년까지 이탈리아 북서부에 있던 왕국이다.
41 윌리엄 존 네이피어William John Napier, 威廉·约翰·律劳卑, 1786~1834
42 찰리 엘리어트Charles Elliot, 查理·义律, 1801~1875
43 존 프란시스 데이비스John Francis Davis, 戴维斯, 1795~1890
44 알렉센더 힐 에버렛Alexander Hill Everett, 义华业, 1792~1847
45 벤자민 츄 윌콕스Benjamin Chew Wilcocks, 本杰明·舒·威尔考克斯, 1776~1845
46 엘리자 콜맨 브리지먼Elijah Coleman Bridgman, 裨治文, 1801~1861

47 사무엘 웰스 윌리엄스Samuel Wells Williams, 卫三畏, 1812~1884
48 에반 모르간Evan Morgan, 莫安仁, 1860~1941
49 카밀 임볼트 하르트Camille Imbault Huart, 于雅尔, 1857~1897
50 토마스 프란시스 웨이드Thomas Francis Wade, 威妥玛, 1818~1895
51 허버트 앨런 자일스Herbert Allen Giles, 翟理斯, 1845~1935
52 제임스 레게James Legge, 理雅各, 1815~1897
53 조지 치너리George Chinnery, 乔治·钱纳利, 1774~1852
54 당정추唐廷枢, 1832~1892
55 서윤徐润, 1838~1911
56 이춘생李春生, 1838~1924
57 Mac. Vicar & Company.
58 영창英昌, ?~?
59 막간생Mok Kon-sang, 莫干生, 1882~1958
60 정관응郑观应, 1842~1922
61 우흡경虞洽卿, 1867~1945
62 양염경梁炎卿, 1852~1938
63 구스타프 데트링Gustav Detring, 德璀琳, 1842~1913
64 존 이노센트John Innocent, 殷森德, 1829~1904
65 애스터 호텔The Astor Hotel A Luxury Collection Hotel
66 HSBCHongkong & Shanghai Bangking Corporation
67 오조경吴调卿, 1850~1928
68 오송평吴颂平, 1882~1966
69 이길보李吉甫, ?~1927
70 하동Robert Ho Tung Bosman, 何东, 1862~1956

5. 서양 문화의 '고립지'

5.1 만청 시기 '항구의 지식인'

아편전쟁 이후, 상하이를 중심으로 하는 연해 지역 통상 항구는 중국과 서양 양대 문명의 판이 격돌하는 격전지가 되었고, 대청 왕조의 행정 권력이 몰락하는 특수 공간이 되었다. 이곳에는 실의에 빠진 많은 사람들이 모였다. 이들은 실의에 빠진 문인이거나, 과거시험에 실패한 자이거나, 관료 사회에서 치열하게 경쟁하다 낙오한 자들이었다. 그들은 전통 봉건 사회의 정치와 문화의 틀 속에서 가장 말단에 있는 **패배자**였다. 양대 문명이 만났을 때, 그들은 외부 세력으로부터 충격을 받아 원래의 구조에서 나가떨어졌고, 양대 문명의 판과 판 사이에 낀 **중간인**이 되어버렸다. 미국의 중국 근대사 전문가인 폴 코헨[1]은 그의 저서에서 이 **중간인**을 **항구의 지식인**Intellectuals in treaty port cities이라고 불렀다.

항구의 지식인은 중국 학자 중 하층에 속하는데, 수재로 불리는 사람은 매우 적었으며, 그들은 어쩌다 가끔 우연히 중국에 있는 서양인들과 그럭저럭 접촉하고 교류하였다.

오랫동안 서양인들과 교류하면서 그들의 지식 구조와 문화 관념에도 획기적인 변화가 생겨 **본토와 외국의 구분**, **중국인과 외국인의 경계**는 그들의 의식 속에서 이미 사라졌고 **서양이 우리보다 한수 위다**泰西胜我라는 새로운 생각이 자리잡았다.

1850년대 이후 상하이에는 **항구의 지식인**이 대거 모여 있었는데, 그중 뛰어난 인물로는 왕타오[2], 리산란[3], 쉬서우[4], 쉬젠인[5], 화형팡[6] 등이 있다. 이 다섯 사람은 상하이에 있던 외국 선교사를 도와 중국어 번역 도우미를 하며 교류하던 중 서양 학문의 깊은 뜻을 알게 되었고, 더 나아가 중국인이 서양을 배울 것을 호소하며 역서를 소개하였을 뿐만 아니라 직접 서양 학문을 실천하며 만청의 개혁개방을 위해 몸을 바쳤다. 그들은 서학동점과 중국 굴기를 위해 큰 공헌을 하였다.

5-1-1

5-1-2

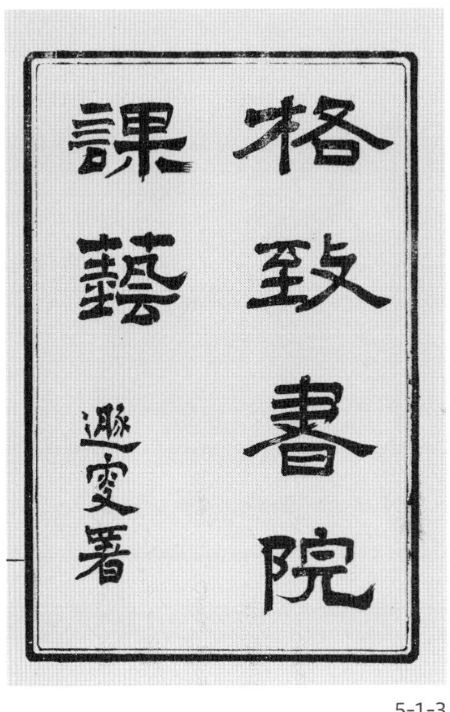

格致書院
課藝
遯叟著

5-1-3

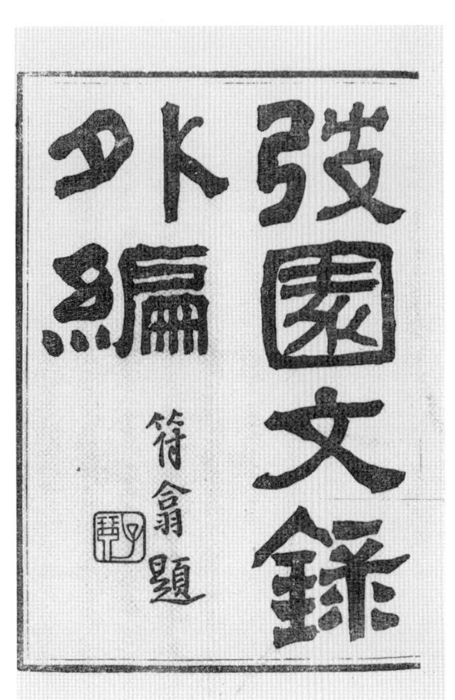

弢園文錄
外編
符翁題

5-1-4

5-1-1 근대 개혁사상가 왕타오
5-1-2 쑤저우苏州 루즈진甪直镇의 왕타오 기념관
5-1-3 왕타오『격치서원과예格致书院课艺』의 속표지
5-1-4 왕타오『도원문록외편弢园文录外编』의 속표지

5-1-5

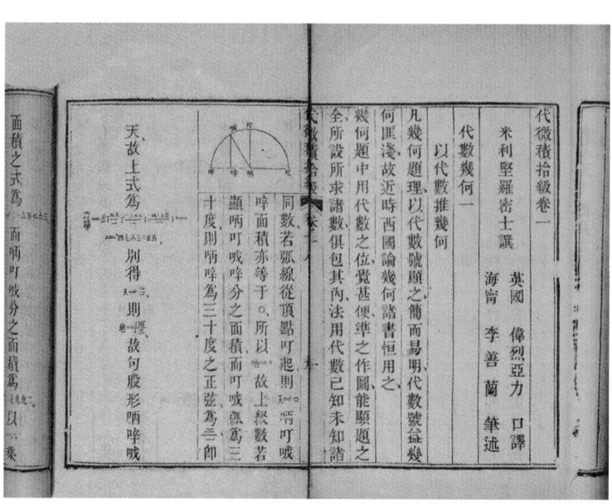

代微積拾級卷一
米利堅羅密士譔　英國 偉烈亞力 口譯　海甯 李善蘭 筆述
代數幾何一
以代數推幾何
凡幾何題理、以代數號顯之、簡而易明、代數號益幾何匪淺、故近時西國論幾何諸書恒用之、
幾何題中用代數之位、覺甚便準之作圖、能顯題之全、所設所求諸數、俱包其內、法用代數已知未知諸

5-1-6

5-1-7

5-1-5　근대 수학자 리산란

5-1-6　리산란과 알렉산더 와일리[7]가 공역한 수학서 『대미적습급代微积拾级』

5-1-7　리산란과 동문관同文馆 수학반 학생

5-1-8

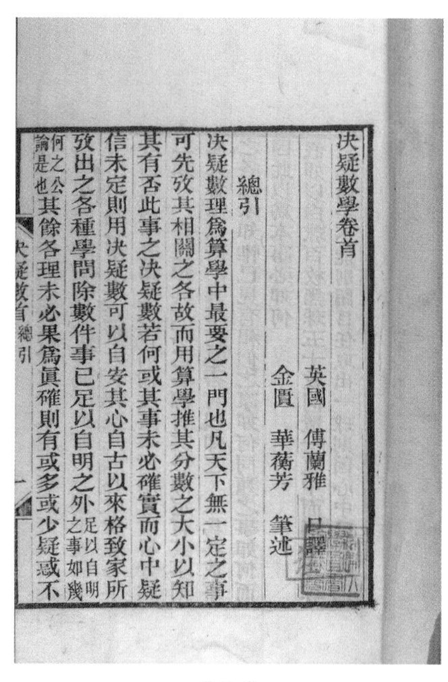

决疑數學卷首

英國 傅蘭雅 口譯

金匱 華蘅芳 筆述

總引

决疑數理爲算學中最要之一門也凡天下無一定之事可先攷其相關之各故而用算學推其分數之大小以知其有否此事之决疑數若何或其事未必確實而心中疑信未定則用决疑數可以自安其心自古以來格致家所攷出之各種學問除數件事已足以自明之外（足以自明之事如幾何之公論是也）其餘各理未必果爲眞確則有或多或少疑惑不

5-1-9

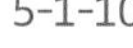

5-1-10

5-1-11

5-1-8　근대수학자 화형팡

5-1-9　화형팡과 존 프라이어[8]가 공역한『결의수학决疑数学』

5-1-10　청나라 화가가 그린 근대 과학자 쉬서우

5-1-11　근대 과학자 쉬서우 탄생 기념 배지

5-1-12

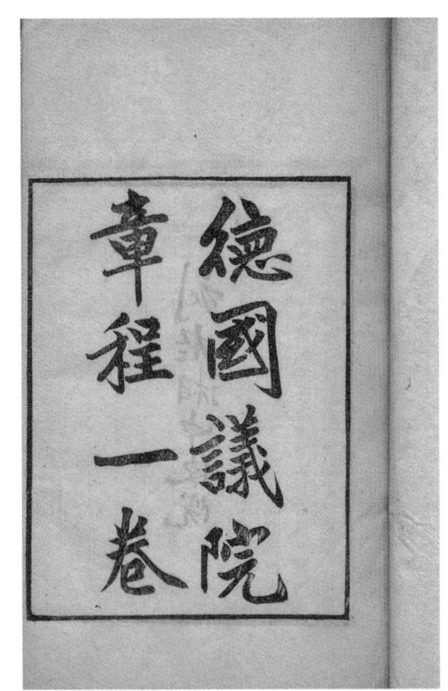

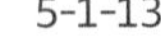

5-1-13

5-1-14

5-1-12　중국 근대사의 유명한 과학자인 쉬서우의 아들 쉬젠인

5-1-13　쉬젠인의 역서 『독일의원장정德国议院章程』

5-1-14　강남제조총국 번역관에서 찍은 쉬서우오른쪽, 화헝팡중간, 쉬젠인왼쪽 사진

5.2 서양 교회를 만난 중국

1844년 청나라와 프랑스가 맺은 황푸조약黄埔条约에 광저우, 푸저우福州, 샤먼厦门, 닝보宁波, 상하이 등 5개 통상 항구에서 프랑스가 예배당 건축을 할 수 있도록 규정하였다. 이때부터 다양한 기독교 교회가 서양에서 중국 도시와 농촌으로 옮겨왔다. 원래 중국의 조용하고 평화롭던 자연 경관과 전원 풍광이 깨지고, 눈에 자극적이고 완전히 이질적인 서양 교회 건축물이 중국 산수화에 박혔다. 근대 서방의 강력한 권력의 상징인 서양 교회가 중국 정부와 민간의 민족 심리를 건드려 중국과 서양의 충돌은 끝없이 이어졌고, 국민의 좌절감이 가슴 속 깊이 뿌리박히게 되었다. 또 근대 서방 문화의 매개체인 서양 교회는 서양 종교 문화와 건축 미학을 중국으로 가져왔고, 하느님에 대한 중국 국민의 심리적 추구와 현대 건축 양식의 탐색을 불러일으켰다. 세월이 흐르고 중국의 국력이 커짐에 따라 그것의 문화유산적 효과도 갈수록 뚜렷해졌다.

5-2-1

5-2-1 상하이 성삼일당[9]

5-2-2

5-2-3

5-2-4

5-2-2 톈진 조계 안에 있는 교회
5-2-3 베이징 시스쿠 성당북당[10]
5-2-4 베이징 쉬안우먼 교회[11]

5-2-5

5-2-6

5-2-7

5-2-5 산둥 덩저우교회[12]

5-2-6 푸저우 세인트존스 교회[13]

5-2-7 산둥 리우궁다오刘公岛 제임스 교회[14]

5-2-8

5-2-9

5-2-10

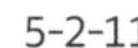

5-2-11

5-2-12

5-2-8 칭다오 기독교 복음당 교회 총독 교회[15]
5-2-9 웨이하이 프랑스 천주교 성당
5-2-10 웨이하이 성당 안의 성모 마리아 조각상
5-2-11 산둥 옌저우兗州 교회[16]
5-2-12 난징 스구로石鼓路 천주교 성당[17]

5-2-13

5-2-14

5-2-13 교회 앞 중국인과 외국인 선교사
5-2-14 청말 교회 내부 모습

5.3 '선교사'에서 '교사'까지

서양의 재중 교회는 직접적인 선교 활동의 효과가 좋지 않았지만, 학당을 세우는 것을 통해 간접적으로 복음을 전파하였다. 1830년대 영국의 모리슨 선교사는 선교사로서는 처음으로 학교를 만들었다. 그는 선교사 윌리엄 밀네[18]에게 말라카에 영화서원[19]을 세우도록 지시하였고 그 후 모리슨 교육협회를 만들었다. 모리슨은 또 독일 선교사 칼 귀츨라프[20]와 협력하여 마카오에 모리슨 학당과 칼 귀츨라프 부인 학당을 열었다. 이후 선교사가 세운 크고 작은 소학당과 중학당이 중국 통상 해안 지역에 연이어 생겨났다. 1877년 이후 재중 서양 선교사는 학교교과서위원회[21]를 만들어, 중국 각지에 선교사가 세운 학교의 활동과 교재 편찬 업무를 통일적으로 관리하였다. 1890년에 이르러 중국 기독교교회학교의 재학생 수는 이미 16,000여 명에 이르렀다.

이러한 큰 흐름 속에 19세기 전체에 걸쳐 서양 선교사들은 선교사와 교사의 역할을 번갈아가며 해냈다. 중국 교회학교는 각종 활동을 통해 서양의 과학기술과 문화를 전파하기도 하며 비교적 큰 범위에서 근대 자연과학과 인문사회과학 지식을 보급하였고, 또한 중국 봉건세력의 교육 독점을 뛰어넘어 현대사회의 일반인 교육에도 영향을 미침으로써 일반 대중교육도 새로운 국면이 열렸다.

5-3-1

5-3-1 캘빈 마티어가 세운 덩저우문회관[22]

5-3-2

耶穌降世一千八百九十一年

登郡文會館典章

光緒十七年歲次辛卯　上海美華書館擺印

5-3-3

5-3-4

5-3-5

5-3-2 미국 선교사 캘빈 마티어[23]

5-3-3 캘빈 마티어가 제정한 〈덩저우문회관 전장〉

5-3-4 원저우温州에 이원중학[24]을 세운 영국 선교사 윌리엄 에드워드 수트힐[25]

5-3-5 1896년 쑤저우苏州 궁샹宫巷에 중서서원[26]을 세운 미국 선교사 데이비드 로렌스 앤더슨[27]

5-3-6

5-3-7

5-3-8

5-3-9

5-3-10

5-3-6 미국 선교사가 난징에 세운 휘문서원[28]

5-3-7 1850년 천주교 예수회가 상하이에 세운 성 이그나티우스학교쉬후이공학의 최근 모습[29]

5-3-8 교회학교의 서양인 교사와 학생

5-3-9 취안저우泉州 교회학교의 맹인 학생

5-3-10 한중汉中고아원에서 선교사, 보육 교사, 교사 역할을 함께 하는 외국인 여성

5-3-11

5-3-12

5-3-11 웨이하이 위화초급중학[30] 졸업사진

5-3-12 1930년대 바티칸 추기경앞줄 왼쪽에서 다섯 번째이 웨이하이 교회학교인 하이싱소학[31] 교사, 학생과 함께 찍은 사진

5.4 교회 여자학교

1840년대 이후 재중 외국인 선교사는 여자학당을 세우는 일을 시작하였다. 중국 전통 사회의 남존여비 사상으로 인해 여자는 능력이 없는 것이 미덕이다라는 말을 대부분 사람들이 굳게 믿고 있었기 때문에, 학교를 세운 초기에는 운영에 상당한 어려움을 겪었다. 때로는 여학생 한 명을 데리고 있기 위해 큰 비용을 지불하여야 했기에 창립자가 수 차례 인내심을 가지고 학생 모집에 노력할 수밖에 없었다. 교회 여자학교에 대한 중국사회의 의구심으로 인해 교회 여자학교가 재정적 지원을 받기가 무척 어려웠을 뿐만 아니라 지방 사회에서 큰 혼란을 일으키기도 했다. 이러한 분위기 속에서 초기 여자학교는 매우 초라하였고, 약간은 신비하기도 하였다. 부모 없는 고아나 학교에 다닐 수 없는 가난한 사람들이 이곳으로 와서 끼니를 때우며 공부하였을 뿐 중국 상류사회는 이곳과 거의 교류하지 않았다.

19세기 말에서 20세기 초, 중국 각지에 선교사가 세운 여자학교가 수백 곳으로 늘어났고 학교의 사회적 영향도 갈수록 커졌다. 중국 상류사회의 일부 돈 있는 사람이 교회 여자학교에 재정적 지원을 하기 시작하였고 자신의 딸을 보내 공부하도록 하였다. 그래서 교회 여자학교가 어느 순간 갑자기 사회의 관심을 많이 받는 곳이 되었다. 교회 여자학교는 중국 사회에서 남녀평등이나 여성해방에 대한 관심사를 논하였을 뿐만아니라 중국 사회가 자체적으로 여성 교육을 하도록 만드는 본보기가 되었다. 정부와 여론 모두 여자학교의 움직임과 변화에 주의를 기울였다. 1907년 청 정부는 〈여자소학당 장정〉과 〈여자사범학당 장정〉을 발표하였고, 이때부터 수천 개의 공립여자학교와 사립여자학교가 생겨났다.

중국 여자학교는 설립부터 보급까지 선교사의 노력 속에 약 반세기 동안 어려움을 겪기도 하였지만 마침내 좋은 열매를 맺게 되었다. 이로 인해 중국 신세대 지식인 여성을 배출하였다는 점, 더 중요한 것은 수천 년 동안 있어왔던 남존여비의 전통을 뒤집어 중국 역사의 발전 방향을 바꾸었다는 데에 그 의의가 있다.

5-4-1

5-4-2

5-4-1　1853년 미국 해외선교회[32]가 세운 푸저우 원산여자학교[33] 학생

5-4-2　1896년 천주교가 상하이에 세운 여자 기숙사

5-4-3

5-4-4

5-4-3 청말 엽서 속 교회 여자학교

5-4-4 1900년 저장성浙江省 원저우여자학교[34]의 학생

5-4-5

5-4-6

5-4-7

5-4-5 청말 베이징여자학교의 수학 수업
5-4-6 교회 여자학교 선생님과 학생의 단체 사진
5-4-7 1922년 5월 21일 산터우汕头 교회 여자학교[35]의 어버이날 축하 모습

5-4-8

5-4-9

5-4-10

5-4-8 쳰전여자학교虔贞女校[36] 선생과 제자 단체사진

5-4-9 쳰전여자학교 선생과 제자의 활동 모습

5-4-10 항저우교회학교[37]의 여학생 기숙사

5-4-11

5-4-12

5-4-13

5-4-11 1914년에 세운 톈진성공여학교[38]

5-4-12 옌칭대학 여자학교 문리과 학생이 교문 앞에서 찍은 사진[39]

5-4-13 1948년 진링여자문리대학[40]의 여학생이 춤추는 모습

5.5 의학과 신학의 밀월 관계

19세기 초 서양 의학은 화난华南 연해 지역을 통해 소리 없이 중국 내륙으로 들어왔다. 우선 영국 동인도 회사 의사인 알렉산더 피어슨[41]은 1805년가경 10년에 광저우에서 진료를 보면서 서양 의학인 종두법을 시도하였으며, 그 후 영국 동인도 회사 의사인 토마스 콜레지[42]는 마카오에 진료소를 열고 입원부도 설치하였다.

서양 의학이 중국으로 들어가는 과정에서 서양 기독교인들이 매우 중요한 역할을 하였다. 일찍이 제1차 아편전쟁 이전 기독교가 밀실 형태였을 때 선교사들이 이미 개인적으로 환자를 진료하며 치료하였다. 1935년 미국 공리회[43] 선교사 피터 파커[44]는 최초의 재중 정식병원인 신더우란의국[45]을 개원하였는데, 이것은 기독교가 처음으로 중국에서 새로운 형태의 의술 포교를 시행하는 것이었다. 1838년에는 의학과 종교의 혼합체인 중화의약선교회[46]가 광저우에 설립되었다.

아편전쟁 때 금교 조치가 해제된 후 선교사들의 선교 발자취를 따라 서양 의학이 동에서 서로, 남에서 북으로 다니며 중국의 도시와 농촌 각 지역으로 흘러 들어가게 되었다. 서양 의사와 서양 선교사는 거의 하나의 연합체가 되었고, 민국 시기부터 지금까지 중국 도시의 비교적 큰 병원은 대부분 서양 선교사의 여호와를 찾을 수 있다.

5-5-1

5-5-1 선교사가 세운 화이린의원[47]

5-5-2

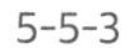

5-5-3

5-5-4

5-5-5

5-5-2 중화의약선교회 초대회장 토마스 콜레지가 중국 여성에게 안과 질환을 치료하는 모습
5-5-3 중국 서양의학의 개척자 미국인 선교사 피터 파커
5-5-4 피터 파커와 조수 관야두[48]가 안과 수술을 하는 모습
5-5-5 피터 파커에게 자원해서 팔 절단 치료를 받은 첫 번째 중국인 환자

5-5-6

5-5-7

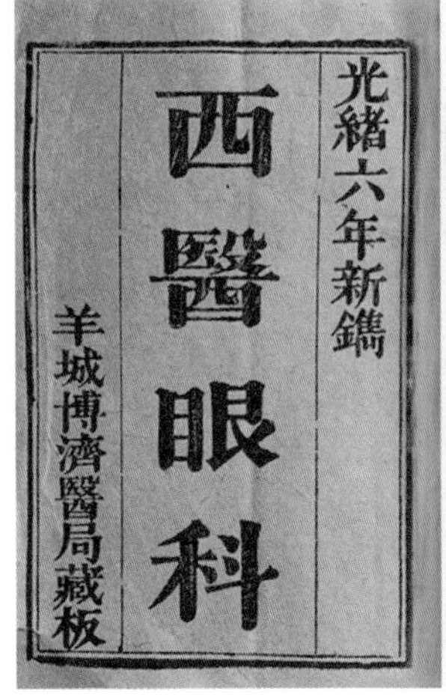

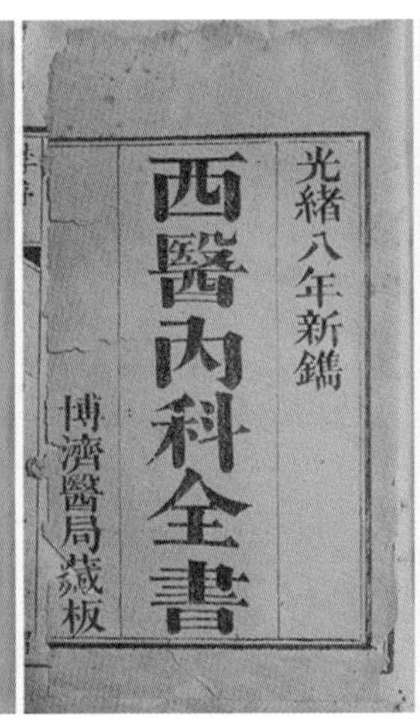

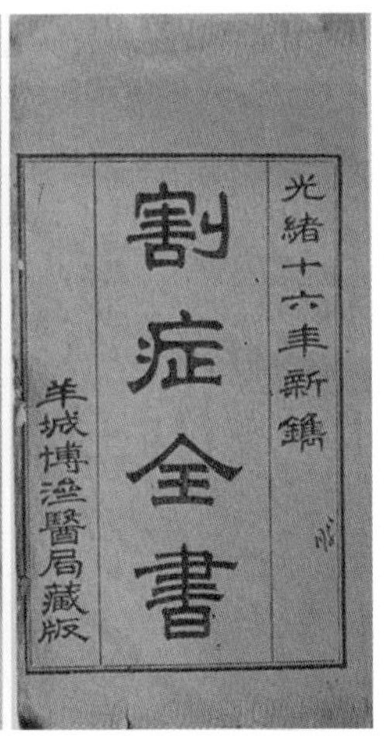

5-5-8

5-5-6 1835년 피터 파커가 광저우에 세운 박제의원[49]

5-5-7 쑨중산[50]이 수학한 박제의원 부속 의학원

5-5-8 박제의원의 의학 교재

5-5-9

5-5-10

5-5-11

5-5-12

5-5-9　푸순교회 부설 푸순의원[51] 밖에서 진료를 기다리는 환자들
5-5-10　영국 선교사가 세운 푸런의원[52]
5-5-11　샤먼 샤오시의원[53]을 세운 네덜란드 선교사 존 오트[54] 조각상
5-5-12　1892년 선교사 윌리엄 맥클린[55]이 난징에 세운 마린의원의 최근 모습[56]

5.6 종교인과 일반인의 역할을 동시에 하는 외국인 단체

16세기 중국으로 온 초기 천주교 선교사들이 각자 개별 행동을 하면서 서로 배척하기도 한 것과는 달리, 19세기 중기 이후에 온 서양 신교 선교사는 조직을 이루어 연합하는 방식으로 그들의 생존 공간을 확장하였다. 그들은 다양한 선교회를 만들었고, 종교를 뛰어넘는 단체, 종교와 세속을 넘나드는 공공 단체까지도 조직하였다. 중국 입장으로 볼 때, 종교인이면서 일반인이기도 한 공공 단체가 서양 현대사회의 새로운 분위기를 가져왔고, 그것은 이후 중국 사회의 개방과 발전에 큰 역할을 하였다.

외국인 공공 단체 중에 문화적 성격을 띤 아시아문회[57], 광학회[58], 상현당[59] 이 세 개 단체가 특히 활발하게 활동하였고 그 영향이 매우 컸다. 그 단체는 모두 서양의 자유주의 신학 선교사가 세운 범기독교 문화 조직으로, 모두 다른 나라나 다른 교파 사람들로 구성되었다. 정기적으로 정보를 교류하고 학술 토론을 하고, 박물관이나 도서관을 세우고, 간행물을 출판하는 것 등이 이 문화 단체들의 주요 활동 방식이었다.

5-6-1

5-6-2

5-6-1 1932년에 준공한 아시아문회 신축 빌딩
5-6-2 구 상하이 광학회 빌딩

5-6-3

5-6-4

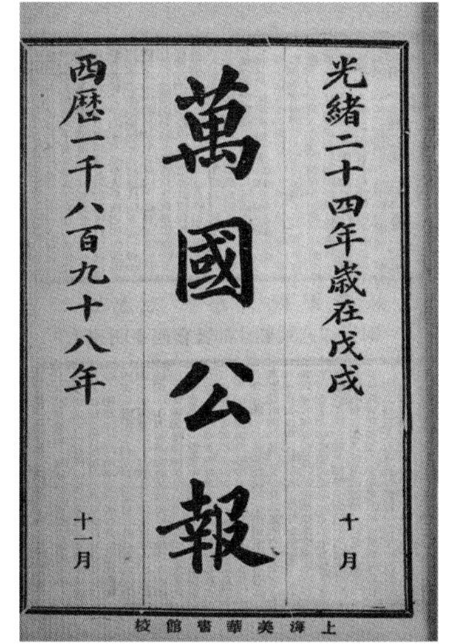
光緒二十四年歲在戊戌 十月
萬國公報
西歷一千八百九十八年 十一月
上海美華書館校

5-6-5

5-6-6

5-6-7

5-6-3 광학회 기관보 〈만국공보万国公报〉 편집장 미국 선교사 영 존 앨런[60]
5-6-4 광학회 총간사 미국인 선교사 티모시 리차드[61]
5-6-5 광학회 간행물 〈만국공보万国公报〉
5-6-6 상하이 아시아문회 초대 회장 미국 선교사 엘리자 콜먼 브리지먼[62]
5-6-7 상현당 창립자 미국인 선교사 길버트 레이드[63]

5-6-8

5-6-9

5-6-10

5-6-8 길버트 레이드와 그의 가족
5-6-9 상하이 상현당 소재지
5-6-10 상현당의 사회 활동

5-6-11

5-6-12

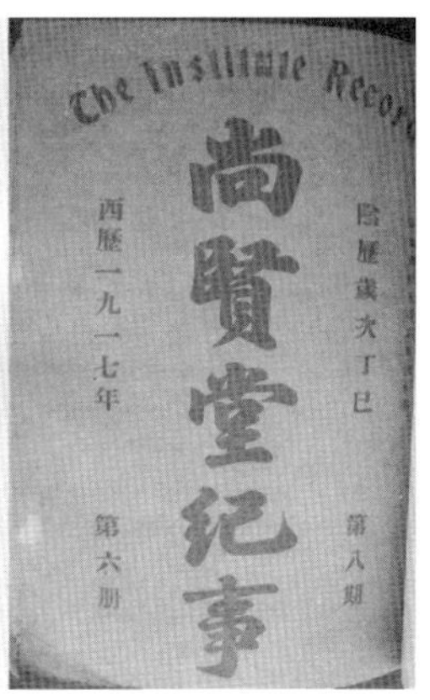

5-6-13

5-6-11　상현당 안의 학교
5-6-12　1909년 길버트 레이드가 쓴 〈상현당보고서尚贤堂报告书〉
5-6-13　상현당이 발행한 〈국제공보国际公报〉와 〈상현당기사尚贤堂纪事〉

5.7 해안 도시의 '서양 간행물'

외국인들이 중국에 신문사를 세운 것은 아편전쟁 이전이다. 1815년에서 1842년까지 외국인들은 난양南洋 연해 지역과 중국 화난华南 연해 일대에 중국어 신문사 6곳과 외국어 신문사 11곳을 세웠다. 그중 1815년 말라카에서 만든 〈찰세속매월통기전〉[64]은 외국인이 만든 중국인을 대상으로 한 최초의 근대 중국어 신문이고, 1827년 광저우에서 만든 〈광저우기사보〉[65]는 중국 국내에서 출간한 최초의 영어신문이며, 1833년 광저우에서 출간한 〈동서양고매월통기전〉[66]은 중국 국내에서 출간한 최초의 근대 중국어 신문이다. 아편전쟁 후 외국인의 신문 창간은 점점 화중华中, 화둥华东, 화베이华北 지역으로 확대되었다. 그들은 1840년대에서 1890년대까지 약 반세기 동안 약 170여 종의 중국어 신문과 외국어 신문을 잇달아 창간하였는데, 이는 같은 시기 중국에서 발행한 전체 신문 수의 95%를 차지하였다. 이 신문들은 뉴스 보도, 서양 학문 소개, 시사 논평을 기본 내용으로 하여 봉건세력이 여론을 독점하지 못하도록 함으로써 중국인의 시야를 크게 넓혀놓았다.

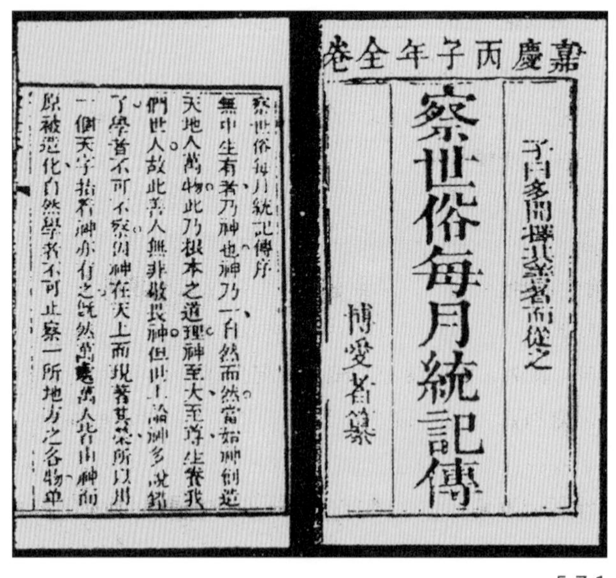

嘉慶丙子年全卷

察世俗每月統記傳

子曰多聞擇其善者而從之

博愛者纂

察世俗每月統記傳序

無中生有者乃神也神乃一自然而然當始神創造天地人萬物此乃根本之道理神至大至尊生養我們世人故此善人無非敬畏神但世上論神多說錯了學者不可不察因神在天上而現著其榮所以用一個天字指着神亦有之既然萬處萬人皆由神而原被造化自然學者不可止察一所地方之各物單

5-7-1

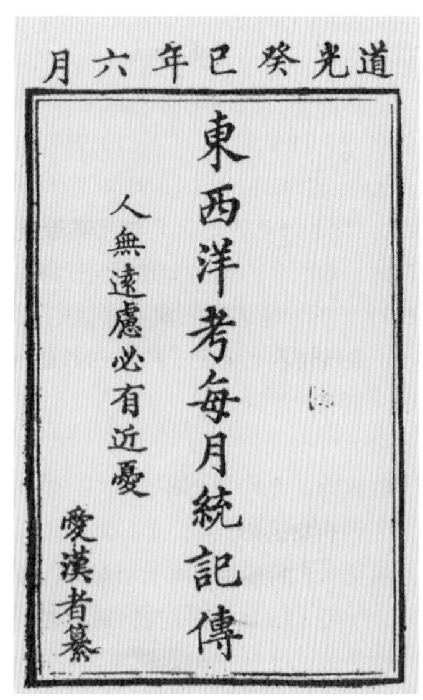

道光癸巳年六月

東西洋考每月統記傳

人無遠慮必有近憂

愛漢者纂

5-7-2

5-7-1 1815년 영국 선교사 윌리엄 밀네[67]가 말라카에서 출간한 최초의 근대 중국어 신문 〈찰세속매월통기전〉

5-7-2 1833년 선교사가 광저우에서 출간한 중국 국내 최초의 중국어 신문 〈동서양고매월통기전〉

一千八百五十三年十月朔旦 第壹號
遐邇貫珍
香港中環英華書院印送
每號收回紙墨錢十五文

5-7-3

咸豐丁巳正月朔日
六合叢談
江蘇松江上海墨海書館印
第壹號

5-7-4

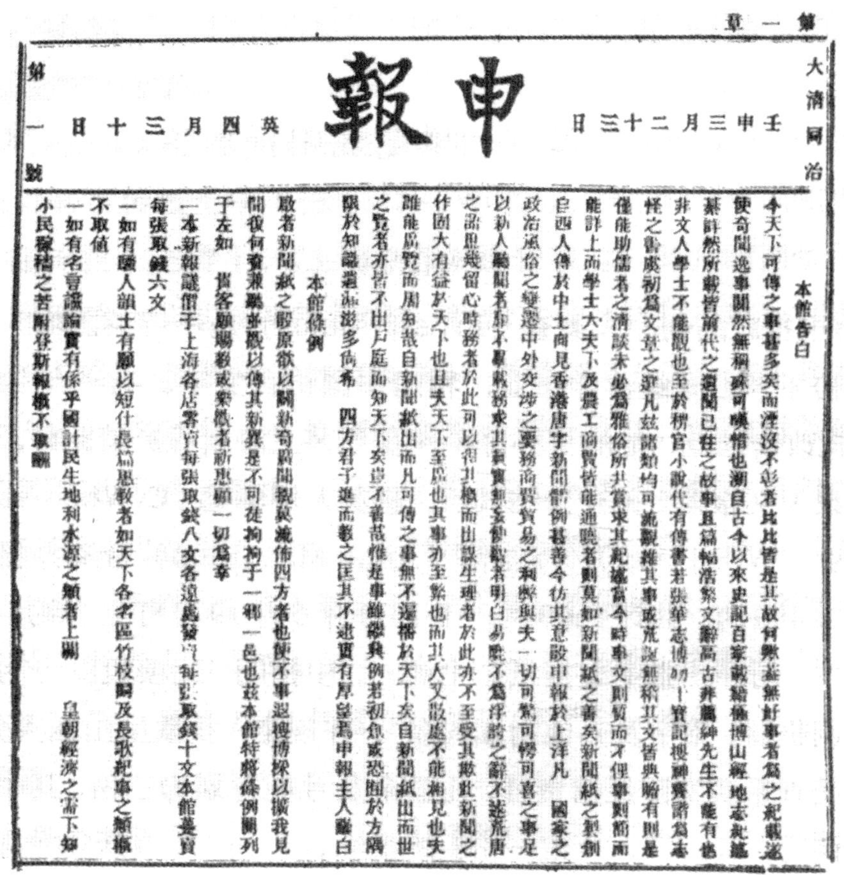
大清同治 壬申三月二十三日
申報
英四月三十日 第一號

本館告白

本館條例

5-7-5

5-7-3 영국 선교사 월터 메드허스트[68] 등이 출간한 중국어 신문 〈하이관진遐迩贯珍〉

5-7-4 1858년 영국 선교사 알렉산더 와일리[69] 등이 출간한 〈육합총담六合丛谈〉

5-7-5 1861년 영국인 어니스트 메이저[70]가 상하이에서 출간한 〈신보申报〉

5-7-6

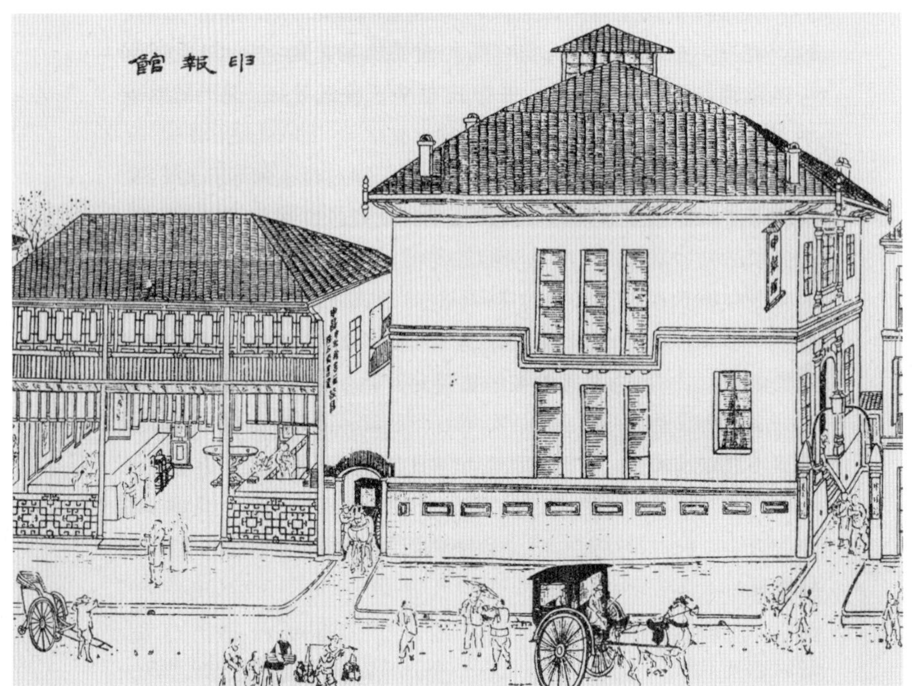

5-7-7

5-7-6　신보관의 수동 인쇄기
5-7-7　19세기 말의 신보관

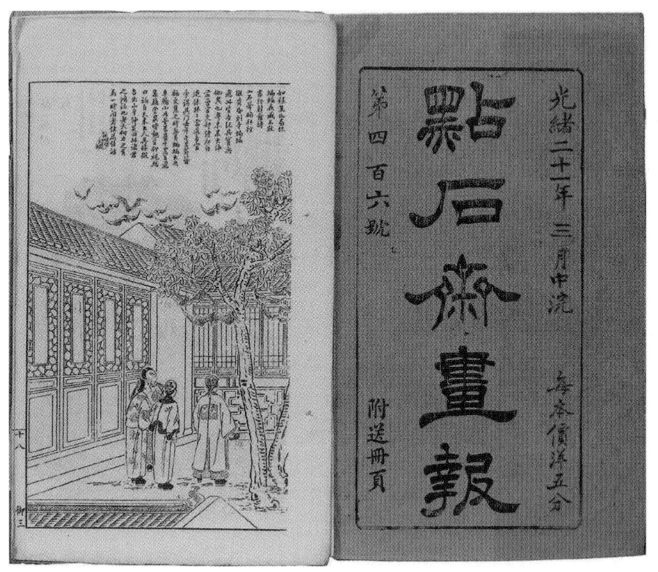

光緒二十一年三月中浣
第四百六號
點石齋畫報
每本價洋五分
附送冊頁

5-7-8

中厤光緒十八年春季
西厤一千八百九十二年春季
每季出印一卷
每卷洋二角半
格致彙編
是編補續中西聞見錄
在上海格致書室發售
英國傅蘭雅輯

5-7-9

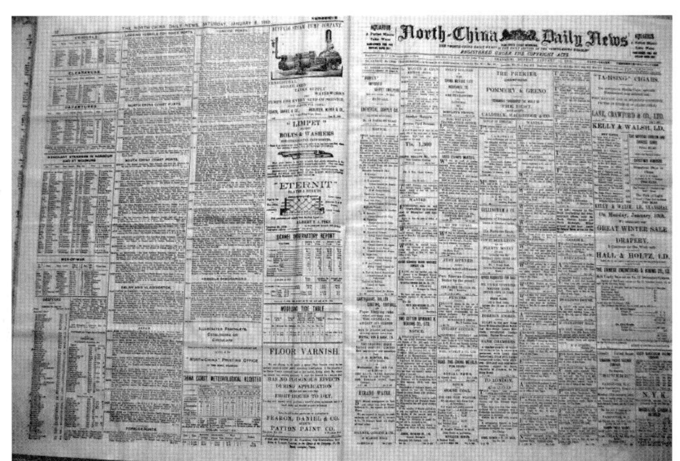

North-China Daily News

5-7-10

5-7-8 영국인 어니스트 메이저가 경영한 중국 최초 순간旬刊화보 『점석재화보点石斋画报』

5-7-9 영국 선교사 존 프라이어[71]가 발행한 과학 잡지 『격치휘편格致汇编』

5-7-10 1950년 영국인이 상하이에서 만든 〈자림서보字林西报〉[72]

5-7-11

5-7-12

5-7-13

5-7-11 상하이 와이탄에 있는 자림서보관
5-7-12 1908년 〈자림서보〉 조판실
5-7-13 1910년 〈자림서보〉 직원 단체사진

5.8 서양 모험가의 낙원

1842년 중국 청나라와 영국 간 난징조약南京条约 체결 이후, 서양 국가들은 잇따라 중국 연해 도시에 외국인 거주지를 만들었다. 1870년 서양 열강은 이미 중국 각 항구에 외국인 거주지 113개를 만들었고, 그중 상하이上海, 톈진天津, 샤먼厦门, 광저우广州, 푸저우福州 등 10개 지역에 외국인이 모든 권리를 행사하는 조계租界를 만들었다. 1876년 중국 청나라와 영국 간의 옌타이조약烟台条约에서 처음으로 조계라는 단어를 사용하였는데, 이것은 실제로 이전에 서양 국가들이 중국 항구에서 독점해오던 거주지를 중국 관할에서 완벽하게 벗어나도록 합법화한 것이다. 이후 조계의 수와 관할 면적이 계속 늘어났고, 황금을 캐러 오는 중국으로 오는 외국 모험가도 갈수록 많아져 조계지는 갈수록 서양 모험가의 낙원이 되었다.

서양 모험가는 본국에서 정당한 직업을 구하지 못한 낭인을 가리키는 말이다. 그들은 중국의 외국인 조계지에 와서 서양인이라는 특수한 신분에 기대어 중국 법률을 무시하고 제멋대로 행동하였다. 미국인 타일러 데닛[73]은 『동아시아의 미국인』[74]이라는 책에서 새로운 항구의 개방과 새로운 무역에 대한 무한한 기대는 세계 곳곳의 모험가들을 끊임없이 끌어들였고, 이 사람들은 그들의 기지에 의존해 생계를 도모하는 것 외에 다른 어떠한 역할도 직업도 없었다고 서술하였다. 미국 영사의 보고서나 국무위원의 공문서에서 이러한 낭인들의 추태나 범죄 행위, 각종 극악무도한 행동에 관한 기술은 이루 헤아릴 수 없을 정도이다.

중국으로 온 서양 거지들은 중국 법률의 제재를 받지 않고 자국 정부의 통제를 벗어나 있기 때문에, 불법적인 행동을 스스럼없이 했고, 아무 일도 하지 않고 이익을 챙기는 행동을 일삼았다. 그중 머리를 좀 쓸 줄 아는 몇몇 사람은 조계지에서 몇 년 살다가 갑자기 백만장자가 되기도 하였다. 상하이, 광저우, 톈진, 칭다오, 한커우 등지의 가장 비싼 저택, 가장 화려한 상점, 가장 분위기 있는 호텔, 가장 아름다운 정원은 한순간에 이러한 서양 모험가들의 사유 재산 혹은 향락의 장소가 되었고, 중국 조계지는 많은 정계나 재계 거물인 서양인들의 뒷돈 거래 장소가 되었다.

5-8-1

5-8-2

5-8-3

5-8-4

5-8-1 1899년 무렵 중국 톈진에서 일했던 미국 허버트 후버 대통령[75]
5-8-2 후버 대통령 고택
5-8-3 후버 대통령이 일했던 카이핑开平 석탄사무국矿务局
5-8-4 광업 엔지니어였던 젊은 시절의 후버

5-8-5

5-8-6

5-8-7

5-8-5 1873년 서양 상점 경비였다가 얼마 후에 상하이 난징로南京路 부동산의 반을 갖게 된 유대인 실라스 아론 하르둔[76]

5-8-6 난징로 조성의 공을 인정받아 조계 정부의 훈장을 받는 실라스 아론 하르둔

5-8-7 1917년 수재 기금 모금회에 참가한 실라스 아론 하르둔 부부

5-8-8

5-8-9

5-8-8 실라스 아론 하르둔 정원의 복도

5-8-9 중국에서 백만장자가 된 후 영국 귀족 최고 가문이 된 유대인의 후예 사순 가문

5-8-10

5-8-11

5-8-12

5-8-13

5-8-10　1920년대 상하이 사순 빌딩
5-8-11　마르셀 레오폴드[77]의 자산이었던 톈진 이화빌딩利华大厦
5-8-12　1930년대 영국 국적 유대인 모험가 에릭 묄러[78]의 상하이 별장
5-8-13　민국 시기 상하이 빅토리아바의 미국인 청년

5.9 베이징의 '서양 마을'

1858년 중국과 일본 간의 톈진조약天津条约[79]은 서양 국가의 공사가 베이징에 주재할 수 있는 권리를 규정하였다. 1861년 3월 영국공사가 먼저 베이징 둥자오민샹东交民巷에 들어오고 다른 서양 국가들도 그 후 전례를 따라 속속 둥자오민샹 일대 부지를 골라 건물을 지었다. 1900년 의화단운동义和团运动 후 신축조약辛丑条约의 규정에 따라 둥자오민샹을 대사관가使馆街, Legation Street로 개명하였고, 중국이 제작한 지도에도 이곳의 옛 지명인 둥장미샹东江米巷을 둥자오민샹으로 바꾸었으며, 이 지역은 각국의 주베이징 사절이 자체적으로 관리하는 대사관 지역使馆区이 되었다.

각국 대사관 외에 영국의 HSBC은행과 SC은행, 러시아의 러중은행[80], 일본의 요코하마은행[81], 독일의 독중은행[82], 프랑스의 BNA은행[83] 등 외국 자본 은행도 속속 이곳으로 들어왔고 우체국과 병원 등의 시설도 갖추게 되었다. 많은 서양식 건축물과 외국 주민들로 인해 베이징 옛 도시에 서양 분위기가 넘쳐나게 되었고, 과거 중국인과 서양인이 함께 살아서는 안 된다라는 이하지방夷华之防은 결국 도시 속 마을로 인해 깨지게 되었다. 중국으로 서양을 바꾸는 것用夏变夷인지, 서양으로 중국을 바꾸는 것用夷变夏인지에 관한 고전적 논쟁도 이로 인해 마침표를 찍게 되었다.

5-9-1

5-9-1 첸먼前门에서 내려다본 대사관 지역의 모습

5-9-2

5-9-3

5-9-4

5-9-5

5-9-2 1937년 둥자오민샹 서쪽 입구
5-9-3 베이징 둥자오민샹 동쪽 입구
5-9-4 둥자오민샹의 천주교 성당
5-9-5 영국 대사관 입구

5-9-6

5-9-7

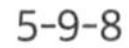

5-9-8

5-9-9

5-9-6　프랑스 대사관 입구
5-9-7　독일 대사관 입구
5-9-8　벨기에 대사관 입구
5-9-9　오스트리아 대사관 입구

5-9-10

5-9-11

5-9-10 네덜란드 대사관 입구
5-9-11 멀리서 본 둥자오민샹

5.10 조계지의 서양 풍경

1842년 난징조약 체결 후 상하이는 대외 통상 항구가 되었다. 1845년 영국의 상하이 초대 영사 조지 발포어[84]는 난징조약과 후먼조약[85]에서 영국인이 통상 항구에 건물을 짓는 것을 허가하였다는 이유로 중국 측과 반복적으로 교섭하여 결국 중국의 첫 번째 조계를 얻어냈다. 후에 미국과 프랑스도 상하이의 조계를 얻었다. 1854년 7월 상하이의 영국, 프랑스, 미국의 조계 정부는 공동으로 중국 정부로부터 독립된 외국인 시정기구인 상하이공부국上海工部局을 만들었다. 1862년 프랑스 조계 정부는 3개국 연합에서 탈퇴하여 자체적으로 공동국公董局을 만들었고, 이로써 상하이는 영국과 미국이 공동으로 관할하는 공공 조계 정부와 프랑스가 주체적으로 관할하는 프랑스 조계 정부 두 곳을 두게 되었다.

상하이에 이어 중국 연해 수십 개 도시는 잇따라 통상 항구를 만들었고 외국인의 크고 작은 조계지가 마치 그림자처럼 따라 생겼다. 이곳은 태평양 서쪽 해안인 중국 땅에서 독특한 서양 분위기를 물씬 풍기는 명소가 되었다.

조계지는 중국에 있는 서양 땅으로, 이곳에는 서양식 건물이 즐비하게 들어섰고, 도로가 반듯하게 정비되었으며, 은행이나 거래소 등의 현대식 금융기관, 전차나 자동차 등의 현대적 교통수단, 수도나 전등을 갖춘 공공시설과 기상 관측 기기까지 중국인들이 들어본 적도 없는 많은 시설이 있었다. 외국인이 조계지에서 실시한 도시 행정 관리, 민주적 의사 활동 등은 당시 서양의 민주주의를 동경하던 중국인에게는 실질적인 현장의 표본을 제공하였다. 외국인은 경마, 사이클, 경정 등의 시합을 자주 열었고 이는 중국인들의 식견을 크게 넓혀놓았다.

5-10-1

5-10-2

5-10-3

5-10-1 1900년 상하이 공공 조계 공부국工部局 시정청市政厅

5-10-2 만청 시기 상하이 조계 소방팀 단체 사진

5-10-3 청말 공공 조계에서 실시한 소방 훈련 모습

5-10-4

5-10-5

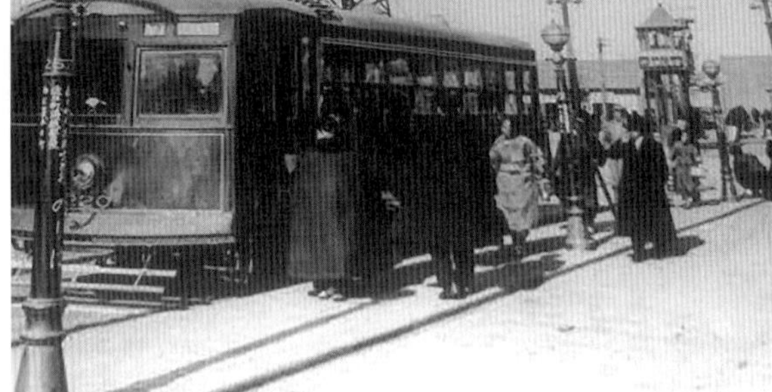

5-10-6

5-10-7

5-10-4 상하이 조계의 합동 재판
5-10-5 상하이 조계의 프랑스군 열병식
5-10-6 상하이 조계에서 외국인이 경영하는 전차
5-10-7 상하이 조계에서 벨라루스인이 경호하는 현금수송차

5-10-8

5-10-9

5-10-10

5-10-8　톈진 일본 조계 조감도
5-10-9　톈진 이탈리아 조계 마르코 폴로 광장
5-10-10　톈진 러시아 조계 공부국 빌딩

5-10-11

5-10-12

5-10-13

5-10-11　1890년에 세워진 톈진 조계 공부국
5-10-12　톈진 조계의 우편물 수송차
5-10-13　톈진 영국 조계 부두

5-10-14

5-10-15

5-10-16

5-10-14 웨이하이 거리의 서양 상점
5-10-15 1930년대 칭다오 거리
5-10-16 1908년 웨이하이의 영국 범선 경기

1 폴 코헨Paul Cohen, 科恩 또는 科文, 1934~?
2 왕타오王韬, 1828~1897
3 리산란李善兰, 1811~1882
4 쉬서우徐寿, 1818~1884
5 쉬젠인徐建寅, 1845~1901
6 화헝팡华蘅芳, 1833~1902
7 알렉산더 와일리Alexander Wylie, 伟烈亚力, 1815~1887
8 존 프라이어John Fryer, 傅兰雅, 1839~1928
9 상하이 성삼일당上海圣三一堂, Holy Trinity Church, Shanghai
10 베이징 시스쿠 성당北京西什库天主堂, The North Church
11 베이징 쉬안우먼 교회北京宣武门教堂
12 산둥 덩저우 교회山东登州教堂
13 푸저우 세인트존스 교회福州石厝教堂, St. John's Church
14 리우공다오 제임스 성당詹姆斯教堂
15 칭다오 복음당 교회青岛福音堂
16 산둥 옌저우 교회兖州大教堂
17 난징 스구로 천주교 성당石鼓路天主教教堂
18 윌리엄 밀네William Milne, 威廉·米怜, 1785~1822
19 영화서원英华书院
20 칼 귀츨라프Karl Friedrich August Gützlaff, 郭实腊, 1803~1851
21 학교교과서위원회学校教科书委员会
22 덩저우문회관登州文会馆, Tengchow College
23 캘빈 윌슨 마티어Calvin Wilson Mateer, 狄考文, 1836~1908
24 이원중학艺文中学
25 윌리엄 에드워드 수트힐William Edward Soothill, 苏慧廉, 1861~1935
26 중서서원中西书院
27 데이비드 로렌스 앤더슨David Lawrence Anderson, 孙乐文, 1850~1911
28 휘문서원汇文书院, 후에 진링대학金陵大学, 난징대학南京大学으로 명칭 변경.
29 성 이그나티우스학교圣依纳爵公学, 현재의 쉬후이공학徐汇公学
30 웨이하이위화초급중학威海卫育华初级中学, 구 앵그리컨교회Anglican Church학교安立甘堂教会学校
31 하이싱소학海星小学
32 미국 해외선교회American Board
33 푸저우 원산여자학교福州市文山女子学校
34 저장성 원저우여자학교浙江省温州女子学校
35 산터우시 교회 여자학교汕头市教会女子学校
36 선전시 첸전여자학교深圳市虔贞女子学校
37 항저우시 교회학교杭州市教会女子学校
38 톈진시 성공여학교天津市圣功女学校
39 옌칭대학 여자학교燕京大学女校
40 진링여자문리대학金陵女子文理学院
41 알렉산더 피어슨Alexander Pearson, 皮尔逊, 1780~1874
42 토마스 리차드슨 콜레지Thomas Richardson Colledge, 哥利支, 郭雷枢, 1797~1879
43 미국 공리회Congregational Church
44 피터 파커Peter Parker, 伯驾, 1804~1888
45 신더우란의국新豆栏医局. 광저우 13행 신두란가新豆栏街에 개원한 안과의국眼科医局.
46 중화의약선교회Canton Medical Missionary Society, 中华医药传教会

47 화이린의원怀麟医院, Warren Memorial Hospital
48 관아두KwangA-To, 关亚杜 혹은 关韬, ?~?
49 박제의원博济医院, Canton Hospital
50 쑨중산孙中山, 1866~1925
51 푸순의원抚顺医院, Fushun Hospital
52 푸런의원普仁医院
53 샤오시의원小溪救世医院, Hope Hospital
54 존 아브라함 오트John Abraham Otte, 郁约翰, 1861~1910
55 윌리엄 에드워드 맥클린William Edward Macklin, 马林, 1860~1947
56 마린马林医院, Macklin Hospital
57 아시아문회亚洲文会, Royal Asiatic Society
58 광학회广学会, The Christian Literature Society for China
59 상현당尚贤堂, The International Institute of China
60 영 존 앨런Young John Allen, 林乐知, 1836~1907
61 티모시 리차드Timothy Richard, 李提摩太, 1845~1919
62 엘리자 콜먼 브리지먼Elijah Coleman Bridgman, 裨治文, 1801~1861
63 길버트 레이드Gilbert Reid, 李佳白, 1857~1927
64 〈察世俗每月统记传Chinese Monthly Magazine〉
65 〈广州纪事报Canton Register〉
66 〈东西洋考每月统记传Eastern Western Monthly Magazine〉
67 윌리엄 밀네William Milne, 威廉·米怜, 1785~1822
68 월터 헨리 메드허스트Walter Henry Medhurst, 麦都思, 1796~1857
69 알렉산더 와일리Alexander Wylie, 伟烈亚力, 1815~1887
70 어니스트 메이저Ernest Major, 美查, 1830~1908
71 존 프라이어John Fryer, 傅兰雅, 1839~1928
72 North China Daily News
73 타일러 데닛Tyler Dennett, 泰勒·丹涅特, 1883~1949
74 *Americans in Eastern Asia: A Critical Study of the Policy of the United States with Reference to China, Japan and Korea in the 19th century*, Tyler Dennett, New York, The Macmillan Company, 1922.
75 허버트 클락 후버Herbert Clark Hoover, 赫伯特·克拉克·胡佛, 1874~1964
76 실라스 아론 하르둔Silas Aaron Hardoon, 哈同, 1851~1931
77 마르셀 레오폴드Marcel Leopold, 李亚溥, 1902~1957
78 에릭 묄러Eric Moller, 爱立克·马勒, ?~?
79 1901년 베이징의정서Peace Treaty
80 Russo-Chinese Bank
81 Yokohama Specie Bank
82 Deutsch-Asiatische Bank
83 Crédit Agricole Corporate and Investment Bank
84 조지 발포어George Balfour, 巴富尔, 1809~1894
85 후먼조약虎门条约, Treaty of the Bogue

6. 중국인과 서양인의 재편

6.1 잠자는 중국의 깨어있는 지식인

청나라 강희 말년에 이루어진 금교 조치가 19세기 초까지 이어졌고 중국 사대부 대부분 천조상국天朝上国의 달콤한 꿈에 빠져 있어 주변 세상을 살필 열정을 잃어갔다. 그들은 국제적인 상황, 심지어 유럽 국가의 위치에 대한 인식조차도 거의 없는 상태였다. 이탈리아 사람은 예수회 선교사라고 생각했고, 프랑크와 프랑스도 잘못 알기 일쑤였으며, 네덜란드인과 영국인도 구분하지 못해 모두 **빨간 머리 귀신**红毛鬼이라고 할 정도였다.

하지만 그나마 다행인 것은 중국의 주류 지식인 외에 19세기 중기의 화난华南 연해 지역에 기존의 주류와는 다른 **경계인**들이 나타났는 점이다. 그들은 그 시대에 가장 깨어있는 중국인이었다. 그들은 동양과 서양의 양대 문화가 충돌했을 때 중국인의 무지함을 지켜볼 수 없었던 사람들로, 중국을 위해 세계를 이해하는 길을 찾아가야 한다고 글로 부르짖었다. 그들은 **서양의 기술을 배워 서양을 이기자**师夷长技以制夷라고 주장하였고, 이로써 중국인이 전통적인 이화지방夷华之防의 문화 관념을 타파하고 또 한번 세계로 나아갈 수 있는 발걸음을 내딛게 되었다.

6-1-1

6-1-2

6-1-1 린쩌쉬[1] 초상화

6-1-2 근대 중국 역사 발전에 영향을 준 린쩌쉬의『사주지四洲志』

6-1-3

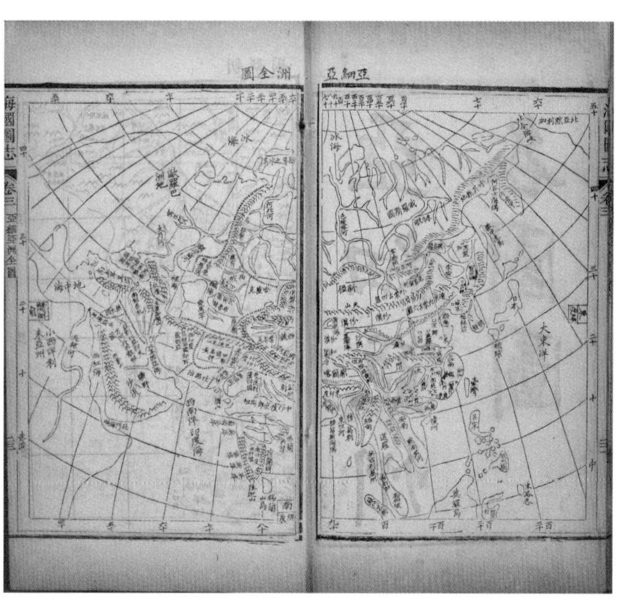

6-1-4

6-1-5

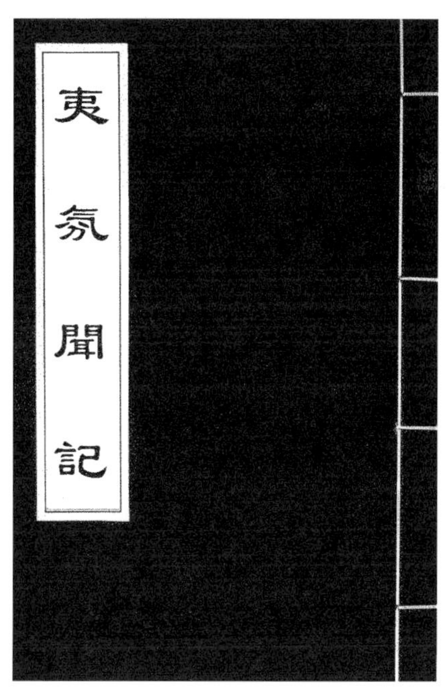

6-1-6

6-1-3 웨이위안[2] 초상화
6-1-4 웨이위안의 『해국도지海国图志』 초판 속 아시아전도
6-1-5 수차례 재판을 찍은 『해국도지』
6-1-6 량팅난[3]의 저서 『이분문기夷氛闻记』

6-1-7

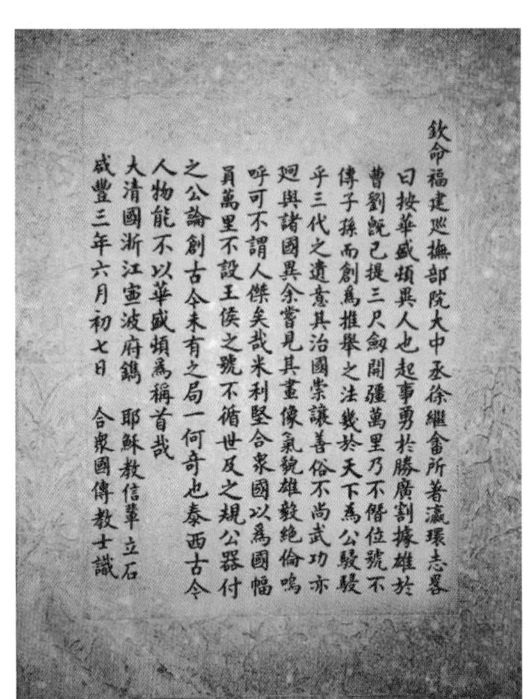

欽命福建巡撫部院大中丞徐繼畬所著瀛環志畧
曰按華盛頓異人也起事勇於勝廣割據雄於
曹劉既已提三尺劍開疆萬里乃不僭位號不
傳子孫而創為推舉之法幾於天下為公駸駸
乎三代之遺意其治國崇讓善俗不尚武功亦
迥與諸國異余嘗見其畫像氣貌雄毅絕倫嗚
呼可不謂人傑矣哉米利堅合衆國以為國幅
員萬里不設王侯之號不循世及之規公器付
之公論創古今未有之局一何奇也泰西古今
人物能不以華盛頓為稱首哉
大清國浙江寧波府鐫　耶穌教信輩立石
咸豐三年六月初七日　合衆國傳教士識

6-1-8

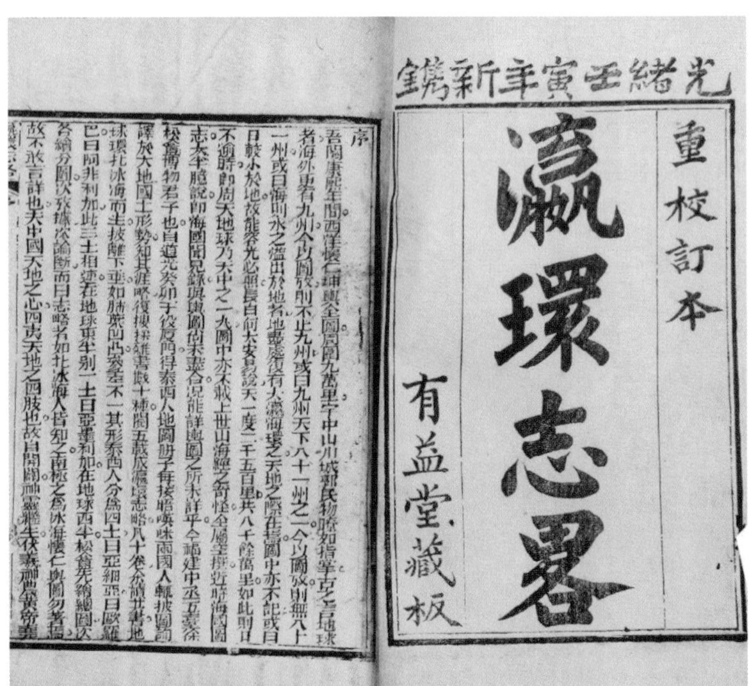

光緒壬寅新年鐫
重校訂本
瀛環志畧
有益堂藏板

序

6-1-9

6-1-7　쉬지서[4] 초상화

6-1-8　쉬지서가 『영환지략瀛环志略』에서 '왕후의 칭호가 없고 세습하지 않으며, 공무는 여론에 따르니 고금에 없던 나라를 만들었다'라고 워싱턴을 칭송한 글이 새겨진 워싱턴 기념비[5]

6-1-9　쉬지서의 저서 『영환지략』

6-1-10

6-1-11

6-1-10 타이위안시太原市 이펀공원漪汾公园의 쉬지서 조각상

6-1-11 1998년 베이징대학 연설에서 쉬지서와 워싱턴의 역사를 언급한 클린턴 대통령

6.2 귀족 자제가 배우기 시작한 '가로 글자'

1860년 9월 영국과 프랑스 연합군대가 베이징으로 진격하자 공친왕[6]은 평화 협상을 하기 위해 포로로 잡혀있던 해리 파커스 영국참사관[7]에게 시켜 연합군 총사령관에게 서한을 써서 협상을 할 수 있도록 해달라고 하였다. 중국어를 아는 해리 파커스가 중국어로 편지를 썼고 옆에 영어도 몇 줄 있었다. 당시 베이징 전체를 통틀어 이 영어를 아는 사람이 아무도 없어서 어떤 내용을 썼는지 몰라서 바로 발송하지 못했다. 톈진에 있는 광둥 사람인 황후이롄黄惠廉이 영어를 안다고 해서 공친왕은 그를 급히 베이징으로 불렀다. 황후이롄은 서한 속의 영어가 해리 파커스의 서명과 연월일이라고 하였다. 몇 글자 되지도 않는 영어를 조정의 문무대신 중 아는 사람이 한 명도 없어 외지에서 베이징으로 사람을 불렀고, 그 과정에서 사람이 오고 가며 시간이 많이 지체되어 전쟁에도 영향을 주게 되었다. 이 일이 조정 전체를 크게 자극하게 되어 마침내 외국어 학교를 개설하는 일을 논의하게 되었다. 1862년 6일 공친왕은 영국공사 토마스 웨이드[8]와 영국 선교사 존 쇼 버든[9]을 영어 교사로 하는 외국어 학교를 세웠고, 만주인 10여 명을 선발하여 교육할 것을 결정하였다. 학교 이름은 경사동문관京师同文馆이고 장소는 당시 만들어진 지 얼마 되지 않은 중국 외교기관 총리아문总理衙门 안에 만들었다. 경사동문관은 처음에 영문관만 있었지만 다음 해부터 프랑스어관, 러시아어관을 추가로 만들었고 이후에 외국어 종류가 늘어나고 자연과학 커리큘럼도 만들어졌다. 학제는 8년제와 5년제 두 종류로 주요 교과목에는 외국어, 각국의 역사, 경제, 수학, 물리, 기계, 항해, 화학, 천문, 만국 공법 등이 포함되었다. 경사동문관은 외국인 54명을 초청하여 영어, 불어, 독일어, 일본어, 화학, 천문학, 의학 등의 교과목을 가르쳤고, 중국인 32명이 중국어와 산학을 가르쳤다. 외국인 중 경사동문관의 교육과 관리에 가장 큰 영향을 준 사람은 초대 교장이던 미국인 선교사 윌리엄 마틴[10]이다.

경사동문관을 졸업한 학생은 나중에 대부분 외교계와 교육계에 종사하였다. 1894년에서 1898년 동안의 통계에 따르면, 졸업생 중 해외에서 근무하는 외교관 37명, 중국 국내에서 행정공무원과 각 성의 교사나 통역사로 일하는 사람 79명, 경사동문관에서 일하는 사람 7명으로, 그들은 당시 중국의 외교, 교육, 통역, 출판 등의 분야에 있는 핵심 역량이었다.

베이징 이외에 상하이나 광저우에도 외국어를 공부하는 **동문관**이나 **광둥방언관**이 속속 만들어졌고, 외국의 **가로 글자**는 이때부터 더이상 얕잡아 보고 쳐다보지도 않거나, 혀가 돌아가지 않아 발음하기 힘든 문자가 아니었다.

6-2-1

6-2-2

6-2-3

6-2-4

6-2-1　초기 청 조정 외교기관 총리각국사무아문总理各国事务衙门 부설 경사동문관

6-2-2　경사동문관 창립자 공친왕

6-2-3　경사동문관 관리자 원샹[11]

6-2-4　경사동문관 초대 영어 교사인 영국 선교사 존 쇼 버든앞줄 왼쪽에서 두 번째

6-2-5

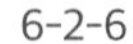

6-2-6

6-2-7

6-2-8

6-2-5　경사동문관 옛터
6-2-6　경사동문관의 초대 교장인 미국 선교사 윌리엄 마틴
6-2-7　경사동문관 교장 윌리엄 마틴과 그의 학생
6-2-8　경사동문관 프랑스어반 학생이자 후에 민국 총리를 역임한 루정샹[12]

6-2-9

6-2-10

6-2-9 경사동문관 독일어반 학생

6-2-10 1902년 경사동문관이 경사대학당京师大学堂으로 승격

6-2-11

6-2-12

6-2-13

6-2-11 1903년 경사대학당 교사 단체 사진

6-2-12 경사대학당 중국인 교사와 외국인 교사의 단체 사진

6-2-13 1912년 경사대학당이 베이징대학北京大学으로 확대 승격

6.3 미국 유학생의 희극과 비극

1872년은 만청제국满清帝国에게 매우 특별한 한 해였다. 이 한 해 동안 청나라는 학생 30명을 선발하여 미국으로 유학을 보냈는데, 이것은 수백 년 동안 이하대방夷夏大防을 고수하던 청나라로서는 매우 이례적인 일이었다. 이전에는 세계 각국에서 중국으로 들어왔지만, 지금은 주동적으로 지난날 오랑캐의 나라로 유학생을 파견하는 이런 놀라운 변화는 역사의 발전을 보여주는 것임에 의심의 여지가 없다.

하지만 근대 중국의 발전은 분노가 치밀어 오를 정도의 아픔이 녹아있다. 미국으로 유학 간 학생이 점차 미국 사회에 적응해가고 서양 과학과 서양 문화 속에 당당히 자리 잡아가고 있을 때, 중국 국내 수구파들의 힐난과 미국 보수파의 괴롭힘을 당하게 된다. 전자는 학생들이 성장한 후 중국의 윤리 도덕을 더는 알지 못할 것이라는 걱정이었고, 후자는 중국 학생들이 군사학교에 들어가서 미국의 국방 군사 기술을 훔칠 것이라는 걱정이었다. 양쪽의 협공으로 중국의 첫 번째 국비 유학생의 미국 활동은 중도에 그만두게 되었다. 1881년 청 조정은 미국에 유학 중인 모든 학생을 불러들였다. 학생들이 귀국한 후 이 학생 중 많은 인재가 배출되어 국가 총리, 해군 총사령관, 철도 엔지니어가 되기도 했지만, 중국을 떠나 이루어야 했던 목표와는 상당히 거리가 있었다. 원래 기세등등하고 웅장했던 행진곡이 어쩔 수 없이 슬픔과 기쁨이 교차하는 아리아가 되었다.

6-3-1

6-3-2

6-3-1 학생을 데리고 바다 건너 유학한 '중국 유학생의 아버지' 롱홍[13]

6-3-2 상하이 선박초상국轮船招商局 앞에서 찍은 첫 번째 국비 유학생 30명의 단체 사진

6-3-3

6-3-4

6-3-5

6-3-6

6-3-7

6-3-3　중국인 미국 유학생 량루하오[14]와 탕루이[15]

6-3-4　중국인 미국 유학생과 미국인 친구

6-3-5　미국에서 공부하는 중국인 유학생

6-3-6　1878년 중국인 미국 유학생으로 결성한 '동양인' 야구팀

6-3-7　1881년 귀국 전 중국인 미국 유학생

6-3-8

6-3-9

6-3-10

6-3-8　1890년 크리스마스 때 찍은 미국 유학생 단체 사진
6-3-9　정부 명령을 거부하고 귀국하지 않은 후 예일대학을 졸업한 룽쿠이[16]
6-3-10　중국의 첫 번째 미국 유학생이자 후에 철도 엔지니어가 된 잔톈유[17]

6-3-11

6-3-12

6-3-13

6-3-11 잔톈유가 만든 징장철로京张铁路 개통식 때 시민들이 지켜보는 모습

6-3-12 미국 유학생 출신의 해군 총사령관 차이팅간[18]

6-3-13 미국 유학생이자 민국 초대 내각총리가 된 탕사오이

6.4 '서양 분위기'가 물씬 풍기는 대청해군

양무운동洋务运动 전에는 중국에 구식 수군水师만 있었고 근대식 해군은 없었다. 중국 근대식 해군의 시작은 양무운동의 중요한 내용이자 성과로, 중국에 있던 서양인들의 활동과 밀접한 관계가 있다. 1862년 청나라 정부는 영국으로 귀국 후 요양 중이던 대청 해관 총세무사인 영국인 호라티오 넬슨 레이[19]를 통해 영국 군함을 구매하여 해군을 만들었다. 1863년 영국 해군장교 셰라드 오스본[20]은 영국 병사 선원 600명을 모집한 후 함선 7척을 몰고 중국으로 갔는데 사료에는 **오스본 함대**라고 기록되어 있다. 호라티오 넬슨 레이와 셰라드 오스본은 군함 지휘권을 통제하려고 시도하였고, 청 정부는 결국 이 함대를 자국으로 귀환 조치하였다.

10년이 지난 후 중국은 또다시 해군 설립에 착수하였다. 1874년 장쑤성江苏省 순무巡抚 딩르창[21]은 베이양, 둥양, 난양 세 곳에 해군 설립을 건의하였고, 청 조정은 딩르창의 의견에 동의하며 1875년 선바오전[22]과 리훙장[23]을 각각 임명하여 난양과 베이양의 해안 방어를 감독하도록 하였다. 중국 근대식 해군은 이때부터 첫걸음을 내딛었다. 1885년에 청나라 중앙정부는 통일된 해군 지휘 조직인 해군아문海军衙门을 만들었다. 이후 대청해군은 서양인을 초빙하고, 서양의 배를 구매하고, 유학생을 파견하고, 서양식 훈련을 하며 매우 빨리 아태지역에서 가장 강한 함대로 성장하였다. 1894년까지 대청해군은 모두 60~70척의 선박을 보유하고 있었고, 그 시대에 용 문양이 그려진 대청제국의 깃발이 한때 서태평양에서 높게 나부꼈다.

6-4-2

6-4-1 대청해군 주창자 딩르창

6-4-2 베이양해군 제독 딩루창[24]

6-4-3

6-4-4

6-4-3 1879년 리훙장이 영국으로부터 구매한 진수 전 양위호扬威号
6-4-4 양위호의 주포

6-4-5

6-4-6

6-4-7

6-4-5 독일에서 수입한 진원함镇远舰
6-4-6 북양함대 순양함 치원호致远号
6-4-7 북양함대 치원함 관병

6-4-8

6-4-9

6-4-10

6-4-11

6-4-8 1886년 톈진에서 베이양해군을 시찰한 해군아문 대신 이쉬안[25], 리훙장, 산칭[26]

6-4-9 영국에서 수입한 순양함 해기호海圻号

6-4-10 1904년 톈진 수사학당水师学堂 학생 단체 사진

6-4-11 1911년 해기호 함장 청비광[27]이 수행하며 대청해군 의장대를 검열하는 뉴욕시장 윌리엄 게이너[28]와 그랜트[29]장군

6-4-12

6-4-13

6-4-12 청말 현대식 해군 제복을 입은 대청해군 사병
6-4-13 1911년 미국을 방문한 대청해군

6.5 찬반양론이 뒤섞인 서양식 무기공장

중국이 제2차 아편전쟁에서 참패한 후, 서양 군대와 접촉한 적이 있는 공친왕 이신[30]은 상군湘军과 회군淮军의 총사령관인 쩡궈판[31], 줘쫑탕[32], 리훙장과 함께 서양무기를 대대적으로 모방하기 시작하였고, 전면적으로 **양무운동**洋务运动을 추진하여 한때 중국 동남 연해 지역, 장강과 황하강 요지에 강남기기국江南机器局, 진링기기국金陵机器局, **톈진기기국**天津机器局, 푸저우선정국福州船政局, 우한총포장武汉枪炮厂을 대표로 하는 **사국일장**四局一厂의 서양식 무기공장이 만들어졌다. 이 무기공장은 외국 전문 기술자를 초빙하여 서양기기와 그에 상응하는 생산기술을 들여왔고 서양 학술서도 대대적으로 번역하였다. 그곳에서 생산한 총과 대포가 빈약한 중국을 부강한 나라로 만들 수는 없었지만, 근대중국이 서양 식민지로 몰락하는 시간은 늦춰주었다. 대청제국이 이웃 나라 인도처럼 빠르게 유럽 열강의 식민지가 되지 않았던 이유가 아편전쟁 이후 외래 침략자들과 여러 차례 교전을 할 수 있었기 때문이며 이 총과 대포가 **솜방망이**에 그치지 않았기 때문이다.

만청 제국이 당시 국내외 상황에 맞춰 수립한 국가전략은 **부유한 나라**를 만드는 것보다 우선 군수산업을 발전시켜 **부강한 나라**를 만드는 것이었데, 이것은 국내외 정계, 학계, 재계로부터 비판을 받기는 했지만, 오늘날 중국이 대국으로 부상하는 데 있어 그 당시에 첫 번째 발걸음을 내딛은 것이라는 점을 누가 부인할 수 있겠는가! 중국인은 온 가족이 낡은 바지 한 벌로 일하더라도 좋은 무기 없는 집은 결코 없었다. 과거에도 그랬고 지금도 여전히 그렇다.

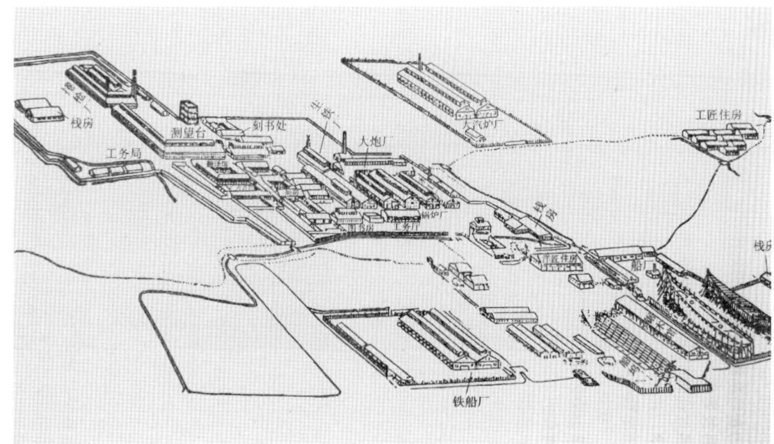

6-5-1

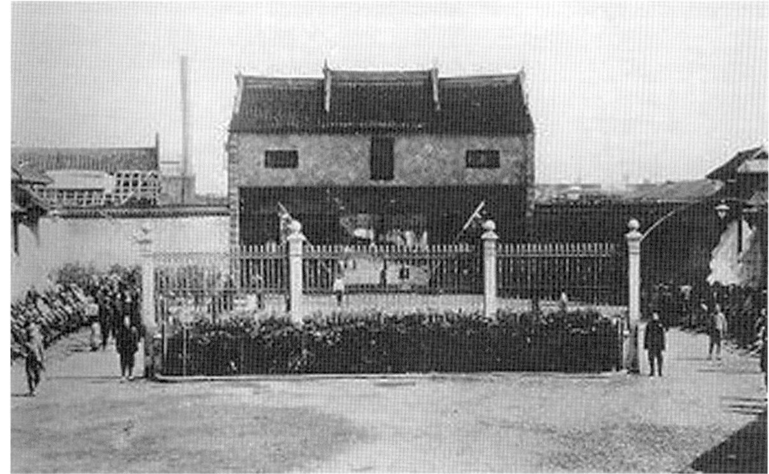

6-5-2

6-5-3

6-5-1 강남기기제조국 전도
6-5-2 만청시기 상하이 강남기기제조국 입구
6-5-3 민국시기 상하이 강남조선소 입구

6-5-4

6-5-5

6-5-6

6-5-7

6-5-4 강남제조국 조선공장
6-5-5 강남제조국 대포공장
6-5-6 강남제조국 총기 제작공장
6-5-7 강남제조국 제철공장

6-5-8

6-5-9

6-5-10

6-5-11

6-5-8 진링기기제조국이 모방한 몽티니Montigny 미트라예즈Mitrailleuse 다발총
6-5-9 1904년 한양무기공장汉阳兵工厂의 이름을 후베이무기공장湖北兵工厂으로 변경
6-5-10 진링기기제조국 정문
6-5-11 한양무기공장 전경

6-5-12

6-5-13

6-5-14

6-5-12 바이허白河 강변의 톈진기기국
6-5-13 건설 중인 푸저우선정국福州船政局
6-5-14 1872년 산간총독陕甘总督 쭤쫑탕이 만든 란저우제조국兰州制造局

6.6 서양 선박의 '현지화'

아편전쟁 때 중국인에게 서양 증기선은 거의 악마의 화신이었다. 그 증기선이 있는 곳마다 죽음을 의미하는 포탄이 쏟아졌거나 사람을 피폐하게 만드는 마약이 가득 실려 있었고 그 마약은 중국인에게 건네졌다. 그래서 중국의 조정 대신들은 대부분 그 증기선에 공포감을 느꼈고, 그래서 그 증기선을 피하느라 바빠 그것이 도대체 어떤 물건인지 제대로 알지도 못했다. 제2차 아편전쟁 때 양강총독两江总督 니우젠[33]이 상상에 있는 영국 증기선을 보았을 때까지도 서양 배가 왜 그렇게 빨리 달리는지, 소나 다른 어떤 동물 같은 것이 배를 움직이는 것인지 궁금해할 정도였다. 하지만 얼마 후 서양 배를 모방한 배가 중국에서도 떠다니기 시작하였다. 웨이위안魏源이 기록한 서양 명륜선明轮船에서 시작해 양무파 강남제조국과 푸저우선정국에서 서양 병선을 모방하고, 오늘날 백만 톤급 선박을 만들고 항공모함을 성공적으로 건조하기까지 이르렀다. 중국에서 서양식 선박이 서양식에서 현지화하는 동안 처음에 억압받고 미움 받으며 많은 굴곡을 겪었지만 그후 사람들의 환영과 기대까지 얻으면서 결국 그 선박은 문화적 장애물을 뛰어넘고 찬란한 시대로 나아가게 되었다.

6-6-1

6-6-1 1865년 상군湘军 안칭安庆 무기공장에서 만든 중국 첫 번째 기계선 황곡호黄鹄号

6-6-2

6-6-3

6-6-4

6-6-5

6-6-6

6-6-2 푸저우선정국 첫 번째 증기군함 만년청호万年清号 생산 과정
6-6-3 푸저우선정국이 건조한 건위호建威号 진수 직전 모습
6-6-4 민국 해군 다구大沽조선소 입구
6-6-5 푸저우선정국이 건조한 순양함 양무호扬武号
6-6-6 1882년 영국에서 수입한 다구大沽 부두의 공기해머

6-6-7

6-6-8

6-6-9

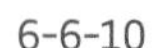

6-6-10

6-6-11

6-6-7 민국 초기 상하이 강남조선소 새 선박 진수식

6-6-8 1965년 신중국이 자체로 설계하고 건조한 첫 번째 만톤급 원양선 동풍호东风号

6-6-9 1969년 다롄조선소에서 건조한 중국 국산 1세대 미사일구축함 지난함济南舰

6-6-10 아직도 복역 중인 중국 국산 정규 잠수함

6-6-11 1979년 진수한 중국 첫 번째 국산 대형 다기능 원양시찰선 향양홍向阳红 10호

6-6-12

6-6-13

6-6-14

6-6-12 1992년 강남조선소에서 건조한 중국 국산 제2세대 미사일 구축함 하얼빈함哈尔滨舰

6-6-13 2012년 다롄조선소에서 외국 배의 선체를 이용해 만든 중국 첫 번째 항공모함 랴오닝호辽宁号

6-6-14 랴오닝함 복역식에 참가한 전 중국국가주석 후진타오

6.7 '오랑캐 땅'을 밟은 흠차사절

두 차례에 걸쳐 아편전쟁을 치른 후, 자칭 천조상국天朝上国인 청나라 정부도 서양 오랑캐로부터 배울 점이 있다는 것을 인정하지 않을 수 없었다. 그래서 나라가 예를 잃으면 민간에서 구한다[34]라는 옛말처럼, 청 조정은 1860년대부터 현지를 시찰하고 해외에 상주하는 사절을 파견하기 시작하였다. 1866년 총세무사인 영국인 로버트 하트[35]가 휴가로 귀국하려고 할 때, 공친왕 이신은 산시성山西省 량링현襄陵县의 지현知县인 빈춘[36]에게 동문관 학생인 펑이凤仪, 더밍德明, 혹은 장더이 张德彝, 옌후이彦慧 등을 이끌고 로버트 하트를 따라 유럽으로 가서 그곳의 풍습과 사람들의 사는 모습 등을 살펴보도록 하였다. 이것은 강희제가 금교 조치를 시행한 후 처음으로 조정이 유럽에 사절단을 파견한 것이었다. 빈춘 일행은 4개월 동안 프랑스, 영국, 네덜란드, 함부르크, 덴마크, 스웨덴, 핀란드, 러시아, 프로이센, 하노버, 벨기에 등을 방문하였다. 빈춘은 귀국 후 자신의 여행기인 『승사필기乘槎笔记』를 청 정부에 전달하였다. 이 일기 형식의 책에 유럽에 관한 기록은 2만 자도 안 되지만, 그것은 근대 중국 지식인이 유럽을 직접 경험하고 쓴 현지 기록으로 문화 교류사에서 역할을 하였다. 1866년 청 정부는 또 해관 다오즈강[37]과 예부낭중礼部郎中 쑨자구[38]로 구성된 사절단이 중국에서 업무를 마친 후 귀국할 예정인 주중미국공사 앤슨 벌린게임[39]을 따라 유럽과 미국 각 나라를 방문하도록 파견하였다. 이 사절단은 약 2년 넘게 11개 국가를 방문하여 중국인의 세상을 바라보는 안목을 크게 넓혀놓았다.

1870년대까지 청 정부는 쩡궈판과 리훙장 등의 건의를 더욱 적극적으로 받아들여 외국에 상주하는 사절을 파견하기로 결정하였다. 1875년 8월 궈충타오[40]가 주영 대청공사로 임명되었고 후에 주프랑스 대청공사를 겸임하였다. 1875년 12월 천란빈[41]은 주미공사, 주스페인공사, 주페루공사를 겸직하게 된다. 이후 청나라 말기까지 중국이 공사를 파견한 국가는 14곳으로 늘어났다. 예전에 천조상국의 군주를 대표했던 흠차사절钦差使节은 이때 이미 모든 신분을 내려놓고, 지금의 다른 민족국가와 권력이 대등한 나라의 대표가 되었다.

6-7-1

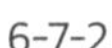
6-7-2

6-7-3

6-7-4

6-7-1 1868년 앨슨 벌린게임을 필두로 한 중국 사절단

6-7-2 미국의 초대 주중공사이자 미국의 주중공사 중 유일하게 중국 사절을 지낸 미국인 앨슨 벌린게임

6-7-3 초대 영국공사이자 프랑스공사인 궈총타오

6-7-4 주프랑스공사 쑨바오치[42]

6-7-5

6-7-6

6-7-7

6-7-5 1903년부터 1908년까지 주미중국공사를 역임한 미국 유학생 량청[43]

6-7-6 1900년 주미뉴욕 중국영사 저우쯔치[44]

6-7-7 만청 주미워싱턴 중국공사관

6-7-8

6-7-10

6-7-9

6-7-11

6-7-8　1900년 주워싱턴중국공사 우팅팡[45]의 근무 모습
6-7-9　1908년 주시카고중국공사 우팅팡
6-7-10　청 정부 주샌프란시스코중국총영사 쉬빙전[46]의 가족사진
6-7-11　미국을 방문한 리훙장

6-7-12

6-7-13

6-7-14

6-7-12 1906년 유럽과 미국을 방문한 청 정부의 헌정시찰단
6-7-13 1906년 미국 샌프란시스코에 도착한 헌정시찰단
6-7-14 미국 백악관 정원에 있는 청나라 외교관

6.8 '서양인' 수장의 중국해관

1854년 상하이 소도회小刀会가 봉기를 일으켰을 때 중국 상하이 당국이 혼란한 틈을 이용하여 주상하이 영국영사는 미국 영사, 프랑스 영사와 연합하여 영국, 프랑스, 미국 삼국이 공동으로 통제하는 상하이 임시 해관을 조직하였다. 그 일이 있고 난 후, 대청 정부는 한때 해관의 주권을 돌려놓으려고 하였지만, 제2차 아편전쟁에서 또다시 패해 영국 사람들의 요구에 따라 중국 해관을 서양인이 관리하도록 권한을 넘겨줄 수밖에 없었고, 이로 인해 외국인이 수장을 맡은 중국 해관 총세무사서总税务司署와 각 지역 해관 세무사서가 만들어졌다. 총세무사를 맡은 외국인으로는 호라티오 넬슨 레이, 로버트 하트[47], 프란시스 아글렌[48], 프레드릭 메이즈[49], 케스터 리틀[50]이 있다. 그중 호라티오 넬슨 레이, 로버트 하트, 프레드릭 메이즈는 영국인이고 프란시스 아글렌과 케스터 리틀은 미국인인데, 이 다섯 명이 해관에서 일한 시간이 1859년에서 1950년까지 약 100년이다. 영국인 로버트 하트는 그중 가장 오랜 시간인 약 50년 동안 그곳에서 근무하였다. 이렇게 서양인이 해관의 최고직책을 담당하며 장기적으로 통제하고 있었기 때문에 중국 해관은 거의 서양인의 해관이었다. 중국 각 지역에 있는 지역 해관의 고급 업무는 일관되게 외국인 직원이 움켜쥐고 있었고, 영어가 주요 업무 언어였으며, 세수, 통계, 항만 사무, 검역, 통신 등의 해관 업무도 모두 영국제도를 그대로 채택하였다. 청말 서양 스타일이 최고에 달했던 시기에는 해관에 한때 심지어 로버트 하트 어록이 유행하기도 하였다.

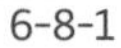
6-8-1

6-8-2

6-8-1 초대 총세무사 호라티오 넬슨 레이
6-8-2 2대 총세무사 로버트 하트

6-8-3

6-8-4

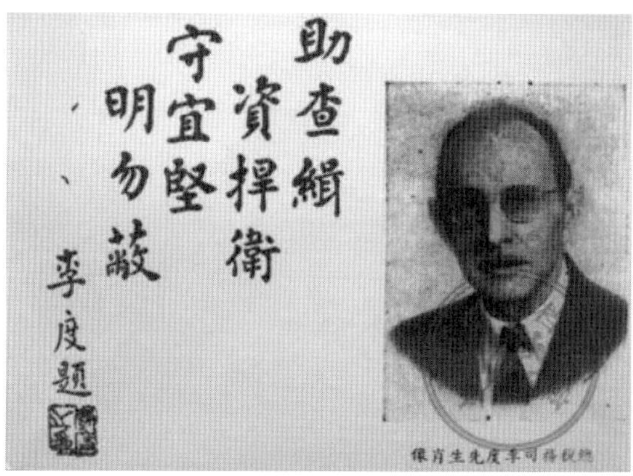

6-8-5

6-8-6

6-8-3 3대 총세무사 프란시스 아글렌
6-8-4 4대 총세무사 프레드릭 메이즈
6-8-5 5대 총세무사 케스터 리틀과 그가 중국어로 쓴 글
6-8-6 중국 해관의 『로버트 하트 어록赫德语录』

6-8-7

6-8-8

6-8-7　1912년 총세무사 프란시스 아글렌과 외국직원의 단체 사진
6-8-8　1929년 프레드릭 메이즈와 총세무사 취임식 단체 사진

6-8-9

6-8-10

6-8-11

6-8-12

6-8-13

6-8-9　1930년대 샤먼해관의 중국인 직원과 외국인 직원의 단체 사진
6-8-10　상하이 해관
6-8-11　다롄 해관
6-8-12　산둥 해관 항무사港务司 숙소
6-8-13　샤먼 해관 화물 검사 부두

6-8-14

6-8-15

6-8-14 푸젠 해관 직원 단체 사진

6-8-15 베이징 홍루北京红楼라고 불리는 해관 총세무사서

6.9 '새기회'에 참가한 중국인

중국 사람은 1820년 초 세계엑스포를 **새기회**赛奇会 혹은 **현기회**炫奇会라고 불렀고 나중에는 **만국박람회**EXPO라고 불렀다. 첫 번째 세계엑스포는 1851년 영국 런던에서 개최하였는데 중국인도 운 좋게 참가하였다. 당시 상하이에서 실크와 차 사업을 하던 중국 상인 쉬룽춘[51]이 우연히 제1회 세계엑스포를 영국이 개최할 것이라는 정보를 듣고, 이것이 장사에 더할 나위 없이 좋은 기회라고 생각해서 자신이 피는 상품인 **영기호사**荣记湖丝 열두 꾸러미를 준비해 영국으로 운송하였다. 이 일은 청 정부의 허가를 받지는 않았지만 사실 중국인이 처음으로 세계엑스포 참가를 시도한 것이고, **영기호사**가 런던 세계엑스포에서 받은 상은 중국인이 세계엑스포에서 처음으로 받은 상이었다.

중국이 처음으로 국가 명의로 세계엑스포에 참가한 것은 1876년 미국 플로리다에서 개최한 제6회 세계엑스포였다. 그때 청 정부는 중국 공상업 대표 리구이[52]를 파견하였다. 리구이는 난징 출신으로 그때 미국 건국 100주년 기념으로 개최한 **세계엑스포**를 경험하였고 그 후 『환유지구신록环游地球新录』까지 남겼다. 그는 이 책에서 '**중국이 만국박람회에 참가해 선보인 물건이 모두 720상자, 은화 20만 냥이었다. 물건을 진열하는 곳이 일본보다 작았고 사용하기에 매우 좁았다**'라고 밝혔다.

중국 정부가 처음으로 세계엑스포의 요청을 적극적으로 받아들여 대규모의 제조업체를 조직하여 엑스포에 참가한 것은 1904년이다. 그때 미국 세인트루이스에서 세계엑스포를 개최하였는데 당시 중국은 청말신정清末新政이 최고에 달했을 시기로, 청 조정은 황실 자제인 푸룬[53]을 중국대표단 **정감독**으로 임명하여 파견하였다. 그때 세계엑스포에서 중국 계신양회启新洋灰公司의 말표 시멘트가 1등 금상을 받았고, 중국의 궁궐 건축도 처음으로 전체가 바다 건너로 옮겨가게 되었다.

세인트루이스 세계엑스포 이후 중국은 또 벨기에 레이주, 파나마, 미국 시카고 등에서 열린 세계엑스포에도 참가하였고, 신중국 정부도 1982년부터 참가하기 시작하였다.

6-9-1

6-9-2

6-9-3

6-9-1 1867년 프랑스 파리 세계엑스포 중국관에서 공연, 축하 행사, 차 시음회, 음악 감상회, 커피 시음회 등을 선보인 모습

6-9-2 1867년 프랑스 파리 세계엑스포 중국관 전시품

6-9-3 1867년 프랑스 파리 세계엑스포 중국관 푸젠 찻집 여성

6-9-4

6-9-5

6-9-6

6-9-4 1876년 미국 플로리다 세계엑스포 중국관 전경
6-9-5 1876년 미국 플로리다 세계엑스포 중국관 전시구역
6-9-6 1889년 프랑스 파리 세계엑스포 중국관

6-9-7

6-9-8

6-9-7 1893년 미국 시카고 세계엑스포 중국관 내부 모습

6-9-8 1933년 미국 시카고 세계엑스포에서 중국 화원을 참관하는 플로리다 여성

6-9-9

6-9-10

6-9-9 1900년 프랑스 파리 세계엑스포 중국관 아치문
6-9-10 1900년 프랑스 파리 세계엑스포 중국관 판화

6-9-11

6-9-12

6-9-13

6-9-11 1904년 미국 세인트루이스 세계엑스포에 참가단을 조직하여 참가한 청 황실 푸룬

6-9-12 1904년 미국 세인트루이스 세계엑스포 중국참가단 부감독 황카이자[54]앞줄 오른쪽 세 번째와 세계엑스포 직원의 단체 사진

6-9-13 1904년 미국 세인트루이스 세계엑스포 중국관 밖의 거리 모습

6.10 서쪽으로 향하는 '만다린'

제1차 아편전쟁에서 영국에게 패했지만, 청 정부와 문화인의 정신적 우월감은 사라지지 않았다. 중국 정부와 문화인의 대표인 양광총독两广总督 예밍천[55]은 여전히 자신의 아문衙门에서 오랑캐 해리 파커스[56]를 만나고 싶지 않았고, 자신의 이익만을 추구하는 오랑캐 장사꾼들이 광저우로 오는 것은 더욱 싫어했다.

하지만 1860년대부터 제국주의 함포의 시원 속에 중국에서 서양 문화의 세력이 점점 강해졌고, 전통 중국 사회의 문화인들은 정신적 아픔을 겪은 후 처음으로 원래부터 가져왔던 생각을 버리고 자신의 시야를 주동적으로 서양으로 돌렸다. 그들은 더이상 이전처럼 그렇게 오만방자하지 않았고, 귀를 닫고 눈을 감지 않았으며, 의식적으로 서양 사람에게 예를 다해 접대하면서 서로 왕래하였으며, 심지어 생활 방식도 최대한 서양인을 본받아 서양인으로부터 호감, 신임, 지지를 받으려고 노력하였다.

19세기 후반 중국 문화인의 핵심 구성원과 중국 사회 가치의 표본이었던 청나라 관료, 특히 지방 관리들이 서양으로 돌아서는 속도가 가장 빨랐다. 리훙장, 위안스카이[57], 장즈둥[58], 두안팡[59] 등 많은 총독总督과 순무巡抚는 모두 그 시대에 서양에 경도된 선구자들이었다.

6-10-1

6-10-1 1896년 리훙장과 오토 본 비스마르크[60]

6-10-2

6-10-3

6-10-4

6-10-2 리홍장이 영국 방문 기간에 퇴임한 영국수상 윌리엄 글래드스톤[61]과 함께 한 모습
6-10-3 1895년 미국에서 온 방문자를 접견한 장즈둥
6-10-4 만청 산동 관리와 선교사

6-10-5

6-10-6

6-10-5　1905년 푸저우장군 충산[62] 중간과 외국 관료

6-10-6　1905년 산둥 순무巡抚 양스랑[63]과 영국 조계 웨이하이 행정장관 제임스 록하트[64]

6-10-7

6-10-8

6-10-9

6-10-7 홍콩에서 순친왕 자이펑[65]과 독일군 관리

6-10-8 미국인 존 퍼거슨[66]과 자주 왕래한 상하이 관리道台 차이나이황[67] 중간

6-10-9 1903년 공부孔府에서 영국 조계 웨이하이 행정장관 제임스 록하트를 접견한 76대 연성공 쿵링이[68]

6-10-10

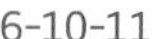

6-10-11

6-10-12

6-10-10 해외에서 돌아온 왕족 량비[69]

6-10-11 서양 옷을 입고 외국인과 함께 사진 찍은 청 왕실 짜이쩌부인[70]

6-10-12 외국인 여성과 함께 있는 서태후

6.11 대청제국 군대의 '서양인 간부'

19세기 중엽부터 청 중앙정부와 지방정부는 서양의 총과 대포가 중국의 화살이나 창보다 더 강하며 서양인 장군이 더 뛰어나다는 것을 인정하게 되었고, 서양의 힘을 빌려 서양을 물리쳐야겠다라는 생각이 싹트기 시작하였다. 청 조정의 내우외환이 깊어감에 따라, 이런 생각은 정부 관리부터 일반 백성까지 모두 받아들일 수 있는 서양 이용 정책과 정치적 실천 방법이 되었다. 회군淮军 수령 리훙장이 미국인 프레드릭 워드[71]와 영국인 찰스 고든[72]을 고용하여 상하이의 서양식 총기군을 통솔하도록 한 것에서부터, 대청해군이 영국 군관 윌리엄 랑[73]과 콘스탄틴 한네켄[74]을 초빙하여 베이양함대 고문을 맡기기까지, 약 30년 동안 청나라 군대와 군수기업 속 외국인 군인과 외국인 장군이 수십 명에 이를 정도였는데, 이는 그 시대 동아시아 군대의 매우 기이한 모습이었다.

만청 시기 외국인 군인과 외국인 장군은 대부분 서양 자본주의 국가에서 온 사람들로 그 배후에 그들의 정부가 호시탐탐 노리고 있었다. 그 사람들의 언행에는 당연히 서양 강권 국가가 중국 군대를 통제하려는 속셈이 있었고, 또 그들은 과거 오랫동안 자국 군대에서 복역하여 자신만의 독특한 가치관, 군대 통솔 이념, 군사 전략 기술을 가지고 있었기 때문에, 중국에 온 후에도 중국 군대 안에서 관념적 충돌과 권위적 대립이 생길 수밖에 없었다. 비록 상황이 그랬지만 그래도 외국인 군인과 외국인 장군은 여전히 침체한 만청 중국 군대에 국제 군사 분야의 새로운 분위기를 불어넣어 중국 해군이나 육군도 현대식 군대로 가는 재편의 길을 열게 되었다.

6-11-1

6-11-2

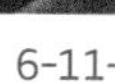

6-11-3

6-11-4

6-11-1 대청 서양식 총기부대 상승군常胜军의 초대 사령관 미국 군인 프레드릭 워드

6-11-2 프레드릭 워드 장례식에서 청 정부가 하사한 동수적개同仇敌忾 편액

6-11-3 대청 서양식 총기부대 상승군 제3대 총사령관 영국 소령 찰스 고든

6-11-4 1864년 황색 마고자를 입은 찰스 고든

6-11-5

6-11-5　오스트레일리아 멜버른에 있는 찰스 고든 조각상

6-11-6

6-11-7

6-11-8

6-11-6 리홍장의 독일인 군사 고문 콘스탄틴 한네켄과 경제 고문 구스타프 디트링[75]

6-11-7 대청 베이양함대 제독 총순찰 영국해군 대령 윌리엄 랑

6-11-8 윌리엄 랑과 베이양해군 군관의 단체 사진

6-11-9

6-11-10

6-11-11

6-11-12

6-11-9 1984년 황해 해전에서 머리에 상처를 입은 대청해군 군복의 필로 노턴 맥기핀[76]

6-11-10 대청 베이양수군과 난양수군에서 포수와 교관을 담당했고 중국과 프랑스 간 해전에 참가한 적 있는 미국인 루이스 알링톤[77]

6-11-11 만청 군관과 서양인 교관

6-11-12 독일 교관과 청나라 군사

6.12 '동쪽 오랑캐'로부터 몰려온 서양 학문

서양인이 바닷길을 통해 동방으로 오기 전에, 일본은 오랫동안 중국으로부터 유교 문화와 불교 문화 등을 포함한 문화적 소양을 흡수하였다. 심지어 서양인이 동쪽으로 온 이후로도 한동안 일본이 처음으로 근대 서양 문화를 흡수할 때 중국어로 번역된 것을 중국에서 가져갔다. 따라서 전통적인 중일 문화관으로 볼 때 일본인 눈에 비친 중국은 숭배하고 배워야 할 가치가 있는 문명의 나라였으며, 중국인 눈에 비친 일본은 그저 수시로 조공을 바치는 **동쪽 오랑캐**일 뿐이었다. 하지만 1868년 일본 메이지 정부가 메이지 유신을 한 후, 특히 1895년 중일전쟁에서 중국이 참패한 후 중일 간의 문화적 지위가 역전되어 중국은 일본으로 유교 문화를 수혈하던 **문화수출국**에서 일본으로부터 서양 문화를 수입하는 **문화수입국**으로 바뀌었다. 중국 문화인들의 과거 천상천하 유아독존의 **천조상국**이라는 생각이 구름처럼 사라진 후, 황쭌셴[78], 캉유웨이[79], 량치차오[80], 장즈둥 등의 대학자는 **모든 것에서 일본을 본받자**라고 부르짖었고, 일반 문인 학사들도 이에 화답해 시선을 동방으로 돌리거나 일본으로 유학을 가거나 일본 서적을 번역 소개하였으며 일본 학자를 초빙하였다. 그리하여, 중국사회는 갑자기 일본을 통해 서양 학문을 배우려는 열풍이 불어닥쳤다. 일본은 중국의 서양 문화 수입 중개지가 되었고 중국에서 나타난 **서학**은 **동학**의 흔적이 함께 들어 있었다.

6-12-1

6-12-2

6-12-1 1898년 『권학편劝学篇』에서 일본 유학을 장려한 장즈둥

6-12-2 『일본변정고日本变政考』에서 유신변법을 배우자고 주장한 캉유웨이

6-12-3

浙江潮

浙江潮發刊詞

6-12-4

6-12-5

6-12-3　1900년 일본사관학교에서 유학하던 중국 학생

6-12-4　1903년 저장성浙江省 출신 일본 유학생이 서학을 소개한 『절강조浙江潮』

6-12-5　청말 베이징의 한 일본 가정

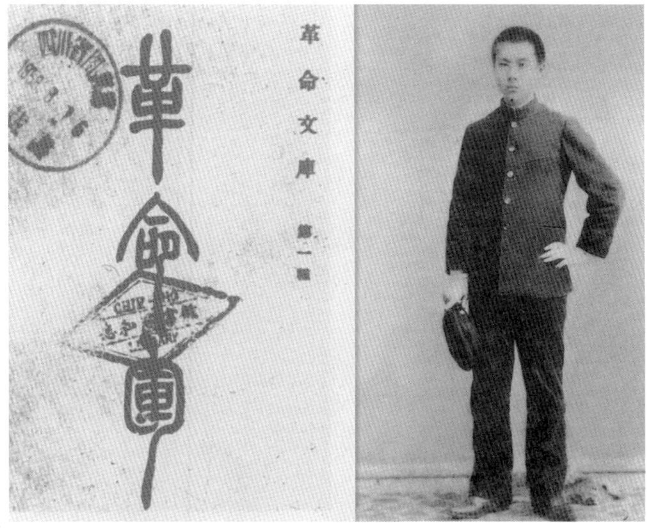

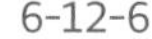
6-12-6

6-12-7

6-12-8

6-12-9

6-12-6 일본 유학생 저우룽[81]과 그의 저서 『혁명군』

6-12-7 1903년 도쿄 홍문학원弘文学院의 루쉰오른쪽과 친구

6-12-8 1905년 황싱[82]앞줄 왼쪽 첫 번째, 쑹자오런[83]앞줄 왼쪽 네 번째, 장스자오[84]뒷줄 왼쪽 첫 번째 등의 유학 시절

6-12-9 일본 유학 시절의 궈모뤄앞줄 중간

6-12-10

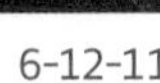

6-12-11

6-12-12

6-12-10　1904년 베이징의 일본 국적 여교사를 만난 산쿤[85]

6-12-11　1907년 일본 유학에서 돌아온 후 상하이에서 〈중국여보中国女报〉를 창간한 치우진[86]

6-12-12　1911년 일본 유학 시절의 장제스[87]

6-12-13

6-12-14

6-12-13 일본인과 함께 있는 쑨중산
6-12-14 청말 일본의 영향을 받은 중국 학생 제복

1 린쩌쉬林则徐, 1785~1850
2 웨이위안魏源, 1794~1857
3 량팅난梁廷枏, 1796~1861
4 쉬지서徐继畬, 1795~1873
5 不设王侯之号, 不循世及之规, 公器付之公论, 创古今未有之局。
6 공친왕恭亲王 爱新觉罗·奕䜣, 1833~1898
7 해리 스미스 파커스Harry Smith Parkes, 哈里·斯密·巴夏礼, 1828~1885
8 토마스 프란시스 웨이드Thomas Francis Wade, 威妥玛, 1818~1895
9 존 쇼 버든John Shaw Burdon, 包尔腾, 1826~1907
10 윌리엄 알렉산더 파슨스 마틴William Alexander Parsons Martin, 丁韪良, 1827~1916
11 원샹瓜尔佳·文祥, 1818~1876
12 루정샹陆征祥, 1871~1949
13 룽훙容闳, Yong Wing, 1828~1912
14 량루하오梁如浩, 1863~1941
15 탕사오이唐绍仪, 1862~1938
16 룽쿠이容揆, 영문명: Yung Kwai, 1861~1943 역자 주: 원서에는 荣揆로 되어 있어 이를 바로잡음.
17 잔톈유詹天佑, 영문명: Jeme Tien Yow, 1861~1919
18 차이팅간蔡廷干, 영문명: Tsai Ting Kan, 1861~1935
19 호라티오 넬슨 레이Horatio Nelson Lay, 李泰国, 1833~1898
20 셰라드 오스본Sherard Osborn, 阿思本, 1822~1875
21 딩르창丁日昌, 1823~1882
22 선바오전沈葆桢, 1820~1879
23 리훙장李鸿章, 1823~1901
24 딩루창丁汝昌, 1836~1895
25 이쉬안爱新觉罗·奕譞, 1840~1891
26 산칭善庆, 1833~1888
27 청비광程璧光, 1861~1918
28 윌리엄 제이 게이너William Jay Gaynor, 盖诺尔, 1849~1913
29 율리시스 심슨 그랜트Ulysses Simpson Grant, 尤里西斯·辛普森·格兰特, 1822~1885
30 공친왕 이신爱新觉罗·奕䜣, 1832~1898
31 쩡궈판曾国藩, 1811~1872
32 쭤쭝탕左宗棠, 1812~1885
33 니우젠牛鉴, 1785~1858
34 『汉书·艺文志』: “仲尼有言, ‘礼失而求诸野’, 方今去圣久远, 道术缺废, 无所更索, 彼九家者, 不犹瘉於野乎!”
35 로버트 하트Robert Hart, 罗伯特·赫德, 1835~1911
36 빈춘斌椿, 1803~?
37 다오즈강道志刚, ?~?
38 쑨쟈구孙家谷, 1823~1888
39 앤슨 벌링게임Anson Burlingame, 蒲安臣, 1820~1870
40 궈충타오郭嵩焘, 1818~1891
41 천란빈陈兰彬, 1816~1895
42 쑨바오치孙宝琦, 1867~1931
43 량청梁诚, 1864~1917
44 저우쯔치周自齐, 1869~1923
45 우팅팡伍廷芳, 1842~1922
46 쉬빙전许炳榛, ?~?
47 로버트 하트Robert Hart, 罗伯特·赫德, 1835~1911
48 프란시스 아서 아글렌Francis Arthur Aglen, 安格联, 1869~1932

49 프레드릭 윌리엄 메이즈Frederick William Maze, 梅乐和, 1871~1959
50 케스터 녹스 리틀Kester Knox Little, 李度, 1892~1981
51 쉬룽춘徐荣村, 1822~1873
52 리구이李圭, 1842~1903
53 푸룬爱新觉罗·溥伦, 1874~1927
54 황카이쟈黄开甲, 영문명: Wong Kai Kah, 1860~1906
55 예밍천叶名琛, 1807~1859
56 해리 스미스 파커스Harry Smith Parkes, 哈里·斯密·巴夏礼, 1828~1885
57 위안스카이袁世凯, 1859~1916
58 장즈둥张之洞, 1837~1909
59 두안팡托忒克·端方, 1861~1911
60 오토 에드워드 레오폴드 본 비스마르크Otto Eduard Leopold von Bismarck, 奥托·爱德华·利奥波德·冯·俾斯麦, 1815~1898
61 윌리엄 이워트 글래드스톤William Ewart Gladstone, 威廉·尤尔特·格莱斯顿, 1809~1898
62 충산崇善, ?~1908
63 양스랑杨士骧, 1860~1909
64 제임스 스튜어트 록하트James Stewart Lockhart, 史超活·骆克, 중문명: 骆仁廷, 1858~1937
65 순친왕 자이펑爱新觉罗·载沣, 1883~1951
66 존 캘빈 퍼거슨John Calvin Ferguson, 福开森, 1866~1945
67 차이나이황蔡乃煌, 1859~1916
68 쿵링이孔令贻, 1872~1919
69 량비爱新觉罗·良弼, 1877~1912
70 징롱叶赫那拉·静荣, 1866~1933, 짜이쩌爱新觉罗·载泽, 1868~1929의 부인
71 프레드릭 타운센드 워드Frederick Townsend Ward, 华尔, 1831~1862
72 찰스 조지 고든Charles George Gordon, 查理·乔治·戈登, 1833~1885
73 윌리엄 랑William M. Lang , 琅威理, 1843~1906
74 콘스탄틴 폰 한네켄Constantin von Hanneken, 汉纳根, 1854~1925
75 구스타프 본 디트링Gustav von Detring, 德璀琳, 1842~1913
76 필로 노턴 맥기핀Philo Norton McGiffin, 菲里奥·诺顿·马吉芬, 1860~1897
77 루이스 찰스 알링톤Lewis Charles Arlington, 阿林敦, 1859~1942
78 황쭌셴黄遵宪, 1848~1905
79 캉유웨이康有为, 1858~1927
80 량치차오梁启超, 1873~1929
81 저우룽邹容, 1885~1905
82 황싱黄兴, 1874~1916
83 쑹자오런宋教仁, 1882~1913
84 장스자오章士钊, 1881~1973
85 산쿤善坤, ?~?, 숙친왕肃亲王 산치爱新觉罗·善耆, 1866~1922의 친여동생
86 치우진秋瑾, 1875 혹은 1877~1907
87 장제스蒋介石, 1887~1975

7. 문화를 초월한 '경계인'

7.1 대청 총리아문의 '외국인 관리' 로버트 하트

1861년 만들어진 대청 총리각국사무아문总理各国事务衙门은 만청 시기 중국과 외국 간의 교섭과 중국 근대 사업을 전반적으로 책임지는 청 조정의 중앙 권력 기구이다. 특이한 점은 기구를 만든 그 날부터 눈이 파랗고 코가 높은 긴 수염의 서양 사람이 늘 그곳을 출입하였다는 것이다. 이 사람이 바로 중국어와 중국 문화에 정통한 영국인 로버트 하트[1]이다.

로버트 하트는 영국 벨파스트 퀸스대학교를 졸업한 후 1854년 중국으로 왔고, 1863년 이후 청 조정은 그를 중국 해관 총세무사总税务司로 임명하여 총리아문에서 일하도록 하였다. 이후 청나라가 멸망하기 3년 전인 1908년에야 이임하고 영국으로 돌아갔고, 그가 1911년 사망하기 전까지도 계속 중국 해관 총세무사의 명예로운 직함을 유지하였다. 그는 자유롭게 총리아문을 드나들 수 있었고, 편하게 대청 총리대신과 의례적인 농담을 주고받았으며, 항상 새로운 아이디어를 제시하며 회의에서 중요한 역할을 담당하였다. 그래서 총리아문의 대신들도 자연스럽게 그를 청 정부의 고위직 막후 관료로 보았으며 그를 우리의 로버트 하트라고 불렀다.

로버트 하트가 중국 관리로 일한 46년 동안 그는 중국 정치, 외교, 경제, 군사, 교육 등 각 분야에서 활약하였다. 그는 중국에서 새로운 회계제도, 통계제도, 심사제도 등을 포함한 근대 해관 관리체제를 만들었다. 그는 중국 현대 우편체계를 신설하였고, 처음으로 중국 상품이 세계엑스포에 참가할 수 있게 하였으며, 중국 상표등록제도도 만들었다. 또 중국 역사상 첫 번째 세무학교를 설립하였고, 중국을 위해 앞장서서 첫 번째 서양 교관, 서양 고문, 서양 엔지니어를 초빙하였다. 중국에서 그의 공헌은 대청 최고 당국의 인정을 받았으며, 그가 사망한 후 3일째 되는 1911년 9월 23일 청 정부는 그를 태자태보[2]로 추인하여, 그가 50여 년 동안 중국을 위해 노력하고, 중국을 도와준 것에 대해 깊은 감사를 표했다.

7-1-1

7-1-2

7-1-3

7-1-1 1866년의 로버트 하트
7-1-2 중년의 로버트 하트
7-1-3 의화议和 조건을 논의하는 로버트 하트와 팔국연합군

7-1-4

7-1-5

7-1-6

7-1-4 로버트 하트와 해관 직원, 그리고 그의 가족
7-1-5 로버트 하트가 창설한 중국 최초의 서양식 관악대 로버트 하트 악단
7-1-6 자신의 집 정원에 손님을 초대한 로버트 하트

7-1-7

7-1-8

7-1-7 로버트 하트가 자신의 집 정원에서 총세무사서 직원들과 찍은 단체 사진

7-1-8 1906년 로버트 하트와 우전부邮传部 상서尚书 후쥐펀이 베이징 황성 부근에서 찍은 사진[3]

7-1-9

7-1-10

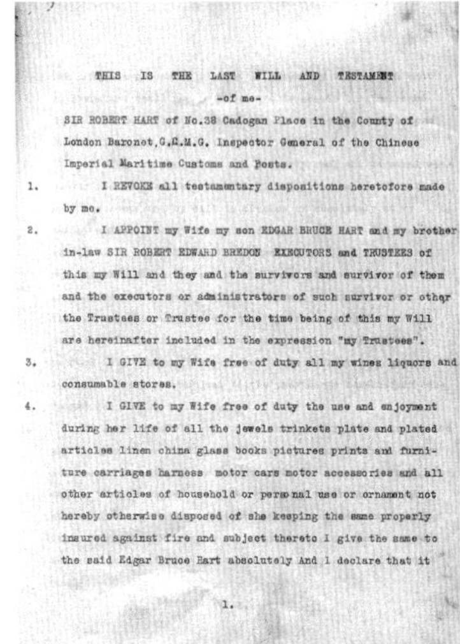

THIS IS THE LAST WILL AND TESTAMENT
-of me-
SIR ROBERT HART of No.38 Cadogan Place in the County of London Baronet,G.C.M.G. Inspector General of the Chinese Imperial Maritime Customs and Posts.

1. I REVOKE all testamentary dispositions heretofore made by me.

2. I APPOINT my Wife my son EDGAR BRUCE HART and my brother in-law SIR ROBERT EDWARD BREDON EXECUTORS and TRUSTEES of this my Will and they and the survivors and survivor of them and the executors or administrators of such survivor or other the Trustees or Trustee for the time being of this my Will are hereinafter included in the expression "my Trustees".

3. I GIVE to my Wife free of duty all my wines liquors and consumable stores.

4. I GIVE to my Wife free of duty the use and enjoyment during her life of all the jewels trinkets plate and plated articles linen china glass books pictures prints and furniture carriages harness motor cars motor accessories and all other articles of household or personal use or ornament not hereby otherwise disposed of she keeping the same properly insured against fire and subject thereto I give the same to the said Edgar Bruce Hart absolutely And I declare that it

1.

7-1-11

7-1-12

7-1-9 1908년 로버트 하트가 이임할 때의 모습
7-1-10 로버트 하트와 부인
7-1-11 1910년 7월 28일 로버트 하트가 남긴 유언 일부
7-1-12 1911년 9월 25일 런던의 로버트 하트 장례식에 참석한 주영공사 류위린[4]

7-1-13

7-1-14

7-1-13 중국 상하이 해관 빌딩 앞에 우뚝 선 로버트 하트 동상

7-1-14 19세기 건축 양식을 간직한 로버트 하트 모교 영국 벨파스트 퀸스대학

7.2 '삼품직 처장' 존 프라이어

존 프라이어[5]는 영국 하이드 출신으로, 1860년 런던 하이베리 칼리지Highbury College를 졸업 후 영국 성공회로부터 홍콩 성바울서원St. Paul's College의 원장으로 파견된다. 이후 한 차례 경사동문관과 상하이 영화서관英华书馆에서 일하였다. 1868년 그는 마침내 강남제조국 번역처에서 번역 일을 하기로 하였고, 그곳에서 28년 동안 일하면서 서양 학문을 중국어로 번역하는 사업에 헌신하였다.

존 프라이어는 번역 일을 매우 좋아하였고 강남제조국에서 번역하는 것이 평생 가장 즐거운 일이었다고 말한 적이 있다. 그는 중국의 번역 사업에 큰 희망을 갖고 있었다. 그 이유는 번역과 번역사업이 존경받을만한 가치가 있는, 오랜 역사를 가진 이 나라, 중국을 발전시킬 수 있는 강력한 수단이고, 이 나라가 문명의 궤도에 오르도록 만들 수 있다고 생각하기 때문이었다.

존 프라이어는 원래 서양 시스템의 기초 과학 지식을 중국에 소개해주고 싶었지만, 그를 고용한 청 정부가 그에게 중요한 책을 번역하라고 재촉하여 군수 산업과 관련된 도서를 직접 번역하였다. 그뿐만 아니라 존 프라이어는 많은 서양의 자연과학, 사회과학 저서도 번역하였는데, 그 번역서는 수학, 물리, 화학, 천문, 지질, 기상, 생물, 제조, 공학측량, 의약 보건, 항공 항해, 농업, 대포술, 해상방어, 법학, 정치경제학, 교육학 등 모든 학문을 망라하였다. 통계에 의하면, 존 프라이어는 평생 129종의 책을 번역하였는데, 그 내용이 광범위했고 번역 일도 열심히 해서 그가 살던 시대에 그를 능가할 수 있는 사람은 아무도 없었다.

1896년 존 프라이어가 중국을 떠나 미국에 정착하면서 캘리포니아 버클리대학 동아시아학교수가 되었다. 미국에 있는 동안에도 그는 계속 최선을 다해 중국을 도왔다. 미국으로 유학 가는 중국 유학생이나 외교관은 모두 그로부터 많은 관심과 사랑을 받았다. 그는 은을 기부하여 상하이 맹인 아동학교를 세웠고, 그의 작은 아들 조지 블래드번 프라이어[6]가 이 학교 교장을 맡았다.

존 프라이어가 세상을 떠나기 전에 나는 수십 년 동안 중국인 덕분에 살 수 있었다. 나는 중국인에게 보답할 방법을 찾아야 한다라고 말한 적이 있다. 존 프라이어는 중국 사회 발전에 많은 공헌을 하였고 중국인의 존경과 중국 정부의 높은 평가를 받았다. 1876년 청 정부는 그에게 삼품三品이라는 직위를 하사하였고, 1899년에는 중국 훈장 삼등제일보성三等第一宝星도 수여하였다.

7-2-1

中曆光緒二年正月
西曆一千八百七十六年二月
每月出印一卷
此卷改正重印

格致彙編

是編補續中西聞見錄
在上海格致書院發售
英國傅蘭雅輯

7-2-2

7-2-3

7-2-1　1873년 존 프라이어 초상화
7-2-2　존 프라이어가 주편한 『격치휘편格致汇编』 창간호 표지
7-2-3　강남제조국 근처 존 프라이어의 집

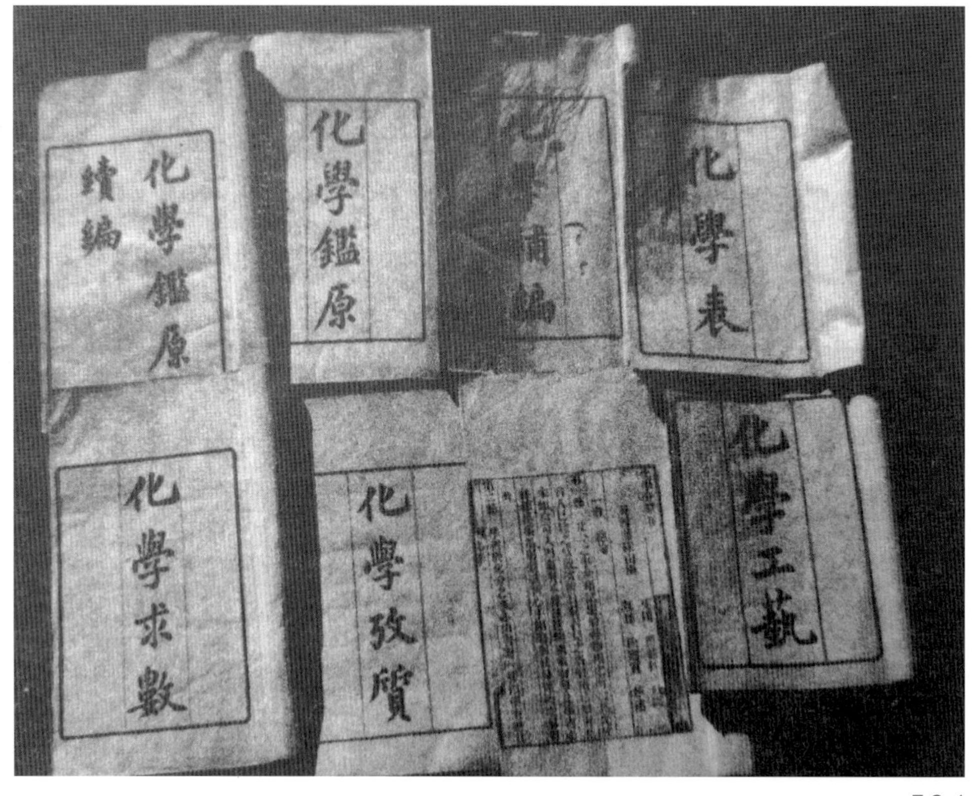

7-2-4

製火藥法卷一
英國 利稼孫 華得斯 輯
英國 傅蘭雅 口譯
番禺 丁樹棠 筆述
論火藥源流
刱製火藥為何代何國何人倡之已無實據可考第各西國相傳法本東來考中國及印度國古籍所載自古迄今已解此法至刱造之孰先孰後則代遠年湮亦難追辨大抵因有數處土面產硝人或於此生火見硝能燃且令火勢增烈乃取炭合硝燃之因稍悟藥性即略會製藥之法雖未添入硫質祇硝炭二物已敷製藥之用惟此說僅屬

7-2-5

光緒二十六年新鐫
上海格致書室辦印
太書院圖說
美國加利福尼邦
太書院選印分發
英國傅蘭雅輯

7-2-6

7-2-4　존 프라이어와 쉬서우[7] 등이 함께 번역한 화학책
7-2-5　존 프라이어가 번역한 『제화약법制火药法』
7-2-6　중국 유학생이 미국대학을 이해하도록 존 프라이어가 편찬한 『미국가방대서원도설美国加邦大书院图说』

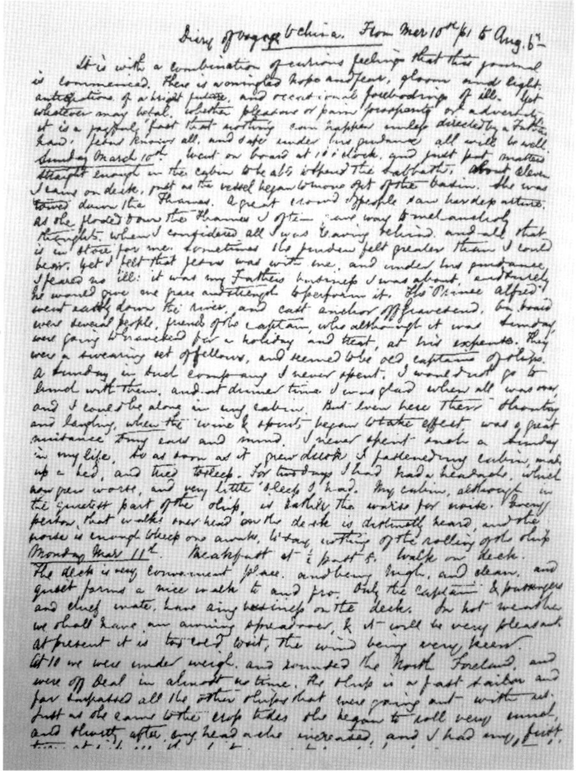

Diary of Voyage to China. From Mar 10th /61 to Aug. 6th

It is with a combination of curious feelings that this journal is commenced. There is a mingled hope and fear, gloom and light, anticipations of a bright future, and occasional forebodings of ill. Yet whatever may betide, whether pleasure or pain, prosperity or adversity, it is a joyful fact that nothing can happen unless directed by a Father's hand. Jesus knows all, and safe under his guidance all will be well. Sunday March 10th. Went on board at 10 o'clock, and just put matters straight enough in the cabin to be able to spend the Sabbath. About eleven I came on deck, just as the vessel began to move out of the basin. She was towed down the Thames. A great crowd of people saw her departure. As she floated down the Thames I often gave way to melancholy thoughts, when I considered all I was leaving behind, and all that is in store for me. Sometimes the burden felt greater than I could bear. Yet I felt that Jesus was with me, and under his guidance I feared no ill: it was my Father's business I was about, and surely he would give me grace and strength to perform it. The "Prince Alfred" went easily down the river, and cast anchor off Gravesend. On board were several people, friends of the captain, who although it was Sunday …

7-2-7

宣統三年新鐫

教育瞽人理法論

傅蘭雅著

上海老北門內長慶里時中書局代印

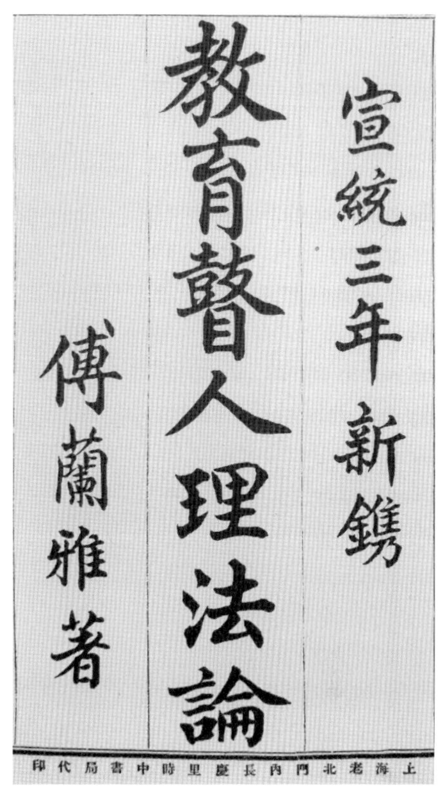

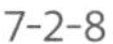

7-2-8

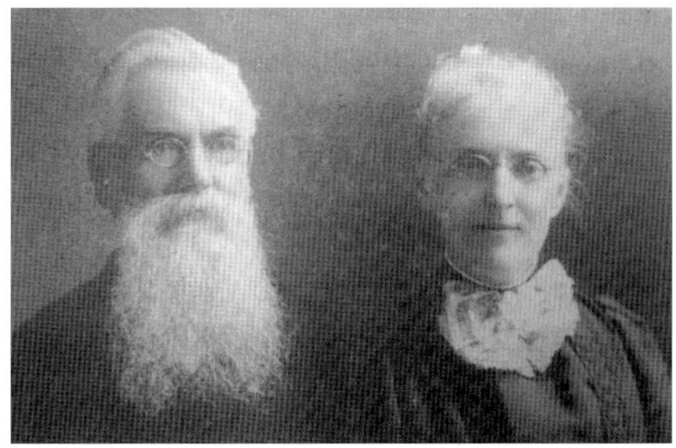

7-2-9

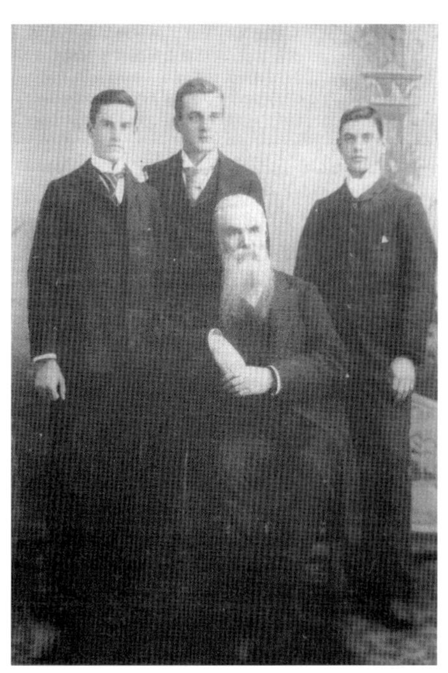

7-2-10

7-2-7 존 프라이어가 직접 쓴 『거중국항행일기去中国航行日记』 첫 페이지

7-2-8 존 프라이어가 기증해 세운 상하이 맹인아동학교와 그 학교를 위해 출판한 교재 『교육고인리법론教育瞽人理法论』

7-2-9 존 프라이어 부부

7-2-10 존 프라이어와 그의 세 아들

7-2-11

7-2-12

7-2-13

7-2-11 삼품직 관복을 입은 존 프라이어

7-2-12 미국 캘리포니아 버클리대학 초대 동아시아학교수 존 프라이어

7-2-13 미국 캘리포니아에 있는 존 프라이어 묘지

7.3 중국 경전 속에서 성인을 찾는 제임스 레게

제임스 레게[8]는 1815년 스코틀랜드 애버딘 헌틀리Aberdeen Huntley 출신으로 1840년 영국 선교사로 난양군도 말라카에서 선교 활동을 하였고, 로버트 모리슨[9]이 만든 영화서원英华书院의 교장을 역임하였다. 1843년 영화서원이 홍콩으로 옮겨가게 되자 제임스 레게도 홍콩으로 가서 교장직을 계속 수행하였고 이후 홍콩에서 약 30년 동안 일하면서 살았다. 제임스 레게는 런던선교회London Missionary가 중국으로 파견한 정통 선교사이지만, 자신의 모든 노력을 선교에만 쏟지는 않았고 중국 고대 경전을 연구하고 번역하는 것에 열중하였다. 그는 1861년부터 1886년까지 25년 동안 사서오경 등 중국의 주요 전적 총 28권을 모두 번역하였고, 그것을 『중국경전中国经典』이라고 이름하였다. 이 책의 출판은 서양 한학계를 흔들어놓았고 제임스 레게는 이로 인해 영국 옥스퍼드대학 초대 한학교수로 초빙되었고, 또 스타니슬라스 줄리앙Prix Stanislas Julien의 첫 번째 수상자가 되었다.

중국 상고 시기 경전을 현대 영어로 번역하는 것은 매우 힘든 일이다. 이 경전들은 만들어진 시기가 이르고 그 문장이 이해하기 어려울 정도로 심오하며 기록된 역사적 사실도 매우 간단하며 자세하지 않다. 게다가 내용 중 진위가 섞어 있고, 후대에 사람들이 주석을 달면서 관점도 여러 번 바뀌게 되어 하나의 결론을 내릴 수도 없다. 중국과 서양을 관통하고 다양한 지식이 있는 사람이 아니라면 어디서 손댈지조차도 알 수 없을 정도이다. 19세기 이전에 힘든 작업을 두려워하지 않는 많은 서양학자가 번역이나 저술을 시도한 적은 있지만, 그들이 번역한 것 중 대부분은 중국 경전 중 빙산의 일각일 뿐이었다. 또 문자의 어려움 때문에 대부분 중국 고대 경전의 오묘한 이치에 대한 이해가 깊지 않았다. 번역문도 대부분 거칠고 수준이 낮아 이해하기 어려웠고 오류도 수없이 많았다. 제임스 레게처럼 이렇게 열심히 깊이 있게 연구하면서 20여 년 동안 중국 고대 경전을 체계적이고 정확하게 서양의 글로 번역한 것은 지금까지 없었던 획기적인 일이었다. 제임스 레게의 번역본은 100여 년이 지난 후인 지금에도 중국 경전의 표준적인 번역으로 본다.

제임스 레게는 젊은 시절 중국 땅을 밟은 때부터 1897년 10월 임종하기 3주 전까지 매일 4시면 일어나 일하는 동양의 오랜 습관을 유지하면서 힘들게 번역하고 저술하여 한학 연구 분야에 있어 그의 저술은 헤아릴 수 없을 정도로 많다. 『중국 경전』 이외에 『법현행전法显行传』과 『이소离骚』를 번역하였고, 『서안부 대진경교유행중국비고西安府大秦景教流行中国碑考』, 『중국 문학 속 사랑 이야기와 소설中国文学中的爱情故事与小说』, 『중국편년사中国编年史』, 『제국유학강고 4편帝国儒学讲稿四篇』, 『중국의 종교: 유교, 도교와 기독교 대조中国的宗教：儒教、道教与基督教的对

比』, 『공자의 일생과 그의 학설孔子生平及其学说』, 『맹자의 일생과 그의 학설孟子生平及其学说』 등을 출판하였다.

제임스 레게의 저서와 역서의 성공은 그의 연구 정신과 연구 능력 그리고 범상치 않은 문화관까지 잘 보여주고 있다. 19세기 빅토리아 시대 대부분의 영국 동양학 학자들과 달리, 제임스 레게는 서양 식민주의자들의 우월적인 심리를 뛰어넘어, 완전히 중국을 찬양하고 숭배하는 태도로 중국의 경전을 연구하고 번역하였으며, 그 속에서 기독교 성경의 교리를 찾고자 하였다. 그는 자신에 대한 서양 종교계와 학계의 힐난을 신경 쓰지 않고 평생토록 중국 고대 성현을 존경하는 마음을 갖고 있었으며, 자신을 잊으며 일했고 쉬지 않고 글을 썼으며 나이가 들면 들수록 더욱 이에 매진하였다.

7-3-1

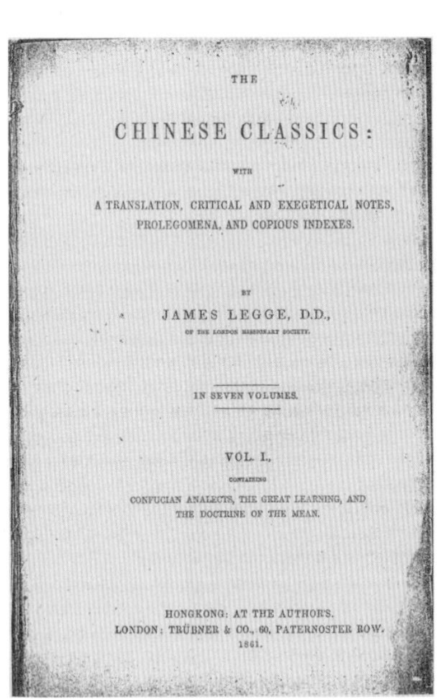

THE
CHINESE CLASSICS:
WITH
A TRANSLATION, CRITICAL AND EXEGETICAL NOTES,
PROLEGOMENA, AND COPIOUS INDEXES.
BY
JAMES LEGGE, D.D.,
OF THE LONDON MISSIONARY SOCIETY.
IN SEVEN VOLUMES.
VOL. I.
CONTAINING
CONFUCIAN ANALECTS, THE GREAT LEARNING, AND
THE DOCTRINE OF THE MEAN.
HONGKONG: AT THE AUTHOR'S.
LONDON: TRÜBNER & CO., 60, PATERNOSTER ROW.
1861.

7-3-2

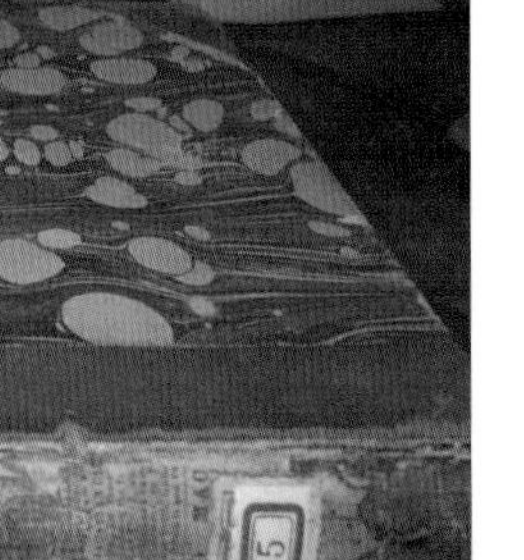

7-3-3

7-3-1 청년 제임스 레게
7-3-2 제임스 레게의 『중국경전』 1권1861년판 속표지
7-3-3 제임스 레게의 『중국경전』 3권

7-3-4

7-3-5

7-3-6

7-3-4 런던선교회 홍콩 책임자 제임스 레게와 그의 중국인 조수

7-3-5 학술 정장을 갖춰 입은 옥스퍼드대학 한학교수 제임스 레게

7-3-6 영국 만화 〈옥스퍼드대학 동양학 대가 제임스 레게〉

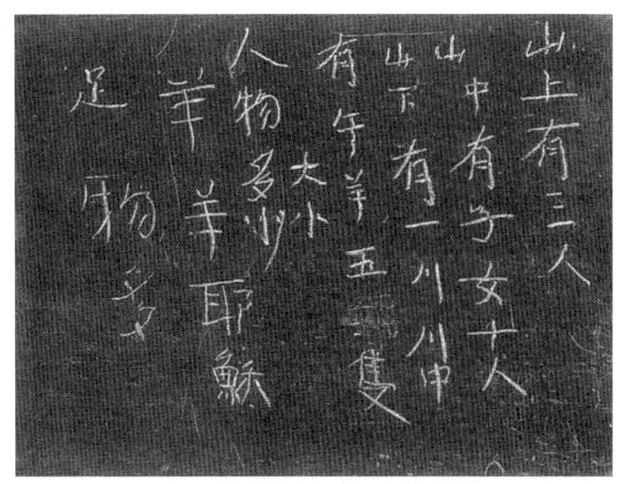

7-3-7

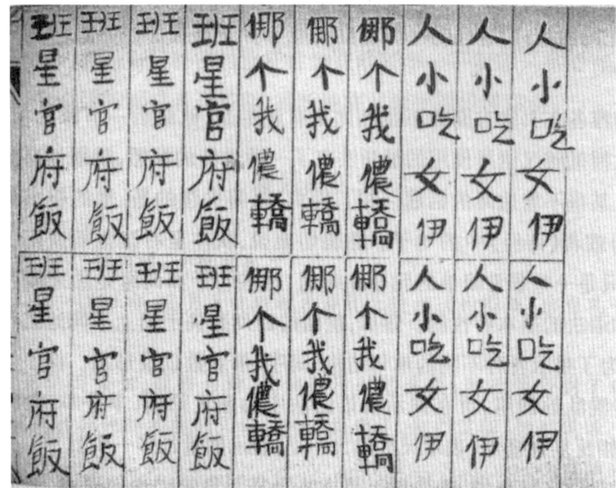

7-3-8

7-3-9

7-3-7 옥스퍼드대학에서 제임스 레게의 마지막 판서

7-3-8 제임스 레게의 중국어 연습장

7-3-9 옥스퍼드에 있는 제임스 레게 가족

7-3-10

7-3-11

7-3-12

7-3-10 19세기 영국 옥스퍼드대학 세 명의 동양학 성인 왼쪽-제임스 레게

7-3-11 옥스퍼드대학 연구실에 있는 제임스 레게

7-3-12 1848년 2월 8일 〈일러스트레이티드 뉴스〉[10]가 보도한 제임스 레게를 따라 영국으로 간 세 명의 중국 청년

7-3-13

7-3-14

7-3-15

7-3-13 제임스 레게 가족과 중국인 조수 왕타오[11]
7-3-14 손에서 책을 놓지 않았던 원로 한학자 제임스 레게
7-3-15 제임스 레게가 근무했던 영화서원의 최근 모습

7.4 '육상 10종 경기 선수' 티모시 리차드

영국 선교사 티모시 리차드[12]는 중국에서 45년을 지냈고 평생토록 종교의 범주를 크게 뛰어넘어 근대 중국의 여러 방면에까지 영향을 끼쳤다. 그는 전업 선교사로 1870년 중국에 왔을 때 영국 침례회의 대리인이었다. 그는 자선가이기도 하다. 1876년에서 1879년까지 산시성山西省 등지에 큰 가뭄이 발생했을 때 만국진재회万国赈灾会의 책임자로 중국을 위해 세계에서 자선모금 활동을 펼쳤다. 그는 또 교육자이기도 하다. 산시대학당山西大学堂 시자이西斋의 교무주임总教习이었으며, 상하이 화동공학华童公学 설립을 위한 자금 모금과 교육과정 설계까지도 그와 밀접한 관계가 있다. 게다가 그는 중국 근대 시기 이름난 언론인이자 작가이자 출판업자였다. 1890년 톈진 〈시보时报〉의 주필로 일하였고, 1891년 상하이동문서회上海同文书会 후에 광학회广学会로 변경의 총간사 겸 〈교회신보教会新报〉와 〈만국공보万国公报〉의 편집장으로, 중국 역사 발전에 큰 영향을 주는 글과 저서를 발표하고 출판하였다. 그는 게다가 잠시도 가만히 있지 못하고 적극적으로 일하는 정치가여서 중국 정부에 〈신정책〉을 건의하였고, 캉유웨이[13]와 량치차오[14]의 변법운동을 도왔으며, 직접 앞장서서 청 정부가 유신파 인사들을 박해하는 것에 관여하였다. 청 정부는 그가 사직할 때 두품头品 정대顶戴[15], 이등쌍룡보성二等双龙宝星[16]을 하사하였고, 또 가족 3대三代에게 작위를 하사하였다. 티모시 리차드는 못 하는 것이 없는 열정맨으로 일찍 일어나 어두워질 때까지 여기 저기 다니며 일했다. 때로는 이재민을 구제하고, 때로는 권력자들과 소통하고, 때로는 신사들과 연락하고, 때로는 서양 업무에 대해 자문을 하고, 때로는 변법을 지도하면서 막전 막후에서 종횡무진하며 즐겁게 시간을 보냈다.

중국의 큰 도시인 옌타이烟台, 지난济南, 타이위안太原, 톈진, 베이징, 상하이, 난징 등 모든 지역에 그의 발자취가 있으며, 중국의 고위급 관리인 리홍장[17], 장즈둥[18], 쩡궈판[19], 쥐쭝탕[20], 쩡지쩌[21], 위안스카이[22] 등은 모두 그의 손님이었고, 중국의 재야 사상가인 캉유웨이, 량치차오, 탄쓰퉁[23]은 모두 그를 추종하는 사람들이었다. 19세기 말에서 20세기 초까지 중국에서 이룬 그의 개인 활동의 성과는 사실 근대 중국 개혁과 혁명의 큰 역사적인 과정에 잘 녹아있다.

7-4-1

7-4-2

7-4-3

7-4-1 어렸을 때 영국 집 앞에서 그의 강아지와 함께 있는 티모시 리차드
7-4-2 중국에 막 도착했을 때 영국 청년 선교사 티모시 리차드
7-4-3 40세 티모시 리차드

7-4-4

7-4-5

7-4-6

7-4-4 상하이 쓰촨로四川路 광학회 본부

7-4-5 산시성에서 선교하는 티모시 리차드

7-4-6 1884년 중국 복장을 한 티모시 리차드 부부

7-4-7

7-4-8

7-4-9

7-4-10

7-4-7 티모시 리차드와 대청 한림원翰林院 편수编修
7-4-8 60세 티모시 리차드
7-4-9 중국 대룡보성大龙宝星과 영국 적십자 훈장을 달고 있는 티모시 리차드
7-4-10 산시대학山西大学 캠퍼스의 티모시 리차드 조각상

7.5 종교를 뛰어넘는 선교사 리하르트 빌헬름

리하르트 빌헬름[24]은 1873년 독일 슈투트가르트 출신으로 독일 튀빙겐대학에서 신학과 철학을 공부하였으며, 1899년 독일 복음선교회[25]의 파견으로 중국 산둥 칭다오青岛에서 선교하기 시작하였다. 그는 중국에서 20여 년을 살았지만 어떤 중국인에게도 세례를 준 적이 없고 학교를 세우고 중국 문화를 연구하는데 모든 열정을 쏟아부었다. 그는 종교인이었지만 종교를 넘어 문화 사절처럼 행동하였다. 웨이리셴卫礼贤이라는 그의 중국어 이름에서 알 수 있듯이 유가 문화 신봉자였다. 1904년 그는 생애 첫 번째 논문인 『인류의 걸출한 대표 중 공자의 위치』[26]를 발표하였고, 1907년 자신의 첫 번째 역서인 『논어』를 출판하였다. 이때부터 그는 중국 문화와 떼려야 뗄 수 없는 인연을 맺었고, 중국 경전을 번역 소개하고 중국 문화를 홍보하는 것을 자신의 평생의 업으로 삼았다. 통계에 따르면, 리하르트 빌헬름의 중국 관련 역서와 저서가 약 30종에 달하고, 중국과 독일에서 만든 중국 관련 간행물이 8종에 이르며, 독일어와 중국어의 언어 관련 책, 교과서, 독영중사전 등도 8종을 편찬하였고, 중국 연구에 관한 논문 247편을 발표하였다. 그는 국제적으로 연구 실적이 많은 것으로 인정받는 한학자이며, 유럽에서는 중국 문화의 전도사로 알려져 있다.

리하르트 빌헬름은 많은 중국 문화계 인사들과 좋은 관계를 유지하였다. 칭다오에 있는 그의 집은 중국 문인들이 자주 모이는 장소였다. 문예계의 대가로 잘 알려진 라오나이쉬안[27], 캉유웨이, 구훙밍[28] 등도 모두 그의 집에 자주 드나들던 손님이었다. 리하르트 빌헬름은 중국과 서양의 관계에 대해서도 자신만의 독특한 인식이 있었다. 사람들로부터 어떤 이득을 취하고자 하거나, 그들의 재물을 속여 빼앗거나, 노동을 착취하거나, 더욱 난처하게 만들거나, 그 사람들이 자신의 신앙을 버리고 외래 종교에 귀의하도록 해서는 안 되며, 반드시 인도적으로 대해야 한다. 이렇게만 한다면, 중국인이 세상에서 가장 우호적이고 가장 성실하며 가장 사랑할만한 사람이라는 것을 발견하게 될 것이다라고 그가 말한 적이 있다. 바로 이러한 우호적이고 열정적인 마음이 중서 문화 교류사에서 불멸의 위대한 업적을 이루어냈고, 중국 여야의 폭넓은 찬사를 얻게 만들었다. 이에 1906년 청 정부는 그에게 사품四品 정대顶戴를 하사하며 감사를 표했다.

리하르트 빌헬름은 1920년 독일로 돌아갔는데 이때 독일 지식계는 막다른 길에 들어선 것과 같은 비관적이고 절망적인 정서가 팽배해 있었다. 리하르트 빌헬름은 중국의 고대 철학과 문화에서 서양에 적용할 수 있는 방법을 찾을 생각으로, 친구들과 함께 독일에 지혜학교School of Wisdom를 설립하고 해마다 중국 철학이나 문화와 관련된 강좌와 세미나를 개최하면서 중국 전통문화를 알리려고 노력하였다. 2년 후 그는 다시 중국을 방문하게 되고 주베이징 독일공사관 과학 고문과 베이징대학 독일어과 교수를 겸임하게 된다. 1924년 말 리하르트 빌헬름이 귀국한 후 프랑크푸르트대학에 새로 만들어진 한학석좌교수로 임용되어 중국 역사와 철학을 가르쳤으며, 베이징대학 차이위안페이[29]와 협력하여 독일의 첫 번째 중국학부를 만들었고, 한학 분야에 권위 있는 간행물인 『중국학간中国学刊』을 편집 출판하였다. 리하르트 빌헬름은 유럽 전역에서 중국 문화 해설자가 되었다.

7-5-1

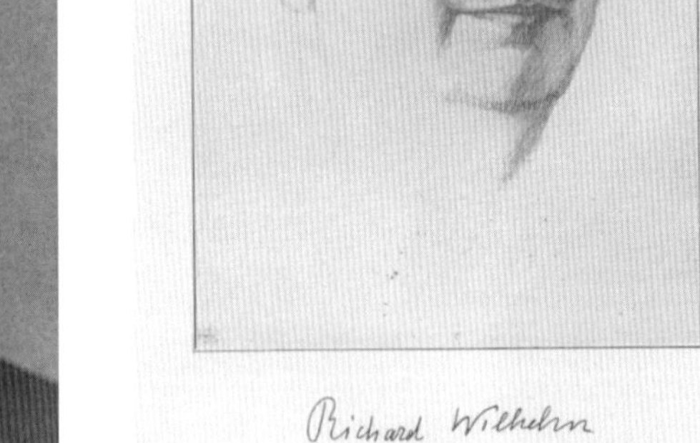

7-5-2

7-5-3

7-5-4

7-5-1 독일인 선교사 리하르트 빌헬름
7-5-2 리하르트 빌헬름 소묘상
7-5-3 리하르트 빌헬름뒷줄 왼쪽 두 번째과 중국 문인들
7-5-4 1901년 리하르트 빌헬름이 칭다오에 설립한 예현서원礼贤书院

7-5-5

7-5-6

7-5-7

7-5-5 하교하는 예현중학교 학생
7-5-6 고개를 숙이고 일에 몰두한 리하르트 빌헬름
7-5-7 리하르트 빌헬름 가족사진

7-5-8

7-5-9

7-5-10

7-5-11

7-5-8　리하르트 빌헬름이 프랑크푸르트대학에 설립한 중국학부와 그가 창간한 『중국학간』
7-5-9　끊임없이 공부에 열중한 리하르트 빌헬름
7-5-10　리하르트 빌헬름이 역주한 『역경易经』의 영어 번역본
7-5-11　칭다오 제9중학의 전신 예현서원

7-5-12

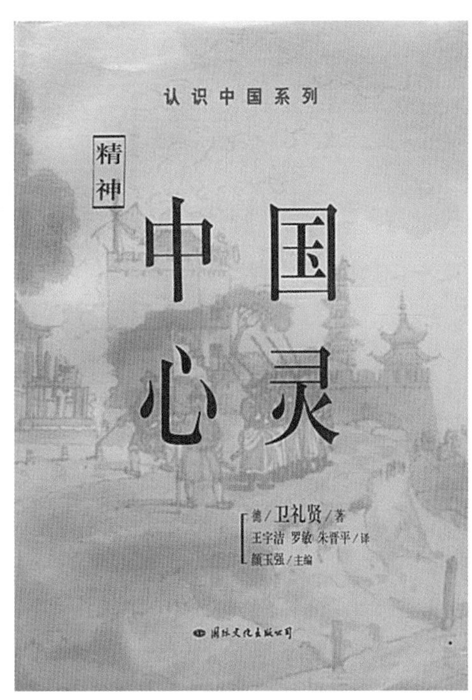

7-5-13

7-5-14

7-5-12　리하르트 빌헬름의 『논어』 영어 번역본 속 공자
7-5-13　중국어로 다시 번역한 리하르트 빌헬름의 『중국심령中国心灵』[30]
7-5-14　동서 문화가 혼합된 리하르트 빌헬름 부부의 묘

7.6 다윈의 첫 번째 중국인 추종자 옌푸

옌푸[31]는 중국이 서양을 배워가는 과정에서 개척자적인 역할을 한 인물이다. 마오쩌둥은 그를 서양으로부터 나라를 구하고 국민을 구하는 진리를 탐구한 선진적인 중국인이라고 칭송한 바 있다. 1870년대에 영국에서 그는 근대 중국이 절실하게 필요로 하는 사상적 처방인 다윈의 진화론을 찾아냈다.

옌푸의 자字는 우릉又陵이고 또 다른 자는 기도几道이다. 1866년 11살 때 푸저우福州 마웨이선정학당马尾船政学堂에서 공부하면서 처음으로 서양 과학기술과 언어문화를 접촉하였다. 1877년 옌푸가 해군에서 5년을 복역한 후 영국으로 유학을 떠나 그린위치에 있는 유명한 왕립해군학교Royal Naval College에 입학하였다. 영국에 있는 기간 동안 옌푸는 해군 관련 지식을 갖추었을 뿐만 아니라, 영국과 프랑스 등 여러 나라를 여행하였고, 1878년에는 수행원의 자격으로 주유럽 중국공사인 궈충타오[32]를 따라 파리로 가서 천문대, 루브르 박물관, 베르사유 궁전, 세계엑스포 그리고 많은 군수공장을 참관하였다. 이러한 경험으로 옌푸는 유럽에 대해 비교적 직접적이고 정확한 지식을 갖게 되었다. 그는 자신이 영국에서 유학하던 2년여 동안 다윈 학설이 유행하는 것에 매우 놀랐고, 이러한 종 간의 경쟁에 관한 이론을 당시 아직 오랫동안 잠에서 깨어나지 못하고 있던 중국에 소개하려고 마음먹었다.

1879년 옌푸가 귀국한 후, 우선 푸저우 선정학당에서 학생을 가르쳤고, 다음 해에 리훙장의 요청으로 베이양수사학당北洋水师学堂 교무주임을 맡아 학당 전체를 총괄하는 업무를 하였다. 하지만 매우 기이한 것은 옌푸가 오랫동안 군사학교에서 교무를 담당하였지만, 위안스카이나 두안치루이[33]처럼 군사 전문가나 군벌이 되지 않고 서양 사회학 관련 저서의 번역가이자 중국 계몽사상가가 되었다. 변법자강운동 시기 동안 그는 신문을 만들거나 글을 쓰면서 정치 개혁을 부르짖었고, 또 열심히 번역하여 중국이 정말로 필요로 하는 서양 사회 정치이론을 중국으로 들여왔다. 그는 한동안 『진화와 윤리』[34], 『국부론』[35], 『사회론』[36], 『자유론』[37], 『사회통전』[38], 『법의 정신』[39], 『밀러명학』[40], 『논리학 기초』[41]등 수많은 서양 사회과학 저서를 번역 출판하였다.

옌푸의 역서 중 가장 유명한 것은 『진화와 윤리』로 중국어로는 『천연론天演论』이다. 저자는 영국 생물학자 토마스 헉슬리[42]이며 그는 다윈의 친구이자 다윈 이론의 신봉자이다. 『진화와 윤리』의 기본적인 관점은 자연계의 생물이 변하지 않는 존재가 아니라 끊임없이 진화한다는 것이다. 진화의 원인은 **물경천택**物竞天择에 있는데 **물경**物竞은 생물의 생존 경쟁이고, **천택**天择은 자연적 선택이다. 이러한 원리는 모든 인류에 동일하게 적용되며 인류문

명이 발전할수록 생존에 적절한 사람들이 논리적으로 가장 우수한 사람이 되는 것이다. 중국 민족이 심각한 위기에 처한 19세기 후반, 적자생존의 경쟁 사상을 중국에 들여왔고 이는 의심의 여지 없이 중국인이 스스로 강해지지 않으면 멸망에 이르게 된다는 경고장을 던지게 되었다. 이러한 경고의 목소리는 몇 세대에 걸쳐 계속 영향을 주었다.

7-6-1

7-6-2

7-6-3

7-6-4

7-6-1 옌푸가 숭배한 진화론의 창시자인 영국 생물학자 다윈
7-6-2 1878년 영국 유학 시절 파리에서의 옌푸
7-6-3 변발한 땋은 머리를 자르고서양 옷을 입은 옌푸
7-6-4 중년의 옌푸

7-6-5

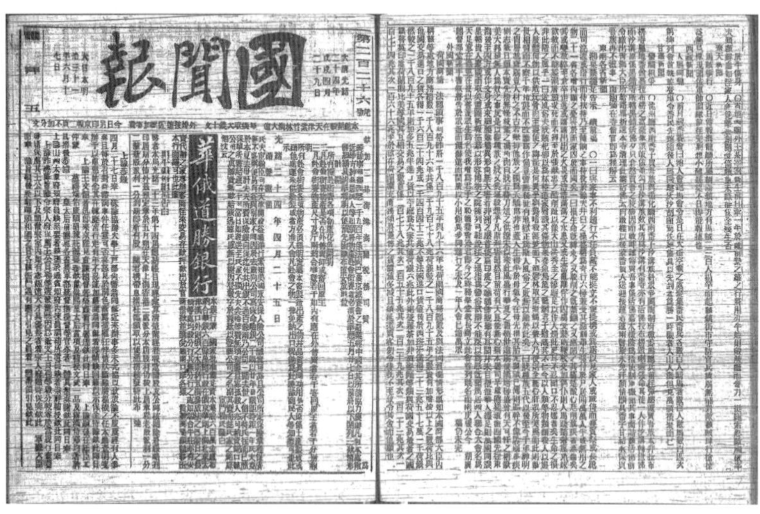

7-6-6

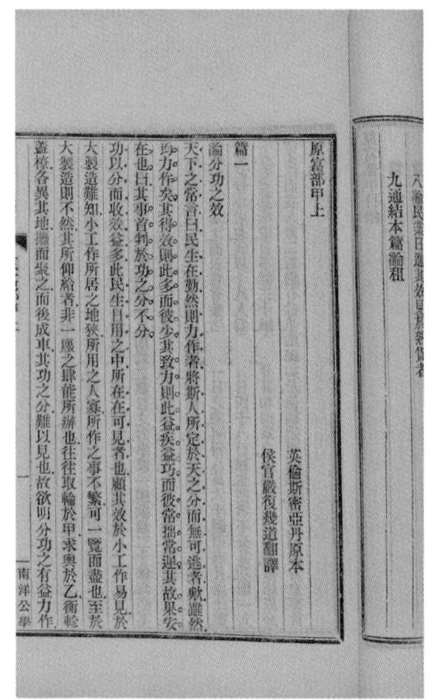

原富部甲上

英倫斯密亞丹原本

侯官嚴復幾道翻譯

篇一

論分功之效

7-6-7

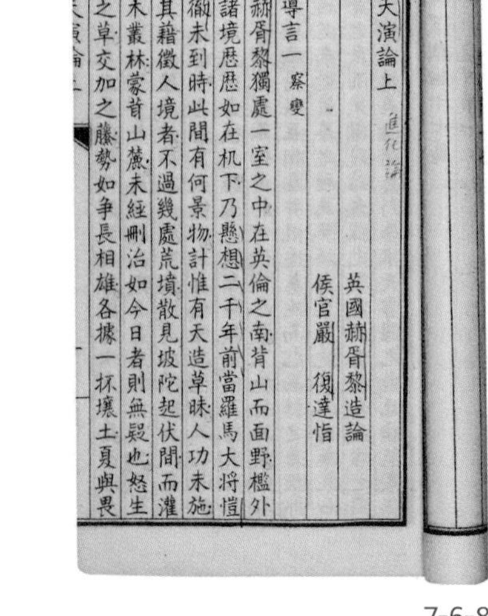

天演論上

英國赫胥黎造論

侯官嚴復達恉

導言一 察變

赫胥黎獨處一室之中在英倫之南背山而面野檻外諸境歷歷如在机下乃懸想二千年前當羅馬大將愷徹未到時此間有何景物計惟有天造草昧人功未施其藉徵人境者不過幾處荒墳散見坡陀起伏間而灌木叢林蒙茸山麓未經刪治如今日者則無疑也怒生之草交加之藤勢如爭長相雄各據一抔壤土夏與畏

7-6-8

7-6-5 톈진에서 신문을 만드는 옌푸

7-6-6 옌푸가 주편한 『국문보国闻报』

7-6-7 옌푸의 역서 『국부론』

7-6-8 옌푸의 역서 『진화와 윤리』

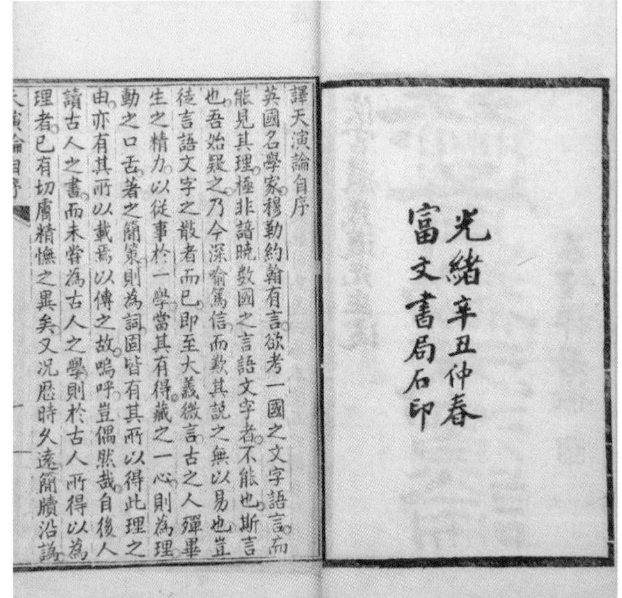

光緒辛丑仲春
富文書局石印

譯天演論自序
英國名學家穆勒約翰有言欲考一國之文字語言而
能見其理極非諳曉數國之言語文字者不能也斯言
也吾始疑之乃今深喻篤信而歎其說之無以易也豈
徒言語文字之散者而已即至大義微言古之人殫畢
生之精力以從事於一學當其有得藏之一心則為理
動之口舌著之簡策則為詞固皆有其所以得此理之
由亦有其所以載焉以傳之故嗚呼豈偶然哉自後人
讀古人之書而未嘗為古人之學則於古人所得以為
理者已有切膚精憮之異矣又況歷時久遠簡牘沿譌

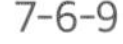

7-6-9

7-6-10

7-6-11

7-6-12

7-6-9　옌푸 『진화와 윤리』 자서自序

7-6-10　노년의 옌푸

7-6-11　푸저우시福州市 가이산진盖山镇 양치촌阳岐村에 있는 옌푸의 묘

7-6-12　톈진 문화거리의 옌푸 동상

7.7 난양에서 태어나고 서양에서 공부한 구홍밍

구홍밍[43]의 또 다른 이름은 구탕성辜汤生으로 1857년 난양 말레이반도의 페낭다오Penang에서 태어났다. 그의 선대가 중국 푸젠성 취안저우泉州 후이안현惠安县에서 난양으로 왔다. 그의 부친은 영국인이 경영하는 고무나무 농장의 책임자였고 그의 모친은 금발에 푸른 눈을 한 서양인이었다. 자식이 없던 영국 고무나무 농원 주인 브라운은 구홍밍을 매우 좋아해서 그를 수양아들로 삼았는데, 1867년 브라운 부부가 영국으로 돌아갈 때 10살 된 구홍밍을 유럽으로 데리고 가서 서양식 교육을 받게 하였다. 청년 시절의 구홍밍은 영국 에든버러대학, 독일 라이프치히대학, 프랑스 파리대학 등 세계적으로 유명한 대학에서 공부하였고 여러 개의 학위를 취득하였다. 그는 영어, 독일어, 프랑스어, 라틴어, 그리스어 등 여러 언어에 정통하였고, 문학, 철학, 정치학, 문화 언어학 등 각 방면의 지식을 갖추었다.

학업을 마친 후 구홍밍은 언어학자 마젠중[44]의 권유로 중화 문화를 연구하였으며, 그 후 중국으로 돌아와 만청 양무대신洋务大臣 장즈둥 막부에서 20년 동안 일했다. 구홍밍은 서유럽의 여러 언어에 능통했고 지식을 섭렵하였으며 국학에 대한 깊이도 어느 누구에게 비할 바가 아니었다. 난양에서 태어나 서양에서 공부하고 청나라에서 관직을 하였는데 이렇게 동양과 서양을 모두 통달하고 조정과 민간을 아우르는 경력과 신분으로 인해 그의 행동과 발언은 구속받지 않고 자유로웠으며, 그의 문화적인 기괴함과 뛰어남은 세계 각지에 명성이 자자할 정도였다.

구홍밍은 동방 문화를 굳건하게 지키는 수호자였다. 1883년 영어 신문 〈자림서보〉[45]에 중국학이라는 제목의 글을 발표하는 것을 시작으로 그는 중국 문화를 널리 알리는 글을 쓰는 길을 걸었다. 19세기 말에서 20세기 초까지 그는 『논어』, 『중용』, 『대학』을 영문으로 번역하였고 계속해서 해외에서 간행하거나 출판하였다. 또 영문으로 쓴 『중국인의 정신』[46]과 『중국의 옥스퍼드 운동』[47] 등의 책을 유럽에서 출판하였고, 그의 중서 문화 비교법과 이상주의적 열정으로 중국 문화의 우수한 점을 세계에 알렸다. 그의 중국 문화 관련 저역서와 중국 문명과 서양 문명에 대한 대조비평은 제1차 세계대전 이후 서양에 큰 반향을 불러일으켰다.

구홍밍은 평생 서양인들을 호되게 나무라는 것을 좋아했으며 그의 비판은 정곡을 찌르곤 했다. 이로 인해 많은 서양인이 구홍밍의 학문과 지혜를 광적으로 숭배하게 되었다. 서양인 중 중국에 가서 자금성은 보지 않아도 되지만 구홍밍을 보지 않으면 안 된다라는 말을 하는 사람도 있었다. 그는 둥자오민샹 육국호텔에서 영어로 The Spirit of the Chinese People이라는 주제의 강연을 하였는데, 입장료가 4대 명배우 중 한 명인 메이란팡[48]보다 더 높았지만, 그래도 외국인들은 여전히 비싼 돈을 지불하고 앞줄에서 듣고 싶어 했다.

구홍밍은 신해혁명辛亥革命 후 공직에서 사임하였고 1915년 이후 차이위안페이의 초청으로 베이징대학에서 영국 문학을 가르쳤다. 1924년 일본으로 가서 3년 동안 강의하였고 1928년 베이징에서 세상을 떠났다. 그는 평생 중국식 변발을 바꾸지 않았고 자신의 자유로운 개성도 유지하였으며 문화 중국에 대한 마음도 변치 않았다.

7-7-1

7-7-2

7-7-3

7-7-1 중년의 구홍밍
7-7-2 노년의 구홍밍
7-7-3 구홍밍과 가족

7-7-4

7-7-5

7-7-4 구홍밍이 공부했던 영국 에든버러대학
7-7-5 구홍밍이 석사과정 때 자주 들린 독일 라이프치히대학 도서관

7-7-6

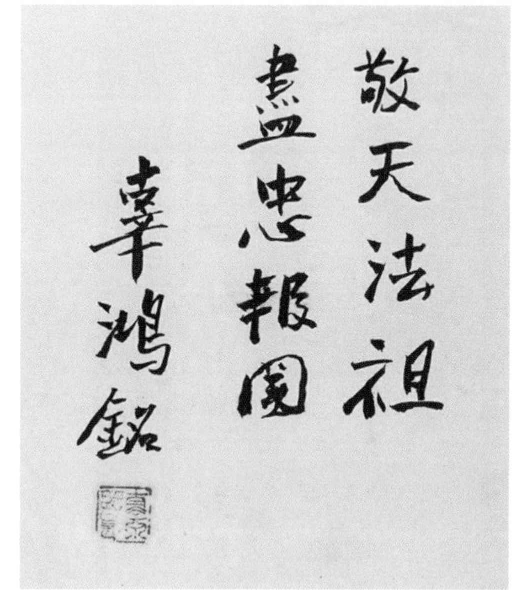

7-7-7

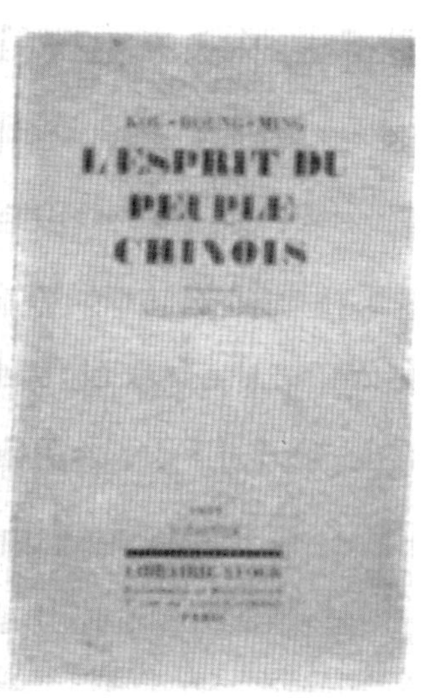

7-7-8

7-7-6 구홍밍과 친구

7-7-7 구홍밍의 서예

7-7-8 『중국인의 정신』의 영문판, 독문판, 불문판

7-7-9

7-7-10

7-7-11

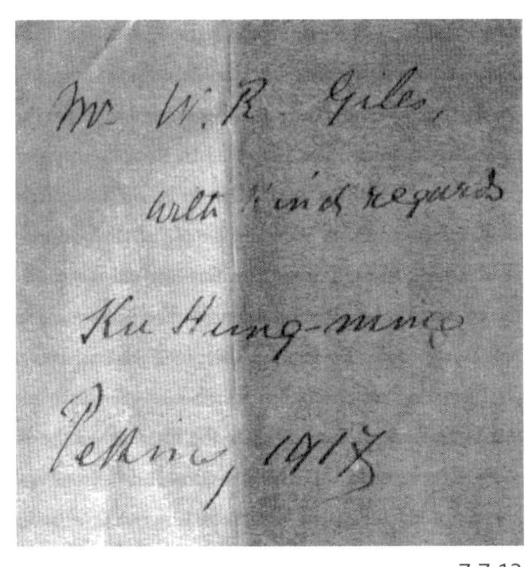

7-7-12

7-7-9 『중국인의 정신』 중문판 표지

7-7-10 『중국인의 정신』 삽화

7-7-11 구홍밍 역서 『존 길핀의 대소동』[49]

7-7-12 구홍밍의 수기

7.8 서양 언어로 서양에 큰소리친 린위탕

린위탕[50]은 1895년에 푸젠의 한 기독교 가정에서 태어났고 그의 아버지는 목사였다. 그도 자연스럽게 상하이 성요한교회대학圣约翰教会大学에서 공부를 하였고 이어서 미국 하버드대학에 가서 문학석사 과정을 이수하였다. 1919년 그는 독일 라이프치히대학에서 언어학을 전공하였고, 1923년 박사학위를 받은 후 귀국하여 베이징대학 교수가 되었는데 베이징여자사범대학北京女子师范大学 교무처장과 영문과 주임도 역임하였다. 린위탕은 어려서부터 이름이 알려져 30년대에 이미 중국 문단을 평정하였다. 그는 계간지 『논어论语』를 주편하였고 자신을 중심으로, 한가함을 기조로 삼는 문풍을 만들어냈으며 논어파论语派의 선구자였다. 1933년 국제 펜클럽 회장PEN International, International PEN이자 영국의 저명한 극작가이며 풍자작가인 조지 버나드 쇼[51]가 세계 여행을 하며 상하이에 들렀을 때 그를 맞이한 사람이 린위탕이었다. 그는 상하이 문예계 유명인사들을 모아 조지 버나드 쇼를 위해 성대한 환영회를 열었고, 그 당시 진링대학金陵大学에서 학생을 가르치던 펄 벅[52]도 난징으로 와서 그를 맞이하였는데 린위탕과 펄 벅의 우정은 이때부터 시작되었다.

린위탕은 유명해진 후 해마다 유럽이나 미국으로 가서 강의하였다. 1930년대에서 40년대까지 그는 유럽과 미국에서 강의하는 동안 중국 문화를 대대적으로 소개하였다. 그는 영어로 30~40여 권의 책을 출판하였는데, 그 중 『내 나라 내 민족』[53]의 파급력이 가장 컸다. 펄 벅은 『내 나라 내 민족』의 서문에서 당당하고 유머가 있는 아름다운 글이며, 근엄하면서도 경쾌하게 중국 고금에 대해 정확히 이해하고 평가할 수 있도록 쓴 글이라고 말했고, 지금까지 가장 진실하고, 가장 심오하며, 가장 완벽하고, 가장 중요한 중국에 관한 저서라고 하였다. 1989년 부시 전 미국 대통령은 의회 회의에서 자신이 린위탕이 쓴 책을 읽었을 때를 언급하며 린위탕이 말한 것은 수십 년 전 중국의 상황이지만 그의 이야기는 지금까지 우리 모든 미국인이 여전히 이해할 수 있는 내용이라고 말하였다. 원작 『내 나라 내 민족』의 9장인 〈삶의 예술〉[54]은 후에 미국에서 단행본으로 출판된 후 40차례 재판을 찍었고, 프랑스어, 독일어, 이탈리아어, 덴마크어, 스페인어, 네덜란드어 등 18종 언어로 번역되었으며, 약 반세기 정도 오랜 시간 동안 베스트셀러를 차지하였다.

린위탕은 중국과 외국 문화 간의 격차를 없애는 데 있어 능력자였다. 100여 년 동안 중국인의 사명감과 서양인의 인지 습관을 이용하여 세계에 중국 문화를 성공적으로 소개한 사람이 바로 그다. 린위탕은 서양에 중국 문화를 소개할 때 중국인들이 마음에 품고 있는 사명 의식뿐만 아니라 상대가 받아들이는 습관과 문화 수출의 효과까지 충분히 고려하였다. 그는 중국 문화를 충분히 곱씹어보며 정수를 파악한 후 깊이 있는 내용을 쉽게 풀어내는 방식을 사용하였고, 이를 유창한 영어로 표현해냈다. 서양인은 중국 문화에 대한 그의 소개를 유쾌하게 감상하며 받아들이게 되었다.

7-8-1

7-8-2

7-8-3

7-8-1 담뱃대를 들고 서가 앞에서 사색 중인 린위탕
7-8-2 1927년 린위탕과 루쉰[55], 쉬광핑[56], 저우쭤런[57] 등이 함께 찍은 사진
7-8-3 린위탕의 대표작『내 나라 내 민족』

7-8-4

7-8-5

7-8-6

7-8-4 린위탕이 자신의 모든 재산을 쏟아부어 발명한 중국어 타자기를 사용하는 둘째 딸을 바라보는 모습
7-8-5 린위탕의 부부와 세 딸
7-8-6 서재에 있는 린위탕

7-8-7

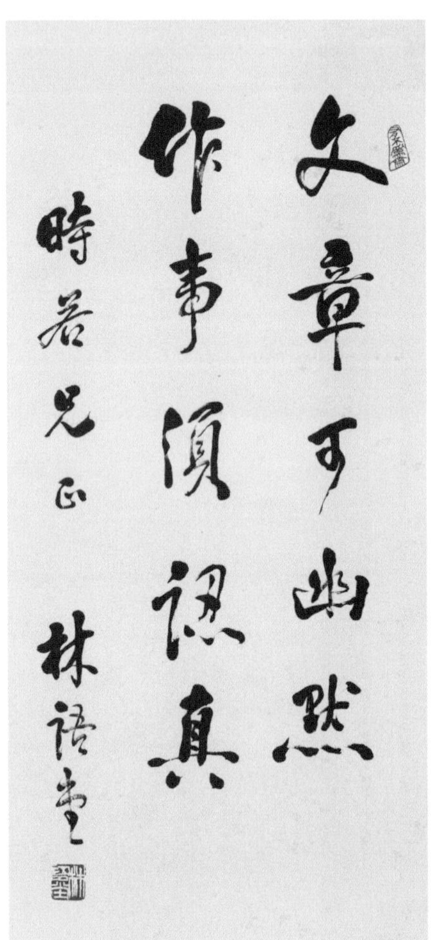

7-8-8

7-8-9

7-8-7 1966년 타이베이에서 〈유머의 법칙幽默之度〉이라는 주제의 다과회에 참석한 린위탕
7-8-8 린위탕의 서예 〈글은 유머가 있어야 하고 일을 할 때는 반드시 열심히 해야 한다〉[58]
7-8-9 글을 쓰는 린위탕

7-8-10

7-8-11

7-8-12

7-8-13

7-8-14

7-8-10 린위탕과 부인이 상하이에서 찍은 사진

7-8-11 노년 시기 린위탕과 부인

7-8-12 타이완 양밍산阳明山에 있는 린위탕의 고택

7-8-13 타이완 린위탕기념관 내부 모습

7-8-14 푸젠성 장저우漳州 린위탕기념관

7.9 서양에서는 뜨거웠고 동양에서는 차가웠던 펄 벅

펄 벅은 세계 문학사에서 처음으로 중국을 소재로 노벨문학상을 수상한 미국 여류작가이다. 그녀는 1892년에 태어나 태어난 지 3개월 만에 포대기에 싸여 선교사인 아버지와 어머니를 따라 미국 웨스트버지니아주에서 중국의 전장시镇江市로 왔다. 그는 전장에서 어린 시절과 청소년 시기를 지냈고 1909년 상하이에서 공부하였으며, 1920년 미국에서 4년 대학 생활을 마치고 졸업 후에 전장숭실여중镇江崇实女中에서 교편을 잡았다. 1919년 펄 벅은 난징 진링대학에서 학생들을 가르쳤고 그 기간에 미국 코넬대학에서 석사학위를 취득하였다. 1931년 3월 펄 벅의 장편소설 『대지 3부작』 중 첫 번째 작품인 『대지』가 뉴욕에서 출판된 후, 큰 반향을 불러일으켜 그때부터 펄 벅의 이름이 크게 알려졌고 1934년 결국 난징에서 미국으로 돌아가게 된다.

펄 벅은 어렸을 때부터 중국 아이들처럼 중국 전통 사숙 교육을 받았고, 공씨 성의 선생님을 따라 사서오경의 계몽지식을 공부하고, 중국어로 말하고, 중국 글자를 익히고, 중국 아이들과 함께 놀았다. 펄 벅이 어릴 때 가장 인상 깊었던 일은 엄마가 그녀에게 말해준 각종 민간 전설과 요리사가 얘기해준 『삼국지』나 『수호전』이었다. 이러한 어릴 때의 경험과 중국 문화에 대한 깊은 소양은 펄 벅의 정신세계에 많은 자양분이 되었고, 평생 변치 않는 중국과의 인연이었으며, 그녀의 끊임없이 솟아나는 문학 창작의 원천이었다.

중국을 생각하는 마음은 펄 벅의 가슴 속 뿌리 깊이 박혀있었다. 그녀는 항상 자신이 중국인과 다를 것이 없다고 생각했다. 나는 중국인을 기이하고 황당무계하게 만들어 놓은 책들을 좋아하지 않고, 나의 가장 큰 바람은 나의 책 속에서 중국 민족을 원래 모습으로 정확하게 보여주는 것이다라고 말한 적이 있다. 이러한 자신만의 생각으로 그녀는 『대지』, 『아들들』, 『분열된 집』 3부작을 대표로 많은 우수한 소설 작품을 써 내려갔다. 그녀는 또 중국의 고전 명저인 『수호전』을 영어로 번역하여 서양에 중국 문화를 홍보하였다. 그녀의 이러한 공헌은 중국과 세계로부터 모두 긍정적으로 인정을 받았으며, 그녀 자신도 동서문화를 연결하는 교량이 되었다. 1938년 노벨문학상 시상식에서 스웨덴학술원은 서양인이 더욱 깊은 인성과 통찰력으로 멀고 낯선 세계를 이해할 수 있는 하나의 길을 열어주었다라고 그녀를 평가하였다.

중국 농촌을 소재로 하는 펄 벅의 소설 작품이 세상에 속속 나온 후 중국과 서양에 큰 영향을 주기도 하였지만, 중국과 외국 작가들의 비판도 받게 되었다. 중국에서 맨 처음에

장캉후[59], 루쉰, 후펑[60] 등의 비판을 받았는데, 그중 노신이 펄 벅에게 그녀는 스스로 중국을 조국과 같다고 하지만 그녀의 작품을 보면 결국은 중국에서 자란 미국 여교사의 입장일 뿐이다라며 가장 부정적인 평가를 하였다. 루쉰은 중국 문단의 최고 기수였고 해방 후에도 정부에서 높이 평가하였기 때문에, 그의 이러한 평가는 중국 정부가 펄 벅을 평가하는 기조로 자리 잡았으며, 중국을 사랑하는 펄 벅의 마음은 노년에 비극으로 끝을 내게 되었다. 1972년 닉슨 미국 전대통령이 중국을 방문할 즈음 펄 벅은 중국 각 관계자에게 편지를 보내 고향 중국을 방문하는 문제를 제기하였으나 중국은 냉담하게 이를 거절하였다. 이 일은 중국을 고향으로 생각하고 중국어를 모어로 보는 노년의 펄 벅에게는 파괴적인 공격이었을 것임에 틀림 없다. 1년 후에 그녀는 쓸쓸히 세상을 떠났고 향년 81세였다. 땅에 묻히기 전, 여전히 초심을 잃지 않고 자신의 묘비에 영문자 없이 한자로 赛珍珠 세 글자만을 새겼다.

7-9-1

7-9-2

7-9-3

7-9-1　1938년 미국 선교사 딸이자 유명 작가인 펄 벅

7-9-2　펄 벅의 노벨문학상 증서

7-9-3　펄 벅의 대표작 『대지』의 각종 판본

7-9-4

7-9-5

7-9-6

7-9-7

7-9-8

7-9-9

7-9-4 펄 벅, 존 로싱 벅[61] 교수, 그리고 자녀

7-9-5 사무실에 있는 펄 벅

7-9-6 젊은 시절 전장숭실여중에서 학생들을 가르치는 펄 벅오른쪽 첫 번째

7-9-7 1929년 펄벅과 존 로싱 벅교수의 귀국을 환송하는 진링대학 환송회

7-9-8 중국 항일전쟁 모금 포스터를 손에 쥔 펄 벅

7-9-9 펄 벅의 『수호전』 영문 역서의 표지 『*All Men Are Brothers*』[62]

7-9-10

7-9-11

7-9-12

7-9-13

7-9-10 우울한 표정의 펄 벅
7-9-11 노년 펄 벅
7-9-12 자택 거실에 있는 펄 벅
7-9-13 펄 벅이 입었던 치파오

7-9-14

7-9-15

7-9-16

7-9-14 전장에 있는 펄 벅 고택

7-9-15 수저우宿州에 있는 펄 벅 고택

7-9-16 펄 벅 묘비에 새겨진 그녀가 전서체로 쓴 賽珍珠 세 글자

7.10 수천 년만에 처음으로 맞이한 '황제의 서양인 스승' 레지날드 존스턴

중국 5천 년 문명사에서 황제의 사람이라고 할 수 있는 사람은 약 8백여 명이지만, 그 중 **황제의 서양인 스승**은 한 사람밖에 없다. 그가 바로 20세기 초 중국의 마지막 황제 푸이[63]의 선생인 영국인 레지날드 존스턴[64]이다.

레지날드 존스턴은 1874년 스코틀랜드 수도 에든버러에서 태어났고 에든버러대학과 옥스퍼드대학에서 공부하였다. 1898년 영국 식민성殖民部에 고용되어 견습생의 신분으로 홍콩으로 일하러 왔다. 1904년 5월 레지날드 존스턴이 산둥의 영국 조계인 웨이하이에 와서 화무사华务司 대리를 맡게 되었는데, 그곳에서 중국 유가 경전과 고전문학에 대해 열심히 연구하기 시작하였고 점점 중국 문화에 심취하였다. 그는 좡스둔庄士敦이라고 중국 이름을 지었고, 『논어』의 **선비는 도에 뜻을 둔다**士志于道라는 의미의 또 다른 **즈다오**志道라는 매우 중국적인 이름도 지었다. 평소에 그는 중국 옷인 창파오와 마고자 입는 것을 좋아하였고, 중국어 사투리를 쓰고, 차를 마시며 시를 읊조리고, 중국 고어로 중국 지방 권력가들에게 정치 이념을 설명하기도 하였다.

레지날드 존스턴은 동양이든 서양이든 각자의 사회 발전 단계에 있으므로 지구의 어떤 곳에 있든지 자신의 의지와 이상을 또 다른 한쪽에 강요하는 것은 현명하지 못하다는 동서양 문화에 관한 독특한 생각을 가지고 있었다. 마찬가지로 자신의 독특한 이상을 쉽게 버리는 것도 위험한 것이라고 생각하였다. 그는 중국 문화와 종교 도덕이 전 세계에 매우 유익하므로, 존중받고 보존해야 할 가치가 있다고 인정하였다. 따라서 중국의 출로는 개혁과 혁신에 있지만 이미 사람들 마음속 깊이 뿌리내린 과거의 문화적 도덕성과 종교적인 결속력을 파괴해서는 절대 안 된다고 생각했다. 간단하게 말하면 그는 19세기 말과 20세기 초 서양 지식계가 유가 사상에 대해 공격하는 것을 반대하였는데, 이것은 바로 유교가 중국 사회의 기초이며, 유일하게 중국인을 하나로 묶을 수 있는 끈이라고 생각했기 때문이다.

레지날드 존스턴이 중국에서 겪은 독특한 경험과 중국 문화에 대한 그만의 독특한 이해는 중국 지식인의 호감을 얻었다. 1918년 당시 대학자인 리홍장의 아들 리징마이[65]와 민국 대총통으로 출마할 예정이던 쉬스창[66]을 통해, 특별한 일 없이 조용히 자금성에 기거하던 선통제宣统帝 푸이가 레지날드 존스턴을 정치고문이자 영어 교사로 고용하였다. 이를 계기로 레지날드 존스턴은 중국 수천 년 제왕의 역사에서 유일하게 **황제의 스승**이라는 직함으로 5년 이상을 가르친 외국인이 되었다.

그는 푸이 황제에게 영어, 천문, 지리, 산학과 유럽 법제사를 가르쳤으며, 그에게 영국 신사의 품격과 예의 등도 가르쳤고, 수시로 푸이 황제에게 국내외의 중대한 사회 변화 상황을 소개하였다. 푸이 황제는 그로 인해 세계의 변화에 대해 더 많이 느낄 수 있었다. 푸이는 레지날드 존스턴에 매우 감사해하면서 그를 자신의 영혼의 중요한 부분이라고 하며 그에게 두품头品 정대顶戴, 육경궁毓庆宫을 자유롭게 다니는 것, 담비 털로 만든 마고자 등 특별한 상을 하사하였다.

모든 직책에서 물러나 귀국한 그는 런던대학 중문과 교수가 되었고 1934년 『자금성의 황혼紫禁城的黄昏』이라는 책을 출판하여 유럽의 많은 관심을 받았다. 노년에 에든버러에 정착한 후에도 여전히 수시로 중국에서 있었던 일을 추억하였다. 그는 자신의 거실을 각각 송죽청, 웨이하이청, 황제청 등으로 불렀다. 그는 동방에서의 아름다웠던 추억 속에서 인생의 마지막 몇 년을 보냈고 64세로 세상을 떠날 때까지 평생 결혼하지 않았다.

7-10-2

7-10-1　1906년 웨이하이 조계에 있는 레지날드 존스턴

7-10-2　어화원御花园에 있는 레지날드 존스턴왼쪽 첫 번째, 푸이왼쪽 두 번째, 룬치[67]왼쪽 세 번째, 푸지에[68]왼쪽 네 번째

7-10-3

7-10-4

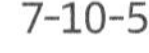

7-10-5

7-10-6

7-10-3　산동 취푸曲阜 공부孔府를 방문했을 때의 레지날드 존스턴과 연성공 쿵링이[69]

7-10-4　자금성에서 레지날드 존스턴왼쪽, 완룽[70]가운데, 그리고 완룽의 가정교사 이사벨 인그램[71]오른쪽

7-10-5　레지날드 존스턴, 푸이, 정샤오쉬[72]

7-10-6　경산공원景山公园 부근에 있는 집에서 찍은 레지날드 존스턴과 타고르 사진[73]

7-10-7

7-10-8

7-10-9

7-10-10

7-10-7 1922년 푸이가 하사한 관포와 정대를 착용한 레지날드 존스턴

7-10-8 1926년 레지날드 존스턴이 푸이, 완용, 윌리돈[74]부부와 톈진장원天津张园에 있는 모습

7-10-9 웨이하이 화무사에서 일하는 레지날드 존스턴

7-10-10 웨이하이 권력가가 레지날드 존스턴에게 깃발을 선물하는 모습

7-10-11

7-10-12

7-10-13

7-10-11 1927년 웨이하이 행정장관으로 다시 돌아온 후 당시 지역 권력가들과 함께 있는 레지날드 존스턴

7-10-12 웨이하이 황런학당皇仁学堂에 푸이의 글을 전달하는 레지날드 존스턴

7-10-13 1930년 웨이하이 귀환식을 마치고 귀국길에 오르는 레지날드 존스턴

7.11 '거의 중국인'이었던 존 스튜어트

존 스튜어트[75]는 항저우 기독교 천수당基督教天水堂에서 태어났고 부모는 중국으로 온 미국인 선교사이다. 그는 어릴 때부터 중국 아이들과 함께 놀았고 정통 항저우 말을 할 줄 알았다. 11살이 되어 미국 버지니아에서 학교에 다녔는데 영어를 못해서 그를 중국인도 아니고 미국인도 아닌 이상한 사람으로 보아 미국 친구들에게 놀림거리가 되었고, 스스로 자기가 중국인인 것이 미국인인 것보다 낫다고 말했다.

존 스튜어트는 대학을 졸업한 후 아버지를 이어 항저우로 돌아와 선교 활동을 하였고, 1908년 항저우를 떠나 난징으로 가서 진링신학원 교수가 되었다. 1910년 난징교회사업위원회 의장을 역임하였고 신해혁명 때는 미국 AP통신The Associated Press 주난징 특파원을 겸직하였다. 1919년 그는 옌칭대학燕京大学 교장으로 초빙되었고 이 학교가 성공적으로 개교하고 발전하는데 크게 공헌하였다. 1927년 존 스튜어트는 옌칭대학과 하버드대학 공동으로 하버드 하버드옌칭학사哈佛燕京学社를 만들었고 미중 간 문화 교류를 대대적으로 추진하였다. 1930년대 옌칭대학은 이미 중국에서 학술 수준이 가장 높은 기독교 학교가 되었다.

존 스튜어트는 학술의 자유, 중국과 서양의 연합 학교 창립, 교사와 학생 간의 평등한 상호작용을 주장하였는데, 이것은 당시 이 분야에서 일하고 공부하는 수많은 교사나 학생에게 크나큰 성장의 발판을 마련해주었다. 중일전쟁이 일어난 후 그는 용감하게 일본군에게 맞서 투쟁하였으며, 학교에 있는 선생과 학생을 보호하였고, 결국 일본군에 의해 수용소에 끌려갔다. 존 스튜어트가 중국에 있던 초창기에 학교를 설립하는 일은 중국 각계의 찬사를 받았지만, 1946년 이후 그가 주중미국대사가 된 후 마오쩌둥의 비난을 받게 되었고 신화사 논평 〈그만하시오, 존 스튜어트別了, 司徒雷登〉는 그를 미국의 상징으로, 중국 인민에게 맞서는 사람으로 만들었다. 존 스튜어트라는 이름은 이때부터 중국에서 나쁜 사람의 대명사가 되었다.

존 스튜어트는 중국에서 태어났고 중국에서 오랫동안 살았던 문화인으로, 마음속으로 중국인에게 특별한 감정을 품고 있었고 그의 발언도 중국을 찬양하는 것이 많았기 때문에 그가 미국으로 돌아간 후에 미국 정계의 매카시즘McCarthyism 신봉자들의 비판을 피할 수 없었다. 그는 오랫동안 우울증을 앓다가 다행히도 그의 오랜 친구인 푸징보[76] 가족의 보살핌으로 편안하게 일생을 마칠 수 있었다. 그는 살아생전에 항상 자신의 유골이 중국 옌칭대학 캠퍼스에 묻히기를 바랐는데, 2008년 중국 정부가 항저우 반산半山 안현원安贤园에 묘를 만드는 것에 동의하였고 그의 유골을 안치하여 마침내 그는 자신이 태어난 곳인 중국으로 돌아오게 되었다.

7-11-1

7-11-2

7-11-3

7-11-4

7-11-1 미국 선교사 옌칭대학 총장 존 스튜어트

7-11-2 소년 시절 가족과 함께 있는 존 스튜어트 가운데 서 있는 사람

7-11-3 존 스튜어트 부자의 선교지인 항저우 천수당

7-11-4 1946년 존 스튜어트와 항저우 천수당의 신도, 목사가 교회 앞에서 찍은 사진

7-11-5

7-11-6

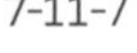

7-11-7

7-11-8

7-11-9

7-11-5 옌칭대학 보야탑博雅塔 앞에 서 있는 존 스튜어트

7-11-6 존 스튜어트와 옌칭대학 선생 및 학생

7-11-7 존 스튜어트와 옌칭대학 문학원 선생 및 학생

7-11-8 존 스튜어트와 진링대학 총장 천위광[77]

7-11-9 1936년 존 스튜어트와 진링여자대학 총장 우이팡[78]

7-11-10

7-11-11

7-11-12

7-11-10 1936년 옌칭대학 졸업식에서 축사를 하는 존 스튜어트
7-11-11 옌칭대학 선생, 학생과 함께 있는 존 스튜어트
7-11-12 주중미국대사 존 스튜어트가 장제스[79] 부부 및 미국 하원 군사위원회 대표단과 난징에서 찍은 사진

7-11-13

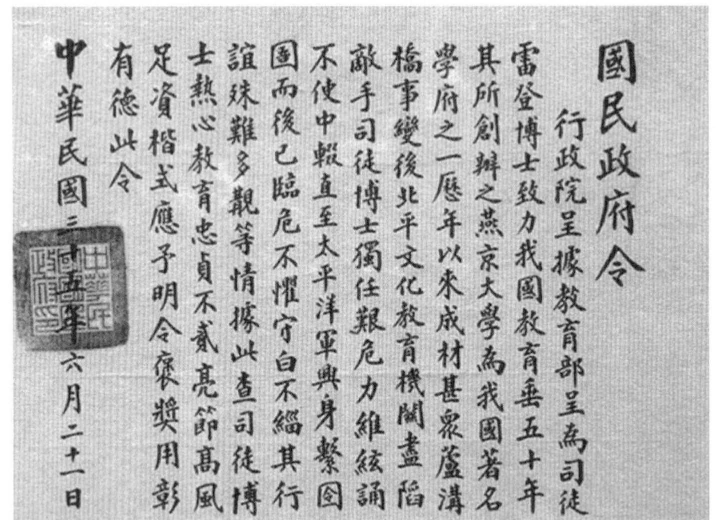

國民政府令

行政院呈據教育部呈為司徒雷登博士致力我國教育垂五十年其所創辦之燕京大學為我國著名學府之一歷年以來成材甚衆蘆溝橋事變後北平文化教育機關盡陷敵手司徒博士獨任艱危力維絃誦不使中輟直至太平洋軍興身繫囹圄而後已臨危不懼守白不緇其行誼殊難多覯等情據此查司徒博士熱心教育忠貞不貳亮節高風足資楷式應予明令褒獎用彰有德此令

中華民國三十五年六月二十一日

7-11-14

7-11-15

7-11-13 주중미국대사 존 스튜어트와 미국 경제협력단 의장 폴 호프만이 장제스, 리쭝런[80]과 좌담회를 하는 모습

7-11-14 1946년 국민정부가 존 스튜어트에게 수여한 표창장

7-11-15 1947년 난징에서 한 중국 젊은 부부를 위해 혼인 증명하는 존 스튜어트

7-11-16

7-11-17

7-11-16 1946년 난징에서 중국공산당 지도자와 담화를 나누는 존 스튜어트
7-11-17 1951년 워싱턴에서 푸징보 가족과 있는 존 스튜어트

1 로버트 하트Robert Hart, 罗伯特·赫德, 1835~1911

2 태자태보太子太保-종일품에 해당하는 관직.

3 후쥐펀胡橘棻, 1836~1906

4 류위린刘玉麟, 1862~1942

5 존 프라이어John Fryer, 傅兰雅, 1839~1928

6 조지 블래드번 프라이어George Bladben Fryer, 傅步兰, 1877~약1960

7 쉬서우徐寿, 1818~1884

8 제임스 레게James Legge, 理雅各, 1815~1897

9 로버트 모리슨Robert Morrison, 罗伯特·马礼逊, 1782~1834

10 Illustrated London News

11 왕타오王韬, 1828~1897

12 티모시 리차드Timothy Richard, 李提摩太, 1845~1919

13 카유웨이康有为, 1858~1927

14 량치차오梁启超, 1873~1929

15 두품头品 정대顶戴, 두품 관직에 하사하는 모자.

16 이등쌍용보성二等双龙宝星, 훈장의 한 종류.

17 리홍장李鸿章, 1823~1901

18 장즈둥张之洞, 1837~1909

19 쩡궈판曾国荃, 1824~1890

20 쭤쭝탕左宗棠, 1812~1885

21 쩡지쩌曾纪泽, 1839~1890

22 위안스카이袁世凯, 1859~1916

23 탄쓰퉁谭嗣同, 1865~1898

24 리하르트 빌헬름Richard Wilhelm, 卫礼贤, 1873~1930

25 General Evangelical Protestant Mission

26 『孔夫子在人类杰出代表中的地位』

27 라오나이쉬안劳乃宣, 1843~1921

28 구홍밍辜鸿铭, 1857~1928

29 차이위안페이蔡元培, 1868~1940

30 Die Seele Chinas

31 옌푸严复, 1854~1921

32 궈충타오郭嵩焘, 1818~1891

33 두안치루이段祺瑞1865~1936

34 Thomas Henry Huxley, Evolution and Ethics 『天演论』.

35 Adam Smith, The Wealth of Nations 『原富』.

36 Edmund Spenser, The Study of Sociology 『群学肄言』.

37 John Stuart Mill, On Liberty 『群己权界论』.

38 Edward Jenks, A History of Politics 『社会通诠』.

39 Baron de La Brède et de Montesquieu, The Spirit of Laws 『法意』.

40 John Stuart Mill, A System of Logic, Ratiocinative and Inductive 『穆勒名学』, 1843.

41 William Stanley Jevons, Primer of Logic 『名学浅说』.

42 토마스 헨리 헉슬리Thomas Henry Huxley, 1825~1895

43 고홍명辜鸿铭, 1857~1928

44 마젠중马建忠, 1845~1900

45 〈字林西报〉 North China Daily News

46 The spirit of the Chinese

47 The Story of a Chinese Oxford Movement
48 메이란팡梅兰芳, 1894~1961
49 William Cowper, The Diverting History of John Gilpin『痴汉骑马歌』.
50 린위탕林语堂, 1895~1976
51 조지 버나드 쇼George Bernard Shaw, 乔治·伯纳德·萧, 1856~1950
52 펄 벅Pearl Sydenstricker Buck, 赛珍珠, 1892~1973
53 『吾国与吾民』 My Country and My People
54 〈生活的艺术〉 The Importance of Living
55 루쉰鲁迅, 1881~1936
56 쉬광핑许广平, 1898~1968
57 저우쭤런周作人, 1885~1967
58 文章可幽默, 作事须认真
59 장캉후江亢虎, 1883~1954
60 후펑胡风, 1902~1985
61 존 로싱 벅John Lossing Buck, 卜凯, 1890~1975
62 『四海之内皆兄弟』
63 푸이爱新觉罗·溥仪, 1906~1967
64 레지날드 플레밍 존스턴Reginald Fleming Johnston, 庄士敦, 1874~1938
65 리징마이李经迈, 1876~1938
66 쉬스창徐世昌, 1855~1939
67 윤기郭布罗·润麒, 1912~2007
68 푸지에爱新觉罗·溥杰, Aisin Gioro Pujie, 1907~1994
69 쿵링이孔令贻, 1872~1919
70 완룽郭布罗·婉容, 1906~1946
71 이사벨 인그램Isabel Ingram, 伊莎贝 혹은 任萨姆, 1902~1988
72 정샤오쉬郑孝胥, 1860~1938
73 라빈드라나트 타고르Rabindranath Tagore, 拉宾德拉纳特·泰戈尔, 1861~1941
74 비스카운트 윌링돈Viscount Willingdon, 1866~1941
75 존 레이튼 스튜어트John Leighton Stuart, 司徒雷登, 1876~1962
76 푸징보傅泾波, 1900~1988
77 천위광陈裕光, 1893~1989
78 우이팡吴贻芳, 1893~1985
79 장제스蒋介石, 1887~1975
80 이쭝런李宗仁, 1891~1969

8. ‘서구화’ 시기

8.1 거센 바람이 불 듯 생겨난 교회 대학

19세기 말에서 20세기 초까지 서양의 재중 기독교 조직差会에 대학 붐이 일기 시작하여 16곳의 대학을 창설하였다. 그중 기독교 신교 조직은 옌칭대학燕京大学, 치루대학齐鲁大学, 진링대학金陵大学, 진링여자문리학원金陵女子文理学院, 동우대학东吴大学, 상하이성요한대학圣约翰大学, 후장대학沪江大学, 즈장대학之江大学, 푸젠협화대학福建协和大学, 화난여자문리학원华南女子文理学院, 화중대학华中大学, 링난대학岭南大学, 화시협화대학华西协和大学 등 13곳의 학교를 세웠고, 천주교 조직 혹은 개인이 창설한 학교는 푸런대학辅仁大学, 톈진공상학원天津工商学院, 전단대학震旦大学 세 곳이다.

중국에서 교회 대학이 쏟아져 나올 때 중국 자체적으로 설립한 국립대학은 베이징대학北京大学, 산시대학山西大学, 베이양대학北洋大学 세 곳밖에 없었다. 중국이 자체적으로 설립한 대학도 초창기에 대부분 외국인 선교사가 업무를 담당하여 교회 대학이 사실상 그 시대 중국 고등교육을 주도했다.

교회 대학은 하버드대학, 예일대학, 프린스턴대학, 코넬대학 등 해외 유명 대학과 연계하였으며, 대학의 교육체계, 단과대학과 학과 설계, 교육과정, 교수법 등은 거의 이 대학들로부터 중국으로 직접 이식했다고 할 수 있다. 이것이 중국 고등교육의 현대화를 추진하는 데 매우 중요한 역할을 하였다. 수천 년 동안 중국이 답습한 관학, 서원, 과거 등 전통 교육모델은 모두 현대적 의미에서의 고등교육과 상당히 거리가 멀어서 현대사회 발전에 맞는 과학기술 인재를 길러낼 방법이 없었다. 교회 대학의 설립은 진정한 의미의 고등교육이 없었던 중국이 본받기 좋은 모범적인 사례를 제시하였다. 중국 고등교육은 이때부터 국제적이고 현대적인 고등교육의 흐름에 빠른 속도로 녹아들었다.

교회 대학은 자금이 충분했고, 학교와 기숙사가 함께 마련되어 있었고, 제도가 완벽했고, 유명한 교수가 모여 있었고, 학생 인재가 넘쳐났기 때문에 그것의 존재와 발전이 중국 사회 발전을 힘차게 이끌었다. 예를 들어 동우대학 법학과는 중국 법학 인재의 요람으로 제2차 세계대전 후 도쿄 전범재판Tokyo Trial의 중국 법관은 거의 동우대학 출신이었다. 협화의학원协和医学院, 샹야의학원湘雅医学院, 치루대학齐鲁大学 등의 의학과는 특히 우수한 1세대 의학 인재를 배출하였다. 진링대학과 링난대학의 농과대학은 현대 농업 과학기술 보급을 더욱 가속화하였다. 옌칭대학 신문과 졸업생은 민국 시기 각 신문사에서 활약하였고 국제 언론 분야에서도 명성이 높았다.

8-1-1

8-1-2

8-1-1 옌칭대학 캠퍼스의 패공루贝公楼

8-1-2 진링대학 한 모퉁이

8-1-3

8-1-4

8-1-5

8-1-6

8-1-3 천주교 푸런대학 옛터
8-1-4 동우대학 캠퍼스
8-1-5 동우대학 교문
8-1-6 링난대학 교문

8-1-7

8-1-8

8-1-7 후장대학 교문
8-1-8 후장대학 한 모퉁이

8-1-9

8-1-10

8-1-11

8-1-9　푸젠협화대학 여학생 기숙사
8-1-10　1927년 푸젠협화대학 졸업식
8-1-11　화시협화대학 조감도

8-1-12

8-1-13

8-1-14

8-1-12 상하이 성요한대학 교문

8-1-13 학위복을 입은 진링여자대학 학생

8-1-14 전단대학 학적부 표지

8.2 서양 문화를 바라보다

청말 청평지말青萍之末이었던 서학이 민국 초 중국의 문호가 개방되면서 당시 큰 소리를 내며 맹렬한 폭풍처럼 앞으로 돌진하였다. 중국 문화인은 **공자의 학설을 타도하자**[1]와 **신문화는 곧 서양 문화다**[2]라는 인식하에 학문 탐구에 대한 시각을 모두 서양으로 돌렸다. 옌푸[3], 린수[4], 량스추[5], 저우서우쥐안[6], 무무톈[7], 리리에원[8], 가오밍카이[9], 주성하오[10] 등 대다수 신문화인은 직접 앞장서서 많은 서양서적을 번역하였다. 헉슬리의 『진화와 윤리』[11], 아담 스미스의 『국부론』[12], 알렉상드르 뒤마 피스의 『춘희』[13], 대니얼 디포의 『로빈슨 크루소』[14], 발자크의 『외제니 그랑데』[15], 바이런의 『그리스의 섬들』[16], 아서 코난 도일의 『셜록홈즈』[17] 등이 모두 중국의 크고 작은 서점에 나타났다. 셰익스피어의 『로미오와 줄리엣』, 『오슬로』, 『리어왕』 등도 중국 무대에 올라왔다.

이와 함께 서양 문화인도 중국 지식계의 초청으로 중국을 방문하였다. 중국에 있는 기간 동안 중국 여론과 중국 문화인이 그들을 떠받들고 있었고, 그들의 모든 말과 행동은 중국 문화계를 흔들어놓았다. 예를 들어 미국 철학가이자 교육가인 존 듀이[18]는 1919년 중국 장쑤교육회江苏教育会, 베이징대학, 베이징대학 지행학회北京大学知行学会 등 다섯 개 단체가 연합으로 초청하여 중국을 방문하였다. 그는 중국에 2년 동안 머무르면서 크고 작은 강연을 200여 차례나 하였다. 후스[19], 차이위안페이[20], 장몽린[21], 타오싱즈[22], 스량차이[23] 등 중국 유명인사들이 수시로 그를 방문하며 따랐다. 영국 철학자 러셀[24]은 1920년 초청으로 중국을 방문하였는데, 상하이, 항저우, 난징, 장사长沙, 베이징 등에서 〈사회개조원리〉, 〈교육의 효용〉, 〈아인슈타인 만유인력의 새로운 학설〉, 〈볼셰비키와 세계 정치〉, 〈철학 문제〉, 〈사회구조학〉 등을 주제로 여러 차례 강연하였고, 각 신문사는 잇따라 그의 강연을 기록하여 게재하였으며, 중국 대학자인 량치차오[25], 장둥쑨[26], 자오위안런[27], 장쑹녠[28] 등은 서로 앞다투어 그를 접대하였다. 1933년 영국 문학가 조지 버나드 쇼가 상하이에 도착하였는데 국모인 쑹칭링[29]이 직접 접대하였고, 그 후에 루쉰[30], 린위탕[31], 위다푸[32] 등 문화계 유명인사들이 그와 그의 작품에 관한 글을 썼다.

8-2-1

8-2-2

8-2-3

8-2-1 만청 유명 번역가 린수

8-2-2 린수의 번역서 『춘희』 표지

8-2-3 린수가 찰스 디킨스[33] 『데이비드 코퍼필드David Copperfield』를 번역한 『괴육여생술块肉余生述』[34]

8-2-4

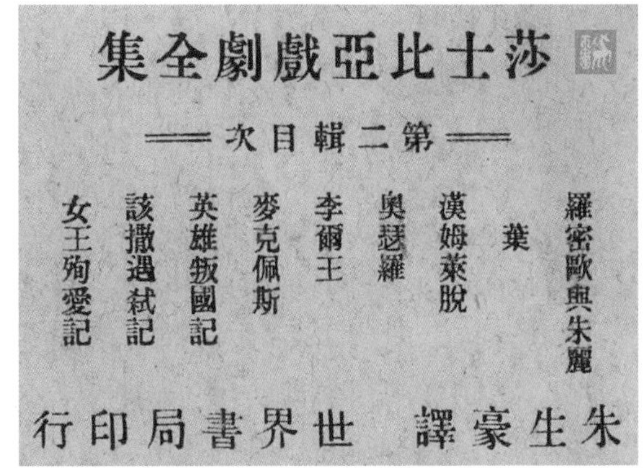

莎士比亞戲劇全集

第二輯目次

羅密歐與朱麗葉
漢姆萊脫
奧瑟羅
李爾王
麥克佩斯
英雄叛國記
該撒遇弒記
女王殉愛記

朱生豪譯 世界書局印行

8-2-5

8-2-6

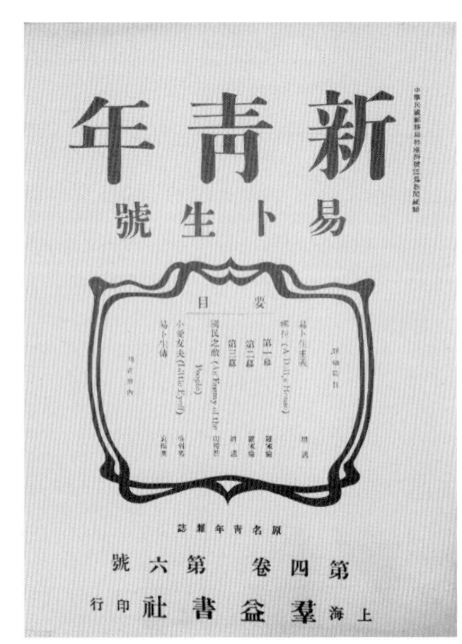

8-2-7

8-2-4 민국 시기 『셰익스피어 전집』의 중국어 번역가 주성하오와 아내 쑹칭루[35]

8-2-5 민국 시기 세계서국世界书局이 발행하고 주성하오가 번역한 『셰익스피어 전집』 2집 목록

8-2-6 헨리크 요한 입센[36] 작품의 표지

8-2-7 헨리크 요한 입센 작품을 소개한 『신청년』 특집호

8-2-8

8-2-9

8-2-10

8-2-11

8-2-8 1919년 중국에 와서 강연하는 미국인 철학자 존 듀이
8-2-9 1920년 중국 강연에서 환영받는 철학자 러셀
8-2-10 버나드 쇼, 루쉰, 차이위안페이
8-2-11 타고르[37], 쉬즈모[38], 린후이인[39]

8-2-12

8-2-13

8-2-14

8-2-12 1919년 존 듀이 부부가 스량차이, 후스, 장멍린, 타오싱즈와 함께 찍은 사진

8-2-13 버나드 쇼, 아그네스 스메들리[40], 쑹칭링, 차이위안페이, 루쉰, 린위탕

8-2-14 베이징 타고르 전시회에 참석한 후스

8.3 중국에 진출한 서양 스포츠

19세기 말 중국의 서양 교회학교가 학생들의 체력 단련에 관심을 가지면서 육상 종목, 구기 종목 등이 점차 학교 수업의 교과과정이나 방과 후 활동에 포함되기 시작하였다. 1980년대를 전후로 성요한서원[41]은 중국 국내에서 가장 일찍 근대 육상 종목을 시작하였고, 그 후 베이징휘문서원北京汇文书院, 베이징 통저우협화서원通州协和书院 등이 교내에서 야구, 라켓볼, 테니스, 축구 등을 하였다. 20세기 들어 교회학교들이 육상 경기와 구기 종목 등을 통해 친목을 도모하면서 다양한 학교배 종목별 운동회, 다종목 운동회가 각 지역에서 생겨났다. 1906년 협화서원协和书院은 심지어 영국 주둔군과 베이징에서 축구 시합을 하였고, 협화학생팀이 2:0으로 영국군을 이겨 **백자구룡컵**을 받았다.

외국 조계지에 거주하는 서양인과 기독교청년회가 근대 중국에 서양 스포츠를 도입한 또 하나의 기원이다. 조계지에 있는 서양인이 시행한 경마, 카레이싱, 혹은 기독교청년회의 교회 청년들 사이에 이루어진 축구 경기와 청년 체육 간사의 훈련 등은 중국에서 서양식 스포츠의 영향과 보급을 크게 촉진하였다. 1910년 상하이 기독교청년회가 앞장서 난징에서 **전국학교팀 제1차 체육동맹회**를 개최하였고, 신해혁명 후 중화민국 정부는 이 경기를 제1회 전국체육대회로 인정하였다.

1920~30년대 체육 교과목과 운동회는 중국 모든 학교와 크고 작은 도시의 시민 삶 속으로 깊숙이 들어왔다. 체육 교재, 체육 잡지, 체육 회사, 체육관 등도 속속 생겨나 중국에서 서양식 스포츠는 **서양에서 중국으로 변해가는** 현지화를 완성하였다.

8-3-1

8-3-4

8-3-2

8-3-5

8-3-3

8-3-1 1880년대 상하이 와이탄 경마장
8-3-2 만청 군인의 체조하는 모습
8-3-3 1905년 구이린공립학당桂林公立学堂 운동회
8-3-4 베이징-파리 자동차 레이스
8-3-5 프랑스가 발행한 베이징-파리 자동차 레이스를 기념하는 엽서

8-3-6

8-3-7

8-3-8

8-3-9

8-3-6　민국 여자 농구 경기
8-3-7　민국 여자 농구선수
8-3-8　민국 농구선수가 서 있는 초라한 농구장
8-3-9　1935년 인술의원仁术医院 남녀 농구팀 단체사진

8-3-10

8-3-11

8-3-10 1937년 이 머크[42]축구팀 창립 기념 단체 사진

8-3-11 민국 중화 축구팀 단체 사진

8-3-12

8-3-13

8-3-14

8-3-15

8-3-16

8-3-12 민국 축구 경기 상패

8-3-13 1928년 상하이 중서축구연합회中西足球联合会에서 우승한 동화东华축구팀

8-3-14 1948년 제7회 운동회에 참가한 화시협화대학华西协和大学[43] 여학생

8-3-15 진링여자대학 학생 육상경기

8-3-16 1936년 상하이에서 승선하는 베를린 올림픽 중국대표단

8.4 귀한 몸이 된 '서양 글자'

서양 국가의 경제와 문화의 힘이 세계적으로 팽창하는 것과 함께 서양 언어도 중국에서 빠른 속도로 유행하기 시작하였다. 학교마다 앞다투어 외국어 교육과정을 개설하고 중국 각 계층에서 엘리트를 모아 학교에서 공부하기 시작하였는데, 이것은 중국 경제와 사회 활동에서 외국어가 갈수록 귀한 문명의 산물이라는 것을 잘 보여준다. 중국 문화인에게 무시당하던 가로 글자가 지금은 중국 정부와 민간에서 신분이 귀해진 훌륭한 장식품이 되었다. 언어가 처한 상황이 완벽하게 바뀌었다.

만청과 민국 시기의 도시 거리에서 서양 글자가 쓰인 가게의 Made in America라는 상품 광고도 볼 수 있었고, 심지어 작업복에 외국어가 인쇄된 옷을 입고 있는 인력거꾼도 볼 수 있었다. 현대 기업과 관련된 물건인 회사 주식, 우체국 인장, 상품 포장 등에서도 서양 글자를 더 많이 사용함으로써 그것이 귀한 물건이라는 것을 나타냈다. 가능하다면 서양 글자로 꾸며 사람들의 심리적 인정을 받으려고 하였다.

8-4-1

8-4-2

8-4-1 영문이 인쇄된 한예핑 회사汉冶萍公司 주식

8-4-2 청말에 발행한 것으로 중국어보다 영어가 더 많은 후광철로湖广铁路 공채

8-4-3

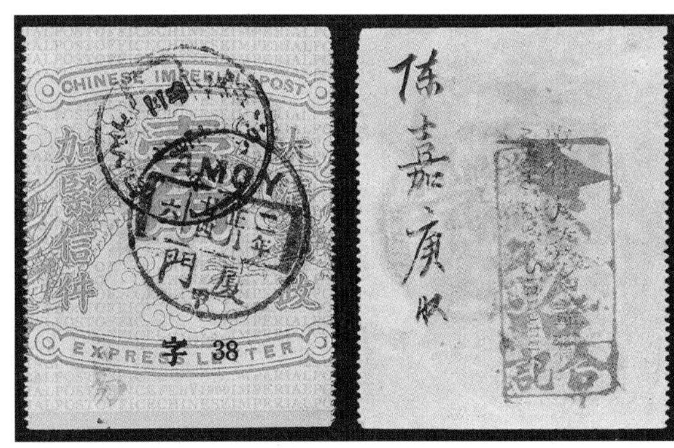

8-4-4

8-4-5

8-4-6

8-4-3 중문과 영문이 혼용된 대청 우표
8-4-4 영문으로 표기한 대청 우정국의 빠른 우편
8-4-5 영문 Odeon이 있는 레코드판 포장
8-4-6 대청 우정국 문 앞의 시선을 끄는 '서양 글자'

8-4-7

8-4-8

8-4-9

8-4-10

8-4-11

8-4-7 상하이 란신대극원兰心大戏院에 걸려 있는 영문 간판
8-4-8 중국적이지도 않고 서양적이지도 않은 청말 엽서
8-4-9 아시아석유화학회사亚细亚火油公司 간판
8-4-10 Hat Store라고 쓰인 모자상점
8-4-11 중국과 서양이 섞여 있는 상하이 거리의 상점

8-4-12

8-4-13

8-4-12　중국과 서양이 섞여있는 아스피린 광고

8-4-13　영문으로 장식한 중국산 담배 포장

8.5 '서양 물건'의 유행

19세기 이후 서양 산업국가는 줄곧 상품 수출을 기본적인 국가 정책으로 삼았다. 중국과 영국 간의 제1차 아편전쟁은 사실 서양의 국가 정책과 중국의 국가 정책 간의 대결이었다. 중국의 패전으로 인해 19세기 중엽부터 외국 상품이 중국 연해 도시로 들어오기 시작하였지만, 중국의 자급자족하는 자연경제와 중국인의 화존이비华尊夷卑 인식의 이중 배척 속에 외국 상품의 진입 속도가 상당이 늦어서 19세기 중엽까지 중국에 있는 외국 회사는 손해를 보거나 폐업하는 일이 다반사였다. 그 당시에 중국에 있던 서양 사람은 글에서 희망이 실망으로 바뀌던 그 시기를 **무지개의 소실**이라고 불렀고, 같은 시기 중국 사람은 외국인들의 행동거지를 **꼴불견**出洋相 이라고 깎아내렸다.

하지만 반세기도 지나기 전에 중국 상품과 서양 상품의 시장 상황이 급견하였다. 외국 물건이 중국 시장으로 물밀듯이 들어왔고, 중국 물건이 서양 물건보다 못하다는 인식이 중국 전역에 넘쳐났다. **양**洋 이라는 글자 하나가 19세기 말에서 20세기 초 때 가장 세련되고 가장 돈이 되는 유행어가 되었고, **양유**洋油, **양화**洋火, **양장**洋装, **양사**洋纱, **양포**洋布, **양정**洋钉, **양회**洋灰, **양루**洋楼, **양패**洋牌, **양기**洋气 등 양은 중국인의 사회 생활과 정신 세계 거의 모든 곳에 파고들었다. 중국의 구식 소농업과 가내수공업이 결합한 자급자족 자연경제는 이로써 전체적으로 해체의 길을 걷게 되었고, 중국인의 가치관과 생활 방식에도 천지가 개벽할 정도의 큰 변화가 생겨났다.

8-5-1

8-5-2

8-5-3

8-5-4

8-5-5

8-5-1 산더미처럼 쌓여있는 독일 멜처스양행[44]이 중국으로 수입한 화물

8-5-2 청말 공공장소에서 자주 볼 수 있던 등잔불

8-5-3 골목에 있는 양화점洋货店

8-5-4 청말 베이징 거리의 서양 자전거

8-5-5 고급 서양 물품인 현미경이 있는 청말의 학당

8-5-6

8-5-7

8-5-8

8-5-9

8-5-6　민국 초기 이미 대도시에서 유행하던 서양식 전축
8-5-7　민국 시기 곳곳에 넘쳐나던 영국제 Hatamen 담배 광고
8-5-8　민국 시기 잘 팔렸던 미국산 영문 타자기
8-5-9　청말 중국으로 들어온 재봉틀

8-5-10

8-5-11

8-5-12

8-5-10 중국에 온 서양 자동차

8-5-11 수입품인 상하이의 노면 유궤 전차

8-5-12 1925년부터 서양 자동차로 배송한 〈신보申报〉

8.6 선두를 차지한 후발주자 '화기국'

1492년 이탈리아 탐험가인 크리스토퍼 콜럼버스[45]가 대서양을 횡단하여 신대륙을 발견하였을 때 이것이 아시아 대륙의 동부라고 생각하였다. 1499년에서 1502년까지 또 다른 이탈리아 탐험가 아메리고 베스푸치[46]는 이곳이 사람들이 이미 알고 있는 아시아 대륙이 아니라 유럽인에게 알려지지 않은 신대륙이라고 확신했고, 바다를 항해하고 돌아온 후에 아메리고 베스푸치는 그가 발견한 것과 그의 결론을 대중에 공개하였다. 1507년 독일 지리학자 마르틴 발트제뮐러[47]는 새로 출판한 세계지도에 이 대륙을 처음으로 America라고 표기하였는데, 이 지명은 항해가의 이름인 Amerigo를 여성형으로 바꾼 것이다.

60여 년이 지난 1825년에 이탈리아 선교사 마테오 리치[48]가 중국 마카오에 도착하게 된다. 1601년 마테오 리치는 만력제万历帝에게 〈만국전도万国全图〉를 바쳤는데, 이 〈만국전도〉에 마테오 리치가 세계 각 대륙을 중국어로 아세아亚细亚, 아시아, 구라파欧逻巴, 유럽, 리미아利未亚, 아프리카, 남아묵리가南亚墨利加, 남아메리카, 북아묵리가北亚墨利加, 북아메리카로 명명하였다. 1776년 The United States of America가 독립한 후 중국어 번역어는 당연히 아메리카 합중국亚墨利加合众国이 되었다. 1844년 미국이 케일럽 쿠싱[49]을 시켜 청 정부와 왕샤조약望厦条约[50]을 맺었는데, 조문에 아메리카 합중국의 墨를 美로 바꾸어 미국을 아메리카 대합중국亚美理驾洲大合众国이라고 하였다. 이때를 전후하여, 재중 미국인 선교사 엘리자 콜먼 브리지먼이 미국을 소개하는 중국어책을 썼는데 그 책의 이름을 『美理哥合省国志略』라고 하였다. 그리하여 이때부터 美자가 마침내 America와 관계를 맺게 되었다.

하지만 아묵리가亚墨利加든 아미리가亚美理驾"든 미리가美理哥든, 근대 중국에서는 일반적으로 사용하지 않았다. 웨이위안[51]은 『해국도지海国图志』에 미국을 미리견弥利坚, 미국인을 미이弥夷라고 기록하였다. 일반 중국인은 성조기 모양을 보고 화기국花旗国이라고 불렀고, 弥의 번체자가 彌로 쓰기 어려워서 쓰기 쉬운 米자로 바꾸었다.

화기국은 나라가 만들어진 초기부터 중국과 교류를 시작하였고, 비록 유럽의 다른 나라보다 교류의 출발은 늦었지만 교류의 발전 속도는 매우 빨랐으며 나중에는 유럽 국가보다 더 빈번하게 교류하였다. 19세기에서 20세기까지도 두 나라의 교류는 다른 나라를 능가할 정도로 빈번하게 이루어졌고, 미국은 중국과 가장 빈번하고 가장 밀접하게 교류하는 상대 국가가 되었다.

8-6-1

8-6-2

8-6-3

8-6-4

8-6-1 1784년 처음으로 중국 광저우로 향하는 미국 상선 중국 황후호[52]

8-6-2 『중국 황후호의 첫 번째 중국항해기』의 영문판 표지

8-6-3 1984년 중국 황후호의 광저우 입항 200주년을 기념하기 위해 중국이 발행한 기념주화

8-6-4 2014년 중국과 미국이 공동으로 개최한 중국 황후호 광저우 항해 230주년 기념식

8-6-5

8-6-6

8-6-7

8-6-5　19세기 초 광저우의 미국 상관

8-6-6　청말 중국에서 유행하던 US 글자가 새겨진 미국산 등잔

8-6-7　민국 시기 명품 기종이었던 미국 싱거 재봉틀[53]

8-6-8

8-6-9

8-6-10

8-6-11

8-6-12

8-6-8 1879년 미국 제18대 그랜트 대통령[54]과 리훙장

8-6-9 미국 정부의 요청으로 미국으로 간 중국 노동자

8-6-10 중국 은행업계과 미국 뉴욕 체이스맨하탄은행[55]이 합자해서 설립한 중화무업은행中华懋业银行이 중국에서 발행한 화폐

8-6-11 시티은행이 한커우에서 발행한 5위안 지폐

8-6-12 중국은행이 발행한 지폐에 새겨진 미국 닉슨대통령 초상화

8-6-13

8-6-14

8-6-15

8-6-13 진링대학 교문에 걸린 성조기
8-6-14 옌칭대학 졸업식에 걸린 성조기
8-6-15 1902년 중국에 들어간 후 지금까지도 운영하는 시티은행

8.7 프랑스 '사회대학'에서 고학한 학생

1910~20년대 중국 지식계가 군벌정치의 본질을 알아챈 후, 실업보국实业报国과 교육구국教育救国을 주장하며 일과 공부를 함께 하자는 공독주의工读主义 사조가 생겨났고, 사람들은 외국에 가서 열심히 공부하면서 배우는 것이 새로운 국민을 양성하는 가장 빠른 길이라고 생각하였다. 그래서 1912년 4월 차이위안페이가 베이징정부 교육총장教育总长이 된 지 얼마 지나지 않아 위위장[56]과 리스쩡[57] 등이 세운 유법근공검학회留法勤工俭学会[58]를 대대적으로 지지하였고, 학교에 전문 기숙사를 지어 학생이 출국하기 전에 교육하는 장소로 사용할 수 있도록 예산을 지원하였다. 처음에 학생 80여 명이 프랑스로 갔고, 프랑스에 있던 화교 회사에서 일도 하고 공부도 하였다. 이로써 프랑스에는 고향을 떠나 먼 곳으로 온 중국 학생이 생겨났다.

1914년 제1차 세계대전이 발발한 후 프랑스는 전쟁으로 인한 노동력 부족을 메꾸어야 했기 때문에 중국 청년들이 프랑스로 와서 일하면서 공부하는 것을 더욱 적극적으로 환영하기 시작하였다. 그러한 지원 속에서 프랑스에 머물렀던 차이위안페이, 우위장, 리스쩡 등은 1915년 프랑스에도 근공검학회勤工俭学会를 조직하였고, 1916년에 또 파리에 화공학교华工学校와 화법교육회华法教育会를 만들었다.

1917년 중국 베이징에도 이에 상응하는 화법교육회가 만들어졌고, 베이징 창신뎬长辛店, 바오딩保定, 청두成都, 창사长沙 등지에도 각종 프랑스 유학 예비학교가 만들어져 한때 그 명성이 자자했고 장관을 이루었다. 1919년에서 1920년까지 프랑스로 유학 가서 일하면서 공부하는 것이 최고조에 달했고, 2년 동안 전국 각지에서 모두 20여 차례에 걸쳐 약 1,600명의 학생이 프랑스로 가서 고학하였다.

중국 학생은 프랑스에 도착한 후 화법교육회의 배정으로 어떤 사람은 학교로 어떤 사람은 공장으로 갔다. 통계에 따르면, 학생들이 공부한 학교는 약 30여 곳, 일한 곳은 약 60여 곳에 이르렀고, 55만㎢에 달하는 프랑스 전역 거의 모든 곳에 그들의 발자취가 있었다.

전후 프랑스 경제가 어려워짐에 따라, 프랑스 정부 여야는 중국 학생에 관한 관심이 급격히 식었고 경제적 지원도 거의 바닥이 났다. 프랑스에서 고학하던 많은 학생은 제때 학업을 마치지 못하게 되었고 적당한 일자리를 찾지 못해 생계를 이어갈 수가 없었다. 그리고 중국 내 북양정부도 그들에게 거의 관심을 두지 않아 중국과 프랑스 양국 정부로부터 버림받은 고아가 되었고, 동서 두 문화에 모두 뿌리 내리지 못한 중간자가 되었다. 그들의 회고록을 넘겨보면 거의 모든 사람이 프랑스 유학의 고통스러운 역사를 마음속에 품고 있었다.

살기 위해, 그리고 중국을 바꾸기 위해 프랑스로 유학 간 학생 중 일부는 소련로 가서 사회주의 길로 돌아섰다. 서양의 사회대학 속에서의 고통은 그들이 공산주의로 자신을 던지는 매개체가 되었다. 저우언라이[59], 덩샤오핑[60], 자오스옌[61], 천이[62], 녜룽전[63], 샹징위[64], 차이창[65], 리웨이한[66], 리리싼[67], 리푸춘[68] 등 중국 공산 운동의 영수들이 그 중 두각을 드러냈다. 중국 국내에서 후난 지역 프랑스 유학 사업을 위해 고군분투했던 마오쩌둥도 이때부터 공산주의 혁명의 길을 걷게 되었다.

8-7-1

8-7-2

8-7-3

8-7-1 프랑스 취업학습운동의 창시자 리스쩡 오른쪽

8-7-2 프랑스 취업학습 프로그램을 추진하고 참여하여 홍색교육가紅色教育家로 추앙받은 우위장

8-7-3 1912년 첫 번째 프랑스 취업학습 프로그램에 참여한 학생의 베이징 연희당燕喜堂 단체 사진

8-7-4

8-7-5

8-7-6

8-7-4 1919년 프랑스 취업학습 프로그램에 참여한 혁명 원로 쉬터리[69]

8-7-5 프랑스 취업학습 프로그램에 참여해 1920년 프랑스에서 부부가 된 차이허썬[70]과 샹징위[71]

8-7-6 프랑스 몽따흐쥐Montargis에 있는 고무공장에서 일한 쓰촨 장진江津 근공검학회 학생의 단체사진

8-7-7

8-7-8

8-7-9

8-7-7 1920년 11월 프랑스 취업학습 프로그램에 참여한 저우언라이

8-7-8 1921년 11월 프랑스에서 상하이로 돌아온 천이

8-7-9 1923년 독일 베를린에서 장쑹녠왼쪽 첫 번째, 저우언라이오른쪽 두 번째, 류칭양오른쪽 세 번째[72], 자오광천[73] 오른쪽 첫 번째가 함께 찍은 사진

8-7-10

8-7-11

8-7-12

8-7-10 1920년 16세의 나이로 프랑스 취업학습 프로그램에 참여한 덩샤오핑

8-7-11 벨기에 리흐드 브뤼셀대학 엔지니어학과에서 공부한 녜룽전

8-7-12 1924년 유럽에 간 공산주의 청년단의 저우언라이 귀국환송 단체사진 앞줄 왼쪽 첫 번째 녜룽전, 네 번째 저우언라이, 여섯 번째 리푸춘, 뒷줄 오른쪽 세 번째 덩샤오핑

8.8 경관 유학생

1900년 팔국연합군이 베이징을 공격한 후, 강제로 중국 정부에게 **신축조약**베이징의정서을 체결하도록 하였다. 조약은 중국이 러시아, 독일, 영국, 프랑스, 미국, 일본, 이탈리아, 벨기에, 오스트리아, 네덜란드, 스페인, 노르웨이, 스웨덴 등 11개 국가에게 원금과 이자를 합해 모두 9억 8,200만 냥을 배상하라고 규정하였는데, 이것을 **경관**庚款, 경자년 배상금이라고 한다. 후에 미국이 제일 먼저 이 배상금이 과다하게 책정되었다고 생각해 미국이 얻은 부분의 **초과 금액**을 돌려주고 미국인에 대한 중국인의 적대감을 줄이고자 하였다. 주미중국공사 량청[74]도 미국 국무장관 존 헤이[75]에게 배상금을 줄여달라는 비망록을 제출하였다. 아울러 미국 선교사 아서 스미스[76], 일리노이 대학 총장 에드먼드 제임스[77] 등이 남은 경관을 교육사업 발전에 사용할 것을 건의하였는데, 이는 당시 중국에 대한 일본의 문화적 침투를 막아 중국에 대한 미국 문화의 영향력을 높이고 나아가서 미국이 중국의 미래 발전을 통제하기 편하게 만들고자 하는 의도였다.

미국 시어도어 루스벨트[78]대통령이 돈을 돌려주고 학교를 건립하는 전략에 동의하였고, 1908년 5월 미국 국회는 마땅히 돌려주어야 할 **남은 배상금**에 대한 의결안을 통과시켰다. 그 후 주중미국공사는 또 중국 정부에 반환하는 금액을 유학생의 미국 유학 비용에 사용하고 베이징에 예비학교를 설립하는 데 사용할 것이며, 미국이 사람을 보내 배상금의 용도와 학생 양성의 기준을 관리 감독할 것이라고 밝혔다. 청 정부는 즉각적으로 동의하며 베이징에 미국 유학사무처游美学务处와 미국유학사무관游美肄业馆을 세워 학생 선발과 양성 업무를 담당하도록 하였다.

1909년 10월 첫 번째 경관유학생 47명이 미국 유학 길에 올랐고 1910년 8월에 또 두 번째 학생 70명이 미국으로 유학을 떠났다. 1911년 4월 미국 유학사무처는 칭화학당清华学堂으로 이름을 바꾸었고 계속 해마다 상당수의 중국 학생을 미국으로 유학 보냈다. 통계에 따르면, 1909년에서 1929년 사이에 직간접적으로 경관의 도움을 받은 유학생이 약 1,800여 명에 달했다.

해마다 한 차례씩 경관유학생을 선발하였는데, 이는 중국 사회에서 미국 유학 열풍을 일으켰고, 많은 젊은 학생이 또 다른 루트나 자비로 미국 유학길에 올라 1910~20년대에 중국은 미국 유학 붐이 일었다. 기존의 **일본 유학 붐**이 **미국 유학 붐**으로 대체되었고 이로 인해 중국에서 미국의 문화적 영향력이 해마다 높아졌다.

미국이 시범적으로 나서서 행동을 보이자 영국과 프랑스 등도 **경관** 중 많이 받은 돈 일부를 중국에서 유학생을 선발하고 양성하는 데에 사용하게 되었고, 이로 인해 **경관 영국 유학생**, **경관 프랑스 유학생**도 계속 생겨났다.

미국, 영국, 프랑스 등 서양 국가가 **경관**을 이용하여 중국 유학생을 양성하는 주관적인 목적은 중국에 그들의 문화적인 영향력을 심는 것이었지만, 객관적으로는 중국 과학과 문화 발전에 도움이 되었고 중국 사회와 정치 변화에 도움을 주었다. **경관** 유학생이 귀국한 후 대부분 중국 문화계, 교육계, 과학계의 엘리트가 되어 각 분야에서 활동함으로써 중화민족이 다시 한번 부상할 수 있었다.

8-8-1

8-8-2

8-8-1 1911년 경관으로 설립한 칭화학당

8-8-2 첫 번째 경관 유학생 중 후에 칭화대학 총장이 된 메이이치[79]

8-8-3

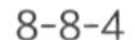
8-8-4

8-8-5

8-8-3 경관 유학 방안을 비준한 미국 시어도어 루스벨트 대통령
8-8-4 주미대사 후스와 미국 프랭클린 루스벨트[80]대통령
8-8-5 제1회 경관 미국 미국 유학생이었던 언어학자이자 수리과학자인 자오위안런과 부인의 은혼식 사진

8-8-6

8-8-7

8-8-8

8-8-9

8-8-6 제2회 경관 미국 유학생인 기상학자 주커전[81]
8-8-7 1916년 경관 미국 유학생인 교량 전문가 마오이성[82]
8-8-8 1935년 경관 독일 유학생 자오지우장[83]
8-8-9 1937년 경관 프랑스 유학생이자 중국 핵공업 창시자인 첸싼창[84]과 부인 허쩌후이[85]

8-8-10

8-8-11

8-8-12

8-8-10 1945년 경관 미국 유학생 노벨물리학상 수상자 양전닝[86]과 리정다오[87]

8-8-11 1934년 경관 유학생 첸쉐썬[88]

8-8-12 마오쩌둥과 천쉐썬

8.9 민국의 '서양인 고문'

신해혁명 후 크고 세련된 서양식 모자를 쓴 역대 민국 통치자들은 모두 공통된 정치적 기호가 있었으니 이것은 바로 천금을 아끼지 않고 서양 사람들에게 고문을 맡기는 것이었다. 항상 새롭고 참신한 모습을 보이던 위안스카이는 정치 입문 초기에 오스트레일리아 사람인 조지 모리슨[89]을 정치고문으로 삼았고, 그 후 또 미국의 유명한 학자인 프랭크 존슨 굿나우[90]를 법률 고문으로 삼았는데, 이 두 서양인 고문은 위안스카이에게 각각 다른 영향을 미쳤다. 전자는 위안스카이가 일본과 21개 조항二十一条을 체결할 것이라는 소식을 의도적으로 세계에 누설하여 일본이 중국을 독점하려는 기도를 막았고, 위안스카이가 황제가 되는 것을 적극적으로 반대하였다. 그리고 후자는 영어로 미국 정부와 민간, 그리고 세계 정치를 흔들어놓은 〈공화와 군주론〉이라는 훌륭한 글을 발표하며 위안스카이가 황제로 복귀할 수 있도록 국제적 여론을 만들었다.

위안스카이 이후 북양정부에서 지방 군벌이나 지방 유지까지도 서양 고문이 크게 활약하였다. 오스트레일리아 사람인 윌리엄 헨리 도날드[91]는 장쭤린[92], 쑨중산, 장쉐량[93]과 장제스[94]의 고문으로 활동하며 중국에서 세력을 확장하려는 일본의 모든 행동을 제한하였다. 그리고 소련이 10월 혁명에서 승리한 후, 쑨중산의 광저우 정부도 기회를 놓치지 않고 소련 대표인 헹크 스네플리엣[95], 미하일 보로딘[96], 바실리 블류헤르[97] 등을 정치고문과 군사고문으로 초빙하였고, 그들은 러시아 혁명의 폭풍을 중국 남쪽으로 확장하였다.

1927년 제1차 국공합작이 결렬된 후 국민당과 공산당 양측은 최고 통치권을 쟁탈하기 위해 정치적 군사적 결투를 다년간 계속하였다. 양측은 결투 과정에서 모두 서양 고문을 초빙하여 자신이 승리하는 것을 돕도록 하였다. 중국공산당은 코민테른komintern 대표인 독일인 오토 브라운[98]을 군사고문으로 초빙하였고, 국민당 정부는 한스 폰 젝트[99], 알렉산더 폰 팔켄하우젠[100] 등을 군사고문으로 삼았다. 국민당 정부는 독일과의 군사 협력 과정에서 군사고문단 제도를 만들었는데, 이 제도를 이후 중일전쟁과 국공내전에서 미국이 활용하였고, 미국고문단은 1940년대 서양 고문 단체의 대명사가 되었다.

서양 고문의 활약은 민국 시기 정치의 특수한 현상으로, 그것의 출현은 서양의 군사적 패권과 정치발언권이 중국 땅에 확장 투사된 것이며, 또 중국 통치권자들이 서양을 높이 평가하는 가치관이 자연스럽게 반영된 것이다. 전자는 중국에 대한 서양 국가의 난폭한 내정 간섭이고, 후자는 중국 통치자가 서양을 빌어 자신의 능력을 강화하고 상대방을 겁주려는 권력 사용에 관한 사고방식이다. 하지만 그 원인이나 동기가 어떠하든지 중국에서 서양

고문의 행동은 객관적으로 보든, 아니면 고위층의 관점에서 보든, 중국과 서양의 정치 군사 문화의 교류를 촉진하였고, 중국 정치, 경제, 군사의 현대화를 더욱 가속화하였다.

8-9-1

8-9-2

8-9-3

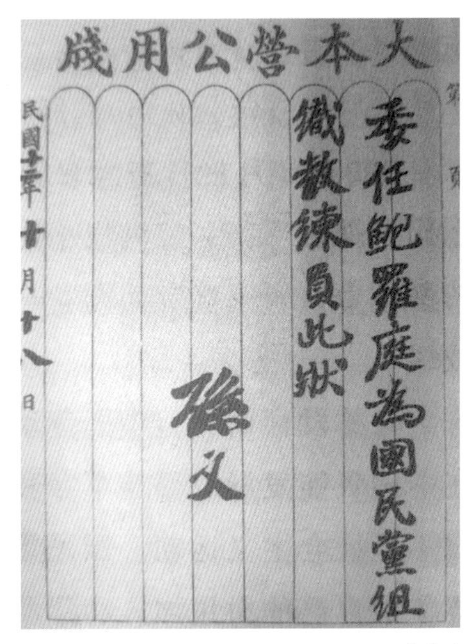

大本營公用牋

委任鮑羅庭為國民黨組織教練員此狀

孫文

民國十二年十月十八日

8-9-4

8-9-1　1912년 중화민국 쑨중산 정부 군사고문인 미국인 호머 리[101]

8-9-2　위안스카이의 법률 및 정치고문인 프랭크 존슨 굿나우

8-9-3　연설 중인 광저우 국민당 정치고문 미하일 보로딘

8-9-4　쑨중산이 미하일 보로딘에게 준 위임장

8-9-5

8-9-6

8-9-7

8-9-5 중국 민가 앞에 서 있는 조지 모리슨

8-9-6 1912년 중화민국 위안스카이 총통의 정치고문인 조지 모리슨

8-9-7 베이징의 자신의 도서관에 있는 조지 모리슨

8-9-8

8-9-9

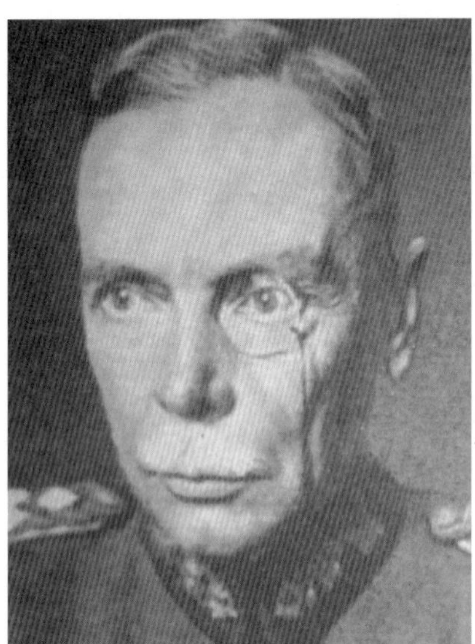

8-9-10

8-9-8 쑨중산과 중국 국민당 정치고문이 된 소련 대표 헹크 스네플리엣
8-9-9 1932년 코민테른이 중국공산당 군사고문으로 파견한 독일인 오토 브라운
8-9-10 장제스 난징 정부의 독일 군사고문 한스 폰 젝트와 알렉산더 폰 팔켄하우젠

8-9-11

8-9-12

8-9-13

8-9-14

8-9-11 서안사변을 해결하기 위해 분주히 다니는 장제스의 정치고문 윌리엄 헨리 도날드와 쑹메이링

8-9-12 장제스의 정치고문인 미국인 교수 오언 래티모어[102]와 장제스가 이야기 나누는 모습

8-9-13 장제스의 참모장인 미국인 장군 조셉 워렌 스틸웰[103]과 장제스 부부

8-9-14 1943년 장제스가 인도를 방문할 때 조셉 워렌 스틸웰이 공항에서 영접하는 모습

8.10 마르크스주의의 중국 진출

마르크스주의는 유럽에서 기원한 서양 학문이지만 20세기에 유럽보다 중국에서 더 많은 관심을 받았다. 어떤 서양 철학이나 이론도 중국 역사에서 마르크스주의처럼 그렇게 지대한 영향을 주지는 못했다. 마르크스주의는 중국에서 수십 년 동안 지배적인 위치를 차지하였고 몇 대에 걸쳐 십수억 명에게 근본적인 영향을 미쳤다.

중국인이 가장 일찍 마르크스와 공산주의를 안 것은 약 19세기 후반 때의 일이다. 1873년에서 1882년까지 상하이강남제조국은 비정기 간행물인 『서국근사휘편西国近事汇编』을 편역하였는데, 여기에서 처음으로 공산주의를 언급하였고 공산주의communism, 공산주의자communist, 구라파 대동欧罗巴大同, 빈부균재贫富均财 등의 명사와 개념이 출현하였다.

1899년 상하이 『만국공보』 121권에서 124권은 티모시 리차드[104]가 번역한 『대동학大同学』 4장을 발표하였다. 『대동학』의 원서는 영국 사회학자 벤자민 키드[105]가 저술한 『사회진화론Social Evolution』으로 1894년에 초판이 나왔는데, 이 책에 사회주의 학설에 대한 간단한 소개가 있다. 티모시 리차드는 번역에서 칼 마르크스[106]와 프리드리히 엥겔스[107]는 안민신학安民新学의 대표이고 노동자의 지도자라고 언급하였다.

1902년 10월 량치차오는 〈신민총보新民丛报〉에 〈진화론자 벤자민 키드의 학설〉[108] 등의 글을 발표하며 칼 마르크스를 사회주의의 최고 권위자라고 하였고, 칼 마르크스의 사회주의는 당시 독일에서 가장 높은 권위가 있는 2대 사상 중 하나라고 생각하였다. 그가 소개한 사회주의 이론의 핵심은 토지공유, 자본의 국유화, 노동력만이 만물의 원천이다. 그 후 마쥔우[109], 덩스[110], 주즈신[111] 등의 저서에서도 마르크스의 학설을 소개하였다. 주즈신은 또 〈민보民报〉에 〈공산당선언〉 10대 강령과 『자본론』의 잉여가치설을 소개하였다.

중국 국내에 자신이 사회주의자임을 공개적으로 내세운 사람으로는 장캉후[112]가 있다. 그는 1911년 11월 상하이에 중국사회당을 만들었지만, 장캉후가 아직 마르크스사상을 잘 이해하지 못해서 계급과 혁명 같은 핵심 개념을 언급하지 않았다. 그래서 중국사회당 내부에 사간[113]이나 태허스님[114]과 같은 극단적 사회주의가 나타났는데, 이는 다시 말하면 마르크스와 사회주의를 무정부주의anarchism로 이해한 것으로 마르크스의 정도를 벗어나는 것이었다.

중국에서 마르크스주의를 진정으로 믿게 된 것은 1917년 러시아 10월 혁명 이후로, 블라디미르 레닌[115]이라는 이름이 알려지면서 마르크스주의도 함께 중국 언론에 광범위하게 전파되었고 이때부터 사람들이 신앙처럼 믿게 되었다. 리다자오[116]는 마르크스주의가 중국인에게 신앙으로 바뀌는 과정에서 큰 역할을 하였다. 1919년 5월 그는 『신청년』의 〈마르크스주의 연구 특집호〉[117]를 주편하며 〈나의 마르크스주의 관점〉[118]이라는 글을 발표하였다. 그는 이글에서 마르크스의 유물사관, 과학적 사회주의와 정치경제학을 기술하였는데 이 세 부분은 모두 나눌 수 없는 관계이며 계급경쟁은 금줄처럼 이 3대 원리를 근본적으로 연결한다라고 주장하였다. 이것은 마르크스주의에 관한 비교적 체계적이고 완벽한 소개로 중국에서 마르크스주의 전파가 새로운 단계로 접어들었다는 것을 나타낸다. 그 외에 천두슈[119], 리다[120], 천왕다오[121], 양파오안[122] 등은 중국에서 마르크스주의가 전파하는 데 역할을 하였다.

마르크스주의는 중국에 전파된 초기에 현대사상계를 크게 흔들어놓았고, 중국인이 세계를 관찰하고 중국 사회 문제를 고민하는데 새로운 이론적 무기를 제공하였다. 이후 이 이론으로 만들어진 중국공산당은 중국의 노동자와 농민을 이끌며 사회주의를 힘차게 실천하게 되었다.

8-10-1

8-10-2

8-10-1 칼 마르크스

8-10-2 프리드리히 엥겔스

8-10-3

8-10-4

8-10-5

8-10-6

8-10-3 1902년 10월 〈신민총보〉에서 칼 마르크스를 사회주의의 최고 권위자로 언급한 량치차오
8-10-4 일본 초기 사회주의자 고토쿠 슈스이[123]와 1903년 중국 지식계에 잘 알려진 그의 중문판 대표작 『사회주의신수社会主义神髓』[124]
8-10-5 중국 최초의 마르크스주의자 리다자오
8-10-6 철학가로 잘 알려진 중국 초기 마르크스주의자 리다

8-10-7

8-10-8

8-10-7 1920년 중국 첫 번째 사회주의청년단이 창설한 상하이 사회주의청년단

8-10-8 1921년 첫 번째 마르크스주의 신봉자들이 상하이에 조직한 중국공산당

8-10-9

8-10-10

8-10-11

8-10-12

8-10-9　마르크스주의와 사회주의 학설을 선전하던 잡지『신청년』

8-10-10　천왕다오가 번역한『공산당선언』표지

8-10-11　초기 입당 선서문

8-10-12　중국에서 모택동 사상으로 발전된 마르크스주의

8.11 북방에서 불어온 '러시아 열풍'

중국이 양무운동洋务运动을 시작한 것은 미국과 유럽의 정치와 문화를 모방하며 세계의 부강한 민족에 포함될 수 있기를 바랐기 때문이다. 하지만 수십 년 동안 중국은 여전히 내우외환의 위기 속에서 벗어날 수 없었다. 1918년 제1차 세계대전이 종식된 후, 중화민족은 전승국인 **연합국**의 국가였지만 중국에 있던 패전국 독일이 가졌던 권리를 돌려받지 못했다. 이러한 사실들은 중국 지식인들을 크게 자극했고 그들은 더 현실적인 구국의 길을 찾아 나섰다. 러시아 10월 혁명이 성공했을 바로 그때, 레닌이 이끄는 소련 정부는 이전의 중국에 대한 불평등조약을 포기하겠다고 발표하였고, 이러한 우호적인 분위기 속에서 중국 지식인들은 소련로 돌아서기 시작하였다. 러시아의 정치, 경제, 이데올로기, 문학과 예술 모두 중국인의 관심의 대상이 되었고, 그것을 들여와서 소개하거나 소련로 공부하러 가는 등 **러시아 열풍**이 한때 중국 전역에 불어닥쳤다.

1920년을 전후로 중국 청년 지식인은 각지에서 러시아식 공산주의 소조와 사회주의청년단을 조직하였다. 상하이 사회주의청년단은 중국공산당과 공청단 조직의 첫 번째 청년 혁명가 양성학교인 외국어학사外国语学社를 설립하였고, 류사오치[125], 런비스[126] 등이 바로 소련으로 유학 가서 혁명의 길에 오르게 되었다. 프랑스에서 고학하던 청년들도 프랑스를 떠나 러시아로 가서 구국 구민의 길을 계속 탐색하였다. 소련 정부도 상황에 맞춰 동방대학东方大学과 중산대학中山大学을 설립하여 친소련인을 양성하였다. 북벌혁명 시기에 중국 지식계는 서양을 공부하고자 하는 생각의 방향을 유럽과 미국으로부터 러시아로 돌려 **서구화 경향**의 방향을 바꾸었고, 전형적인 구미파인 후스도 어쩔 수 없이 자연스럽게 소련으로 시찰을 가게 되었다.

중국공산당 사람들이 중국 정치 무대에서 부상함에 따라, 소련의 이데올로기와 문화 예술이 점점 중국 사회에 깊게 침투하였다. 레닌, 스탈린[127], 고리키[128], 푸시킨[129], 고골[130], 투르게네프[131], 도스토옙스키[132], 톨스토이[133], 체호프[134] 등 러시아 사람의 이름을 중국의 모든 사람이 다 알 정도였다. 1950년대 중반 소련이 중국에 끼친 문화적 영향은 최고조에 달했다.

8-11-1

8-11-2

8-11-3

8-11-1 러시아보다 중국에서 더 존경받은 톨스토이

8-11-2 중문판이 모두 있는 톨스토이 작품

8-11-3 중국인이 존경하는 러시아 화가 레핀[135], 문학비평가 블라디미르 스타소프[136], 작가 막심 고리키

8-11-4

8-11-5

8-11-6

8-11-7

8-11-4 막심 고리키의 대표작인 자전적 3부작 『유년시대Detstvo』, 『세상 속으로V lyudyakh』, 『나의 대학들Moi universitety』의 중문판

8-11-5 고골의 대표작 『죽은 혼』의 중문판 표지

8-11-6 중국 청년을 일으킨 오스트롭스키[137] 작품 『강철은 어떻게 단련되었는가』

8-11-7 1927년 모스크바에 있는 쑹칭링

8-11-8

8-11-9

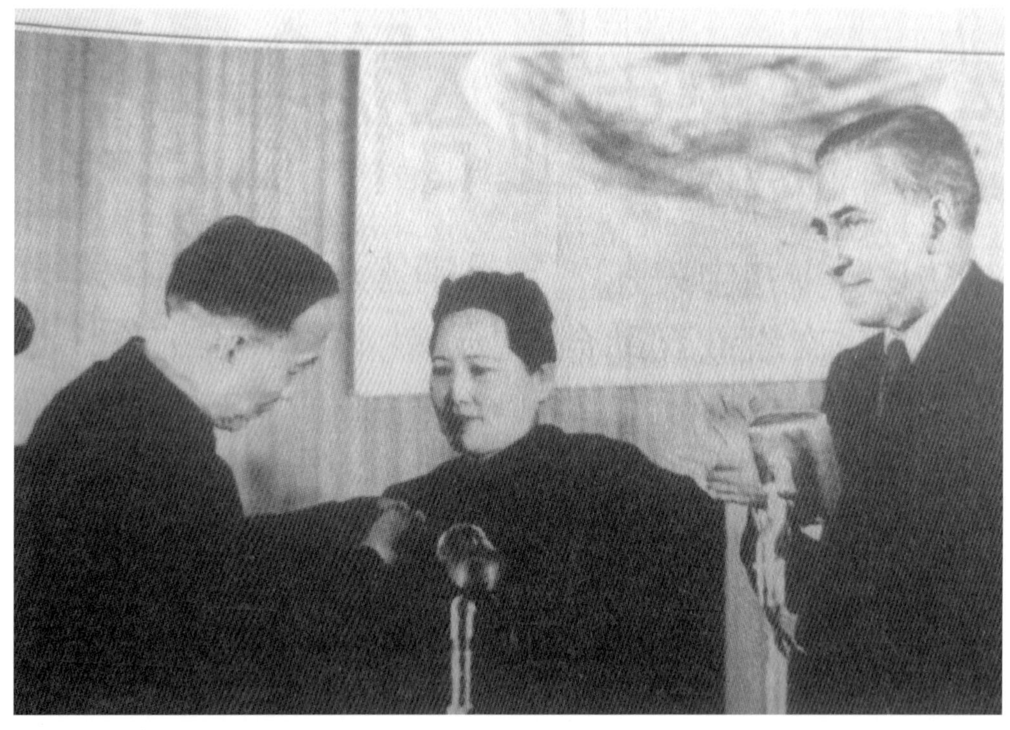
8-11-10

8-11-8　소련에 유학 가서 러시아 아내를 맞이한 장칭궈[138]
8-11-9　1950년 중소우호동맹 상호협력조약 서명식
8-11-10　1951년 소련 '국제평화증진' 글로벌스탈린상을 받는 쑹칭링

8-11-11

8-11-12

8-11-13

8-11-14

8-11-11　1차 5개년 계획一五 기간에 소련 전문가와 안강鞍钢 엔지니어가 연구하며 일하는 모습

8-11-12　중국인민해방군의 소련식 군복

8-11-13　1950년대 중국에서 스탈린에 대한 개인 숭배가 최고조에 달함

8-11-14　중국과 소련의 우호 관계 선전용 포스터

1 打倒孔家店
2 新文化就是西方化
3 옌푸严复, 1854~1921
4 린수林纾, 1852~1924
5 량스츄梁实秋, 1903~1987
6 저우서우쥐안周瘦鹃, 1895~1968
7 무무톈穆木天, 1900~1971
8 리리에원黎烈文, 1904~1972
9 가오밍키이高名凱, 1911~1965
10 주성하오朱生豪, 1912~1944
11 Thomas Henry Huxley, Evolution and Ethics 『天演论』.
12 Adam Smith, The Wealth of Nations 『原富』.
13 알렉상드르 뒤마 피스Alexandre Dumas fils, 小仲马, 1824~1895 *La Dame aux camélias* 『茶花女』.
14 대니얼 디포Daniel Defoe, 丹尼尔·笛福, 1660~1731, *Robinson Crusoe* 『鲁滨逊漂流记』.
15 발자크Honoré de Balzac, 奥诺雷·德·巴尔扎克, 1799~1850, *Eugénie Grandet* 『欧也妮·葛郎台』.
16 조지 고든 바이런George Gordon Byron, 乔治·戈登·拜伦, 1788~1824, *The Isles of Greece* 『哀希腊』.
17 아서 코난 도일Arthur Conan Doyle, 阿瑟·柯南·道尔, 1859~1930, *Sherlock Holmes* 『福尔摩斯探案集』.
18 존 듀이John Dewey, 1859~1952
19 후스胡适, 1891~1962
20 차이위안페이蔡元培, 1868~1940
21 장몽린蒋梦麟, 1886~1964
22 타오싱즈陶行知, 1891~1946
23 스량차이史量才, 1880~1934
24 버트런드 아서 윌리엄 러셀Bertrand Arthur William Russell, 伯特兰·阿瑟·威廉·罗素, 1872~1970
25 량치차오梁启超, 1873~1929
26 장둥쑨张东荪, 1886~1973
27 자오위안런赵元任, 1892~1982
28 장쑹넨张崧年 또는 张申府, 1893~1986
29 쑹칭링宋庆龄, 1893~1981
30 루쉰鲁迅, 1881~1936
31 린위탕林语堂, 1895~1976
32 위다푸郁达夫, 1896~1945
33 찰스 존 허펌 디킨스Charles John Huffam Dickens, 狄更斯, 1812~1870
34 *David Copperfield* 『块肉余生述』
35 송칭루宋清如, 1911~1997
36 헨리크 요한 입센Henrik Johan Ibsen, 亨利克·易卜生, 1828~1906
37 라빈드라나트 타고르Rabindranath Tagore, 拉宾德拉纳特·泰戈尔, 1861~1941
38 쉬즈모徐志摩, 1897~1931
39 린후이인林徽因, 1904~1955
40 아그네스 스메들리艾格尼丝·史沫特莱, 1892~1950
41 圣约翰书院
42 E. Merck
43 华西协和大学
44 멜처스양행Melchers, 美最时洋行
45 크리스토퍼 콜롬부스Christopher Columbus, 克里斯托弗·哥伦布, 1451~1506

46 아메리고 베스푸치Amerigo Vespucci, 亚美瑞格.韦斯普奇, 1454~1512
47 마르틴 발트제뮐러Martin Waldseemüller, 马丁·瓦尔德塞弥勒, 1470~1520
48 마테오 리치Matteo Ricci, 利玛窦, 1552~1610
49 케일럽 쿠싱Caleb Cushing, 凯莱布·顾盛, 1800~1879
50 1844년에 미국과 청나라가 마카오 교외의 왕샤에서 맺은 최초의 통상 조약.
51 웨이위안魏源, 1794~1857
52 THE EMPRESS OF CHINA
53 Singer 재봉틀胜家缝纫机
54 율리시스 심슨 그랜트Ulysses Simpson Grant, 尤里西斯·辛普森·格兰特, 1822~1885
55 Chase Manhattan Bank
56 위위장吴玉章, 1878~1966
57 리스쩡李石曾, 1881~1973
58 5·4운동을 전후로 하여 중국 전역에 프랑스로 유학가서 일하면서 공부하는 학생 관련 업무를 처리하는 기관이다.
59 저우언라이周恩来, 1898~1976
60 덩샤오핑邓小平, 1904~1997
61 자오스옌赵世炎, 1901~1927
62 천이陈毅, 1901~1972
63 녜룽전聂荣臻, 1899~1992
64 샹징위向警予, 1895~1928
65 차이창蔡畅, 1900~1990
66 리웨이한李维汉, 1896~1984
67 리리싼李立三, 1899~1967
68 리푸춘李富春, 1900~1975
69 쉬터리徐特立, 1877~1968
70 차이허싼蔡和森, 1895~1931
71 샹징위向警予 1985~1928
72 리우칭양刘清扬, 1894~1977
73 자오광천赵光宸, 1902~1965
74 량청梁诚, 1864~1917
75 존 밀턴 헤이John Milton Hay, 1838~1905
76 아서 헨더슨 스미스Arthur Henderson Smith, 阿瑟·亨德森·史密斯 혹은 明恩溥, 1845~1932
77 에드먼드 제임스Edmund Janes James, 埃德蒙·詹姆斯, 1855~1925
78 시어도어 루스벨트Theodore Roosevelt, 西奥多·罗斯福, 1858~1919
79 메이이치梅贻琦, 1889~1962
80 프랭클린 델라노 루스벨트Franklin Delano Roosevelt, 富兰克林·德拉诺·罗斯福, 1882~1945
81 주커전竺可桢, 1890~1974
82 마오이성茅以升, 1896~1989
83 자오지우장赵九章, 1907~1968
84 첸싼창钱三强, 1913~1992
85 허쩌후이何泽慧, 1914~2011
86 양전닝杨振宁, 1922~
87 리정다오李政道, 1926~
88 첸쉐썬钱学森, 1911~2009
89 조지 어니스트 모리슨George Ernest Morrison, 乔治·厄内斯特·莫理循, 1862~1920
90 프랭크 존슨 굿나우Frank Johnson Goodnow, 弗兰克·约翰逊·古德诺, 1859~1939

91 윌리엄 헨리 도날드William Henry Donald, 威廉·亨利·端纳, 1875~1946

92 장쭤린张作霖, 1875~1928

93 장쉐량张学良, 1901~2001

94 장제스蒋介石, 1887~1975

95 헹크 스네플리엣Henk Sneevliet, 马林, 1883~1942

96 미하일 보로딘Mikhail Borodin, 鲍罗廷, 1884~1952

97 바실리 콘스탄티노비치 블류헤르Vasily Konstantinovich Blyukher, 瓦西里·康斯坦丁诺维奇·布柳赫尔 또는 加伦, 1890~1938

98 오토 브라운Otto Braun, 奥托·布劳恩 또는 李德, 1900~1974

99 요하네스 프리드리히 한스 폰 젝트Johannes Friedrich Hans von Seeckt, 汉斯·冯·西克特 또는 汉斯·冯·塞克特, 1866~1936

100 알렉산더 폰 팔켄하우젠Alexander von Falkenhausen, 亚力山大·冯·法肯豪森, 1878~1966

101 호머 리Homer Lea, 荷马李, 1876~1912

102 오언 래티모어Owen Lattimore, 欧文·拉铁摩尔, 1900~1989

103 조셉 워렌 스틸웰Joseph Warren Stilwell, 约瑟夫·史迪威, 1883~1946

104 티모시 리차드Timothy Richard, 李提摩太, 1845~1919

105 벤자민 키드Benjamin Kidd, 本杰明·基德, 1858~1916

106 칼 하인리히 마르크스Karl Heinrich Marx, 马克思, 1818~1883

107 프리드리히 엥겔스Friedrich Engels, 恩格斯, 1820~1895

108 〈进化论革命者颉德之学说〉

109 마쥔우马君武, 1881~1940

110 덩스邓实, 1877~1951

111 주즈신朱执信, 1885~1920

112 장캉후江亢虎, 1883~1954

113 사간沙淦, 1885~1913

114 태허太虛, 1890~1947

115 블라디미르 일리치 레닌Vladimir Ilyich Ulyanov, Влади́мир Ильи́ч Ле́нин, 弗拉基米尔·伊里奇·列宁, 1870~1924

116 리다자오李大钊, 1889~1927

117 〈马克思主义研究专号〉

118 〈我的马克思主义观〉

119 천두슈陈独秀, 1879~1942

120 리다李达, 1890~1966

121 천왕다오陈望道, 1891~1977

122 양파오안杨匏安, 1896~1931

123 고토쿠 슈스이 또는 고토쿠 덴지로幸德秋水 또는 幸德傳次郎, 1871~1911

124 『社会主义神髓』

125 류샤오치刘少奇, 1898~1969

126 런비스任弼时, 1904~1950

127 조셉 비사리오노비치 스탈린Joseph Vissarionovich Stalin, Ио́сиф Виссарио́нович Ста́лин, 约瑟夫·维萨里奥诺维奇·斯大林, 1878~1953

128 막심 고리키Maxim Gorky, Макси́м Го́рький, 马克西姆·高尔基, 1868~1936

129 알렉산드르 세르게예비치 푸시킨Alexander Sergeyevich Pushkin, Александр Сергеевич Пушкин, 亚历山大·谢尔盖耶维奇·普希金, 1799~1837

130 니콜라이 바실리예비치 고골Nikolai Vasilievich Gogol, Никола́й Васи́льевич Гоголь, 尼古莱·瓦西里耶维奇·果戈理, 1809~1852

131 이반 세르게예비치 투르게네프Ivan Sergeyevich Turgenev , Иван Сергеевич Тургенев, 伊凡·谢尔盖耶维奇·屠格涅夫, 1818~1883

132 표도르 도스토옙스키Fyodor Dostoevsky, Фёдор Михайлович Достоевский, 费奥多尔·米哈伊洛维奇·陀思妥耶夫斯基, 1821~1881

133 레프 니콜라예비치 톨스토이Lev Nikolayevich Tolstoy, Лев Николаевич Толстой, 列夫·尼古拉耶维奇·托尔斯泰, 1828~1910

134 안톤 파블로비치 체호프Anton Pavlovich ChekhovАнтон Павлович Чехов, 安东·巴甫洛维奇·契诃夫, 1860~904

135 일리야 예모비치 레핀Ilya Efimovich Repin, Илья Ефимович Репин, Ilya Efimovich Repin, 伊里亚·叶菲莫维奇·列宾, 1844~1930

136 블라디미르 바실리예비치 스타소프Vladimir Vasilievich Stasov, Владимир Васильевич Кирпичников, 弗拉基米尔·瓦西里耶维奇·斯塔索夫, 1824~1906

137 니콜라이 알렉세예비치 오스트롭스키Nikolai Alexeevich Ostrovsky, Николай Алексеевич Островский, 尼古拉·阿列克谢耶维奇·奥斯特洛夫斯基, 1904~1936

138 장칭궈蒋经国, 1910~1988

9. 또다시 동쪽에서 부는 바람

9.1 출구가 된 차이나타운

명청 시기 이후 국력이 쇠약해지고 사람들이 핍박을 받으면서 많은 중국인이 다른 나라나 다른 지역으로 가서 살 궁리를 하게 되었다. 산업이 발달한 서양 국가는 중국이 생계를 이어나가기 위한 첫 번째 목적지가 되었다. 1868년 중미 간 **벌링게임 조약**[1] 체결 후 대청 정부는 과거 국민이 **출국하면 매국노**라는 태도나 국책을 바꾸어 의도적으로 노무 수출을 허가하고 조직하기 시작하였고, 그후 많은 중국인이 외국으로 이민 가는 것이 붐이 되었다. 그래서 미국과 유럽의 유명한 항구에는 모두 중국인의 발자취가 남았다.

중국인은 오랫동안 가족과 모여 사는 것을 좋아하고 오랫동안 살았던 곳을 쉽사리 떠나지 않으려고 하는 전통적인 관념이 있었다. 그런데 잘 알지도 못하는 외국 땅에 갑자기 정착하여 언어, 생활, 일, 문화, 안전 등을 익히면서 스트레스를 받게 되었고, 이때 가장 먼저 생각나는 것이라고는 동포에게 도움을 청하는 것뿐이었다. 이로 인해 초기 해외에 있는 중국인들이 모여 살게 되었고, 이것은 서로 도와주고 도움 받으며 어려움을 헤쳐나가고자 하는 문화적 심리적 원인이었다.

초기에 해외에 살던 중국인과 차이나타운은 조용하게 지내는 분위기여서 그곳에 사는 그 나라 사람들도 문화적 경계에 있는 민족과 그 사람들이 사는 곳에 대해 그다지 주의하지 않았다. 1980년대 이후 중국의 국력이 강해지자 서양 사회도 중국의 역사와 문화에 갈수록 관심을 두게 되었고, 현지의 차이나타운도 갈수록 서양 언론의 관심이 집중되는 곳으로 변해갔다. 해외의 차이나타운은 더이상 예전의 있는 듯 없는 듯한 변두리가 아니었으며, 중국과 외국 간 경제 문화 교류의 중요한 교량으로 그 역할이 커졌다. 차이나타운의 문화는 중국과 서양 두 문화의 정수를 포함하고 있으며 그것이 다원화하고 융합하여 이루어진 문화적 활력은 갈수록 빛을 발하고 있다.

9-1-1

9-1-2

9-1-3

9-1-1 1900년 뉴욕 차이나타운 한 모퉁이
9-1-2 1905년 뉴욕 차이나타운 거리
9-1-3 2005년 뉴욕 차이나타운 춘제의 용춤

9-1-4

9-1-5

9-1-6

9-1-4 초기 로스앤젤레스의 차이나타운 골목

9-1-5 초기 로스앤젤레스의 중국인

9-1-6 로스앤젤레스 차이나타운의 새로운 모습

9-1-7

9-1-8

9-1-9

9-1-10

9-1-7 보스턴 차이나타운
9-1-8 필라델피아 차이나타운 홍살문
9-1-9 시애틀 차이나타운의 퍼레이드
9-1-10 시카고 차이나타운

9-1-11

9-1-12

9-1-13

9-1-14

9-1-11 영국 맨체스터 차이나타운 거리
9-1-12 영국 뉴캐슬 차이나타운 홍살문
9-1-13 오스트레일리아 시드니 차이나타운
9-1-14 캐나다 토론토 차이나타운

9.2 외국 속 중국식 정원

정亭, 대台, 누楼, 각阁, 전殿, 랑廊 등을 특징으로 하는 중국식 고전 정원园林은 유가 문화 특유의 인문 정서가 함유되어 있고, 그 우아한 분위기와 문화적 품위에 대해 16세기에서 17세기 서양 건축계가 감탄하고 모방한 바 있다. 그 후 중국이 빈곤해지며 서양 사람들은 이러한 것들을 금방 잊어버렸다. 1980년대 이후 중국 국력이 높아짐에 따라 중국 정원 건축도 다시 한번 세계의 시선을 끌기 시작했다. 미국 뉴욕 메트로폴리탄박물관의 **명헌**明轩, 독일 프랑크푸르트의 **춘화원**春华园, 캐나다 벤쿠버의 **중산공원**中山公园, 칠레 수도 산티아고의 **중국공원**中国公园, 오스트레일리아 시드니의 **중국화원**中国花园, 영국 리버풀의 **연수원**燕秀园, 스웨덴 동아시아박물관의 **중국원**中国园 등이 잇따라 만들어졌고, 유럽, 미국, 오스트레일리아 각 지역 곳곳에 갑자기 중국식 건축물이 생겨났다.

미국 뉴욕 메트로폴리탄박물관의 **명헌**은 쑤저우 망사원网师园 안의 작은 정원인 전춘이殿春簃를 모티브로 하여 만들어진 명대 건축 스타일이므로 **명헌**이라고 이름 지었다. 아치형 문亮门, 곡선으로 된 복도曲廊, 큰 바위, 대나무, 꽃과 풀, 연못 등은 중국 고전 정원의 특징을 잘 나타냈다. 전체 정원의 배치가 세심하게 잘 조성되어 있고 분위기가 산뜻하고 편안하며 탁 트여있다. 닉슨 미국 대통령은 **명헌**의 공정을 직접 시찰하였고, 시공 현장에서 엔지니어를 만나기도 하였다. **명헌**은 미중 문화 교류사에 영원히 남을 작품이다. 캐나다 벤쿠버의 **중산공원**은 1986년 4월에 건축되었으며 공원 전체는 쑤저우 고전식 정원 설계를 모방하였다. 중산공원의 편액에 쓴 **중산공원** 네 글자는 쑨중산 부인인 쑹칭링이 직접 썼고, 정원 안에 배치된 물건, 꽃과 나무는 모두 중국에서 직접 운송해온 것이다. 1984년 세계정원박람회가 영국 리버풀에서 개최되었는데 영국 엘리자베스 여왕이 직접 개막식을 주재하였다. 중국이 그 세계정원박람회에 참가하여 중국 정원 하나를 만들었는데 그것이 바로 **연수원**이다. 이 정원은 호숫가에 있는데 가장 높은 곳에 팔각정이 있고, 호수 가까이 세 개의 넓은 공간이 가로로 놓여있으며, 정원 안 곳곳에 큰 바위, 구불구불 작은 오솔길, 무성한 꽃과 나무가 있다. 정원박람회가 끝난 후 중국은 **연수원**을 영구적으로 영국에 선사하였다.

9-2-1

9-2-2

9-2-3

9-2-1 미국 메트로폴리탄박물관의 명헌
9-2-2 미국 뉴욕 스태튼 아일랜드의 기심원 寄心园
9-2-3 미국 로스앤젤레스의 유방원 流芳园

9-2-4

9-2-5

9-2-6

9-2-4 미국 오레곤주 포틀랜드시 난소원兰苏园
9-2-5 캐나다 벤쿠버의 중산공원中山公园
9-2-6 캐나다 몬트리올 중국원中国园

9-2-7

9-2-8

9-2-9

9-2-7 영국 리버풀 중국원中国园

9-2-8 프랑스 릴오페라극장의 호심원湖心亭

9-2-9 프랑스 아프르몽 정원의 중국교中国桥

9-2-10

9-2-11

9-2-12

9-2-13

9-2-10 싱가포르 온수원蕴秀园
9-2-11 뉴질랜드 더니든Dunedin의 난원兰园
9-2-12 오스트레일리아 시드니 의원谊园
9-2-13 중국 정원예술 스타일을 이용한 미국 미시간 정원

9.3 이국땅에 펼쳐진 중국 노점

노점은 일종의 상업적인 경영방식으로 가격이 저렴하고 판매가 편리하다는 등의 장점이 있어 1980년대 개혁개방 후 중국 도시에서 유행하기 시작하였다. 중국은 인적 자원이 풍부한 국가이므로, 가격 장점이 뚜렷한 노점 상품은 매우 빠른 속도로 중국을 떠나 세계로 향해나갔다. 문호가 개방된 초기에 중국을 떠난 중국인과 중국으로 온 서양인은 중국과 서양 간 가격 차의 유혹으로 상당히 많은 사람이 해외에서 노점을 열고 중국에서 들여온 물건을 현지 사람들에게 판매하였다.

1990년대 이후 해외에 흩어져 있던 중국 노점이 통합되어 쇼핑몰 형식의 중국 몰이 기존의 개별적인 노상의 점포를 대체하였다. 21세기 들어 중국 경제가 빠른 속도로 발전함에 따라 중국 몰도 세계 각지에 분포하였다. 독일의 경우, 동부의 라이프치히부터 서부의 뒤스부르크까지, 북부의 함부르크에서 남부의 뮌헨까지, 독일 내 10여 곳에 중국 몰이 생겼고, 베를린, 프랑크푸르트 등 대도시에는 한 지역에 두 곳 이상 있기도 하였다. 현재까지 작은 자리, 적은 자금, 작은 리스크, 낮은 가격, 대량의 방식을 경영 특징으로 하는 중국 몰은 산업이 업그레이드 되면서 브랜드 개발과 전자상거래 개발을 시작하였고, 갈수록 많은 메이드 인 차이나가 서양시장의 유행을 이끌고 있다.

서양 국가는 메이드 인 차이나 제품에 대해 경제적으로 생활적으로 의존하는 문화가 생겨났다. 미국 기자 사라 본지오르니Sara Bongiorni는 2005년 모든 가족을 데리고 메이드 인 차이나 제품이 없는 삶을 실험해보기로 하였지만 곧바로 어려움에 휩싸였고, 이듬해 모든 가족은 메이드 인 차이나와 다시 잘 지내게 되었고 정상적으로 생활하게 되었다. 사라 본지오르니는 가족 체험을 근거로 『메이드 인 차이나 없이 살아보기』[2]를 저술하였고 당시 매우 빨리 미국 시장의 베스트셀러가 되었다.

9-3-1

9-3-2

9-3-3

9-3-4

9-3-5

9-3-1 외국 관광객의 관심을 끄는 베이징 798 예술 거리 노점의 물건
9-3-2 베이징 수수가秀水街
9-3-3 다양한 물건으로 가득한 중국 노점
9-3-4 저장성 이우义乌 쇼핑몰에서 물건을 고르는 외국 상인
9-3-5 '성룡의 집'으로 명명한 터키 이스탄불의 상점

9-3-6

9-3-7

9-3-8

9-3-6 제100회 중국 광저우 엑스포의 영국 바이어
9-3-7 2013년 몰타 정월대보름 묘회 기간에 현지 주민이 중국 제품을 구매하는 모습
9-3-8 크리스마스 상품 대부분이 중국 상품인 미국 뉴욕 로드 앤 테일러Lord&Taylor 백화점

9-3-9

9-3-10

9-3-11

9-3-9 캐나다 스카버러의 중국 쇼핑몰

9-3-10 서양 거리에 자리 잡은 동양 쇼핑몰

9-3-11 프랑스 파리의 중국 쇼핑몰에서 물건을 구매하고 있는 현지인

9.4 세계를 휩쓴 중국 판다

바비인형이 서양의 강력한 문화 상징으로 중국 도시에 크게 유행한 적이 있지만 1970년대 이후 서양에서 동양으로 온 막을 수 없을 정도로 강력했던 바비인형의 상황은 변화하기 시작하였다. 중국의 경제 사회 발전과 세계에서 중국 영향력의 상승으로 천진난만한 귀여운 외모와 따뜻한 마음씨의 중국 판다는 세계적으로 뜨거운 사랑을 받게 된다.

중국 판다가 세계로 향하는 것과 중국이 세계로 향하는 것이 완벽하게 맞아떨어졌다. 1972년 닉슨 미국 대통령의 중국 방문 이후 중국 판다 **링링**과 **신신**이 미국으로 갔고, 미국과 중국의 문화 교류도 이때부터 다시 시작되었다. 이후 중국 판다는 독일, 영국, 프랑스, 캐나다 등으로 갔고 서양에서 큰 신드롬을 불러일으켰다. 판다를 처음으로 캐나다 관광객에게 선보인 지 불과 3개월 만에 연인원 70여만 명의 관광객이 방문하였다. 2000년 12월 중국 판다 **메이샹**과 **톈톈** 한 쌍이 전용기 **판다 1호**를 타고 미국으로 갔고 워싱턴 동물원에서 10개월 동안 머물렀다. 초반에만 판다를 보러온 관광객이 1일 평균 연인원 2.5만 명에 달했다.

중국 판다가 가는 곳마다 남녀노소 반기지 않는 곳이 없을 정도였다. 2013년 3월 25일 중국 판다가 캐나다에 갔을 때 스티븐 하퍼Stephen Harper 전 캐나다 총리 부부가 공항으로 마중 나왔다. 캐나다 총리실은 이를 두고 판다는 중국 고유의 민간 동물이고, 그들은 평화, 우호, 부의 상징으로 보기 때문이라고 설명하였다. 판다는 당연히 이미 중국 경제와 문화의 시대적 로고가 되었다.

판다 열풍은 더 나아가 **판다 굿즈 열풍**, **판다 영상 열풍**을 불러일으켰다. 중국과 해외 각국에서 생산한 판다 장난감, 그리고 판다와 관련된 영화, 드라마, 게임기 등이 수도 없이 쏟아졌다. 중국 판다는 이미 바비인형의 고향을 휩쓸었다.

9-4-1

9-4-2

9-4-3

9-4-4

9-4-5

9-4-1　2012년 청두에서 모집한 판다수호사절단

9-4-2　스티브 하퍼 총리 부부와 막 비행기에서 내린 중국 판다

9-4-3　판다를 구경하는 독일 어린이

9-4-4　프랑스 중부 생애냥Saint-Aignan 보발Beauval 야생동물원에서 자이언트 판다를 찍는 관광객

9-4-5　전 세계 어린이가 좋아하는 판다 장난감

9-4-6

9-4-7

9-4-8

9-4-9

9-4-6 베를린 동물원의 판다 '바오바오'
9-4-7 뉴욕 맨하탄 메이시스 추수감사절 퍼레이드의 쿵푸 판다 만화 이미지
9-4-8 할리우드 영화 쿵푸판다 속 온순하고 귀여운 무림 고수 자이언트 판다
9-4-9 런던 올림픽때 선보인 자이언트 판다 택시

9-4-10

9-4-11

9-4-10 2010년 EU 본부 건물 앞의 판다 인형
9-4-11 미국 워싱턴에서 개최한 판다 회화 조각전

9.5 '양징방' 영어에서 '중국어 열풍'까지

양징방洋泾浜은 19세기 상하이 서양 조계 옆의 지명으로 그곳에는 영어를 어설프게 아는 무역 중개인들이 모여 살고 있었다. 이 중개인들이 말하는 영어는 문법이 정확하지 않고 발음이 이상한 **칭글리시**였는데, 당시에 이것을 **양징방 영어**라고 하였다. 그때부터 상하이에서는 중국 전역에서 온 사람들이 외국인들과 직접 교류하기 위해서, 혹은 상류사회 사람인 듯 꾸며 그 사회로 들어가기 위해서 계속 영어를 배우기 시작하였다. 근대 국제정치에서 영국과 미국이 주도적인 위치를 차지하고 있었기 때문에 정부마다 국민들이 영어를 배우도록 격려하는 것을 정부 행정관리가 반드시 해야 할 일로 보았다. 대학교에서 초등학교까지, 업무 평가에서 직급 승진까지, 다양한 곳에서 영어 시험이 필요했다. 중국인이 말하는 영어는 초기에 **양징방 영어**의 말투를 띠고 있었지만, 중국 민간에서 영어를 사용하고자 하는 열기는 매우 뚜렷했다.

1980년대 이후, 특히 21세기 들어 중국 경제 사회가 지속적으로 발전하고 대외적으로 문화의 힘이 강해짐에 따라 세계적으로 중국어가 갈수록 관심을 받게 되었다. 원래 외국으로부터 중국 국내로 들어온 **영어 열풍**은 점차 중국에서 외국으로 나간 **중국어 열풍**으로 대체되었다. 중국어능력시험HSK의 고사장 수와 응시자 수는 세계적으로 볼 때 TOFEL과 IELTS를 바짝 추격하고 있고, 중국어 교육 양성기관은 세계 각국에 분포하게 되었다. 2005년 해외에서 약 3만 명이 HSK에 응시하였고, 2006년에는 그 수가 2배로 늘어나게 되었다. 2011년 말에는 전 세계 4천만 명 이상이 다양한 루트와 방식으로 중국어를 배웠다. 폭발적으로 늘어나는 중국어 학습 열풍에 대해 미국 뉴욕타임지는 2006년 1월에 특집으로 〈중국의 또 다른 인기 수출 상품: 중국어〉[3]라는 제목의 논평을 발표하였다.

최근 몇 년 동안 세계 경제가 어려움을 겪고 있는 과정에서 중국 경제의 지속적이고 안정적인 발전은 중국어 학습의 세계적인 열풍에 더욱 힘을 더했다. 스페인을 예로 들면, 2010년 스페인 40여 개의 대학교와 150여 곳의 중등학교와 초등학교에 중국어 교육과정을 개설하였고 총학습자 수는 약 3만 명에 달했다. 그해 스페인에서 HSK에 참가한 응시자 수는 전국적으로 천 명을 넘었다. 2011년 마드리드 공자아카데미에서 HSK에 참가한 응시자만 1,400명에 달하여 2010년 스페인 전국의 총응시자 수를 넘어섰다. 이집트 카이로의 대학생 20만 명 중 해마다 중국어를 수강하는 학생이 거의 2만 명에 달한다. 이집트는 관광을 주요 산업으로 하는 국가인데 대규모 중국 관광객으로 인해 중국어 가이드의 수급이 불균형 상태에 있고, 현재 중국어 가이드 임금이 프랑스어 가이드 임금보다 두 배가 높아서 이러한 추세는 계속될 것으로 보인다.

9-5-1

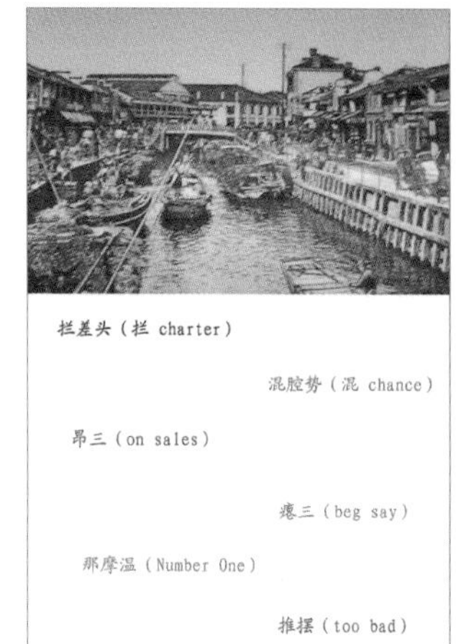

9-5-2

洋泾浜英文歌谣

A ballad in Ningbo dialect showed the pronunciation of some English words

来叫克姆（come）去叫戈，（go）
一元洋钱混淘箩，（one dollar）
廿四铜板吞的福，（twenty four）
是叫也司（yes）勿叫拿，（no）
如此如此沙咸鱼梭，（so and so）
真货实价凡立哥，（very good）
靴叫白脱（boot）鞋叫靴呵，（shoe）
洋行卖办讲白佗，（comprador）
小火轮叫司汀婆，（steamboat）
吃梯吃梯请吃茶，（have tea，"吃"用中国话。）
生堂生堂请你坐，（sit down）
烘山芋叫朴铁拖，（potato）
东洋车子立刻锁，（rickshaw）
打屁股叫班蒲吃啊，（bamboo，吴语挨打叫"吃生活"。）
混账王八啖风炉，（damn fellow，啖，烹茶；炉音罗。）
那摩温先生是阿大，（number one，大，音佗。）
跑街先生杀老夫，（shroff）
麦克麦克钞票多，（muck）
印的生丝当票多，（empty cents）
红头阿三开泼多，（keep door，红头阿三多指印度门卫）
自家兄弟勃拉茶，（brother）
爷要发柴（father，发即"撒"。）娘卖柴，（mother）
丈人阿伯发音罗，（father-in-law）

9-5-3

9-5-4

9-5-5

9-5-6

9-5-1 19세기 중국 상하이 양징방

9-5-2 19세기 중국 통상 항구에서 유행하던 양징방 영어

9-5-3 닝보宁波 방언의 양징방 영어 가요

9-5-4 중국에서 중국어를 배우는 외국 유학생

9-5-5 중국어를 배우는 미국 초등학생

9-5-6 그림을 보면서 중국어를 말하는 외국 어린이

9-5-7

9-5-8

9-5-9

9-5-10

9-5-7 중국어를 배우는 외국 학생
9-5-8 중국 붓글씨를 배우는 외국인
9-5-9 HSK에 응시한 외국 유학생
9-5-10 제10회 한어교汉语桥 세계대학생 중국어 경연의 카자흐스탄 지역 시상식

9-5-11

9-5-12

9-5-13

9-5-11 독일 바이에른 주 작은 마을 디트푸어트DIETFURT의 주민이 스스로 '바이에른의 중국인'이라고 부르며 매년 2월 중국 페스티발을 개최하는 모습

9-5-12 중국 무대에 오른 외국 유학생

9-5-13 반기문 유엔 전 사무총장이 한자를 쓰는 모습

9.6 상하이에서 개최한 세계엑스포

1851년 영국 런던에서 제1회 세계엑스포를 개최한 후로 중국은 오랫동안 후진국의 신분으로 참가해왔다. 20세기 초 청말신정清末新政 기간에 개혁파 대신인 양강총독两江总督 두안팡[4]이 중국 난징에서 중국인이 주도하는 세계적 규모의 박람회 **난양권업회**南洋劝业会를 개최하자고 주동적으로 제안하였고, 1910년 난양권업회가 정식으로 난징에서 막을 올렸다. 당시 중국의 공업이나 상업이 그다지 발달하지 않았고 중국의 국제정치적인 위상도 상당히 낮았기 때문에 난양권업회에 참가한 외국 대표가 일본, 미국, 독일의 일부 공상업 단체와 난양 국가의 일부 화교 실업단체밖에 없었다. 그래서 당시 중국에서 개최한 난양권업회의 국제적인 영향력이 유럽이나 미국, 일본에서 개최하는 세계엑스포에는 전혀 미치지 못했기 때문에 난양권업회가 진정한 의미에서의 세계엑스포는 아니었다.

난징 민국 정부가 수립된 후에도 세계엑스포를 개최한 적이 있지만 1930년대 민족 위기가 심해지고 특히 중일 간의 국지전이 확대되면서 원래 1936년 상하이에서 개최하기로 계획한 세계엑스포가 중간에 실패하였다. 중국인이 다년간 기대했던 중국이 개최하고 세계가 참여하는 세계엑스포의 바람이 다시 한번 산산조각 났다.

세월이 흘러 1980년대에 이르러 중국 사회 경제의 빠른 발전으로 중국인이 세계엑스포를 개최하고자 하는 바람이 또다시 뜨겁게 타올랐다. 1984년 중국 최대의 공상업도시인 상하이가 가장 먼저 세계엑스포 신청을 준비하였고 1999년 마침내 개최 확정에 성공하였다. 2010년 제41회 세계엑스포가 상하이에서 정식으로 개최되었다. 상하이 세계엑스포에 참가한 국가와 국제기구 246개, 참관인 연인원 7천만 명으로 그 규모와 영향력이 역사상 그 어떤 세계엑스포보다도 컸다. 난양권업회를 개최한 지 백년만에 난징에서 중국이 다시 한번 세계의 포커스가 되었다.

9-6-1

9-6-2

9-6-3

9-6-4

9-6-5

9-6-1 청말 난징 난양권업회 엽서
9-6-2 2010년 미국 뉴욕 타임스퀘어의 상하이 세계엑스포 광고
9-6-3 2010년 상하이 세계엑스포 개막식 불꽃 쇼
9-6-4 2010년 상하이 세계엑스포 영국관
9-6-5 2010년 상하이 세계엑스포 미국관

9-6-6

9-6-7

9-6-8

9-6-9

9-6-10

9-6-11

9-6-6 2010년 상하이 세계엑스포 오스트레일리아관
9-6-7 2010년 상하이 세계엑스포 파키스탄관
9-6-8 2010년 상하이 세계엑스포 독일관
9-6-9 2010년 상하이 세계엑스포 프랑스관
9-6-10 2010년 상하이 세계엑스포 벨기에관
9-6-11 2010년 상하이 세계엑스포 러시아관

9-6-12

9-6-13

9-6-14

9-6-15

9-6-16

9-6-17

9-6-12 2010년 상하이 세계엑스포 덴마크관
9-6-13 2010년 상하이 세계엑스포 네덜란드관
9-6-14 2010년 상하이 세계엑스포 폴란드관
9-6-15 2010년 상하이 세계엑스포 아프리카관
9-6-16 2010년 상하이 세계엑스포 사우디아라비아관
9-6-17 2010년 상하이 세계엑스포 스웨덴관

9.7 중국인 사장의 서양 기업

30여 년 동안 개혁개방을 거치면서 중국 산업 경제는 지속적으로 빠른 발전을 이루었다. 2011년 중국제조업의 생산액은 이미 1조 99억 달러로 세계 제조업 총생산액의 19.8%를 차지해 미국의 19.4%를 넘어서며 처음으로 세계 제조업 최강국이 되었다. 구체적인 상품 종류로 보면, 통계에 포함된 세계 주요 공산품 500종 중 중국 제품 220종이 세계 1위를 차지하였다. 기업의 종합경제력 순위를 보면 2012년 중국 대륙 기업 중 73곳이 세계 500강에 진입하여 기업 수로 볼 때 미국의 뒤를 이어 2위를 기록하였다.

1980년 이전까지 역사상 서양 자본을 대표로 하는 서구 기업 대표가 중국에서 공장이나 기업을 하는 사례들만 일방적으로 기록하고 있고 중국 자본이 서양 국가에 투자하여 공장을 지었다는 기록은 매우 드물다. 하지만 중국 산업 경제가 큰 규모로 성장함에 따라 기존의 자본이 한쪽 방향으로만 치우치던 상황이 점차 역전되었고, 갈수록 많은 중국 기업주가 외국으로 진출하여 공장을 짓고 회사를 설립하였다. 화웨이, 레노보, 하이얼 등 대규모 중국 자본기업이 지금도 점차 산업 체인의 선두 집단으로 들어가고 있고, 그러한 기업들의 기술경쟁력은 이미 기존 노동집약 산업의 기술경쟁력을 대신해 중국 자본의 서양 기업이 빠른 속도로 성장하는 원동력이 되었다.

중국 대표가 서양 회사를 보유하는 방식은 일반적으로 세 가지가 있다. 첫째, 해외에 투자하여 공장을 건설하고 자신이 서양 기업을 소유하는 것, 둘째, M&A를 통해 서양 기업의 주주가 되는 것, 셋째, 전체를 합병하여 직접 서양 기업을 소유하는 것이다. 갈수록 늘어나는 중국 대표의 서양 기업이 중외 무역 발전과 문화 교류를 촉진하는데 중요한 교량의 역할을 하며, 해외에서 메이드 인 차이나 제품의 명성을 높이고 세계에서 중국 자본의 영향력을 확대해 나가고 있다.

9-7-1

9-7-2

9-7-3

9-7-4

9-7-5

9-7-1 1999년 하이얼이 미국 노스캐롤라이나주에 건설한 하이얼 산업단지
9-7-2 하이얼이 도쿄에서 개최한 신제품 AQUA 시리즈 발표회
9-7-3 2010년 런던에서 개최한 지리Geely의 포드사 계열 볼보 인수 조인식
9-7-4 2012년 후난 창사에서 콘크리트장비 업종 1위 브랜드인 독일 푸츠마스터Putzmeister 인수를 발표한 삼일중공업
9-7-5 2013년 하이얼이 뉴질랜드에서 실시한 '가장 아름다운 팬 찾기' 이벤트

9-7-6

9-7-7

9-7-8

9-7-9

9-7-10

9-7-6 2009년 기서자동차Chery Automobile가 브라질에 건설한 자동차산업단지에서 생산한 티고TIGGO 출시식

9-7-7 2013년 솽후이Shuanghui International가 47억 달러로 인수한 버지니아에 본사를 두고 있는 스미스필드식품회사Smithfield foods

9-7-8 2013년 그리스 피레아스항Port of Piraeus 3호 부두를 사용하는 중원그룹COSCO, 두치원杜起文 주그리스중국대사가 그리스 대통령을 수행하여 중원 피에아스 콘테이너회사를 시찰하는 모습

9-7-9 2013년 하이센스Hisense 냉동 가전 남아프리카 3위 진입

9-7-10 이집트 하이센스 에어콘 생산기지 준공식에 참석한 세이드 메샬Sayed Meshaal 이집트 방산장관

9-7-11

9-7-12

9-7-11 2012년 26억 달러를 들여 미국의 제2대 체인업체 AMC 엔터테인먼트 홀딩스를 인수한 다롄 완다Wanda

9-7-12 서양인 우수 근로자상을 수상하는 중국석화그룹 외국인 노동자

9.8 세계로 뻗어나가는 중국 쿵푸

서양 총포가 세계를 주름잡던 시대에 중국 유교문화와 함께 중국 쿵푸는 중국의 낙후함과 인민의 야만스러움의 상징이 되어 초기 서방 식민주의자들에 의해 놀림을 당했던 적이 있었다. 팔국연합군은 쿵푸를 할 줄 아는 중국 시골 사부가 단체로 맥심 기관총 앞에 쓰러진 모습을 그들의 국제 엽서에 그려 넣어 동양의 쿵푸가 서양의 총 한 방을 이겨내지 못한다는 것을 널리 알렸다.

하지만 백 년도 채 못 되어 서양 사람에게 대적할 상대가 없다는 이런 의식이 완전히 뒤집혔다. 중국 경제와 중국 정치의 강세로 중국을 지배하는 유교 문화와 태극 무술도 서양 세계가 다시 한번 주목하게 되었고, 중국 쿵푸는 중국 국민 기상의 강력함을 보여주는 하나의 부호이자, 동양인이 신체를 단련하고 마음을 수양하는 하나의 상징으로 바뀌었다. 짧은 시간의 경험을 거친 후 서양 사람은 중국 쿵푸에 열정을 쏟아부으며 중국 쿵푸를 받아들였고 중국 쿵푸를 공부하였다.

태극권은 중국 쿵푸 중 가장 서민적인 권법의 일종으로 서양 사람이 신기해하며 배우고 싶어하는 권법이다. 중국 모든 대학의 해외 교육대학과 유럽과 미국의 모든 공자아카데미에 거의 태극권 교육과정이 있지만, 실제 등록하고 배우는 서양 학생은 여전히 적은 편이다. 현재까지 전 세계 150개 국가와 지역의 태극권 애호가와 수련자는 약 수천 명이 있다. 스페인, 미국, 오스트레일리아, 이란은 이미 현지인 위주 단체인 스페인 바르셀로나 기공학원Instituto Qigong Barcelona[5], 미국 태극권학원USA Taichi Academy[6], 오스트레일리아 태극권협회[7], 이란태극권협회 등이 있다. 인구 140만의 작은 나라인 모리셔스도 민간에서 태극권을 배우고 있다.

할리우드 영화에 중국의 쿵푸와 관련된 블록버스터가 등장하는 빈도가 늘어남에 따라 중국에서 유명한 산의 사찰도 서양인들이 무예를 배우는 장소가 되었다. 무당산武当山, 소림사少林寺의 서양 제자가 수만 명에 달한다. 소림사는 2007년까지 숭산嵩山 본부 외에 해외에도 6개 분원, 수백 개의 무술 도장이 있고, 서양 제자는 300여만 명에 달하며, 해마다 학비 수입만 적어도 100만 파운드에 이른다. 뉴욕, 휴스턴, 로스앤젤레스에도 소림사 분관이 있는데, 그중 영국계, 스페인계, 러시아계, 남미계, 아프리카계 제자가 학생 수의 50%를 넘는다. 헝가리와 독일에도 쿵푸를 가르치는 소림 문화센터 혹은 무술협회가 있다. 소림 본부와 분원에서 서양 여자 제자를 만나는 것도 더이상 이상한 일이 아니다.

9-8-1

9-8-2

9-8-3

9-8-4

9-8-5

9-8-1 태극권 체험 활동에 참여한 상하이 외국인 주민
9-8-2 태극권 공연을 하는 외국인
9-8-3 중국 거리의 새로운 서양 분위기
9-8-4 서양 제자에게 추수推手 기술을 가르치는 태극권 사부 주톈차이[8]
9-8-5 2012년 소림 쿵푸 수업을 개설한 미국 스탠퍼드 대학

9-8-6

9-8-7

9-8-8

9-8-9

9-8-10

9-8-6 태극권 기본기를 훈련하는 외국 유학생
9-8-7 소림사를 방문한 250여 명의 미국 제자
9-8-8 2011년 소림 방장 스융신[9]에게 예를 표하는 미국 소림권법 연맹 130명의 소림제자
9-8-9 소림사에서 수행하는 20명의 아프리카 제자
9-8-10 우당산의 서양 제자

9-8-11

9-8-12

9-8-13

9-8-11 중국 무술을 공부하는 세이셸군도 청소년
9-8-12 중국 사부의 지도를 받는 외국인 무술 애호가
9-8-13 기공을 훈련하는 외국인

9.9 공자아카데미의 세계적 열풍

공자는 중국 문화의 상징적 기호이다. 학교를 세우는 방식을 통해, 공자와 이 기호가 대표하는 중국 문화를 세계 각지로 전파하는 것이 중국과 외국 문화인의 공통된 바람이다.

1920년대부터 중외 합작으로 서양 국가에 임시 교육기관이 생기기 시작하였다. 21세기 들어 중국 경제가 부상하고 종합 국력이 상승함에 따라 외국인이 중국 문화를 공부하겠다는 열정이 폭발했고, 이로 인해 중국 문화 전파를 취지로 하는 새로운 형식의 학교 설립 방식인 공자아카데미가 생겨났다.

2004년 첫 번째 공자아카데미가 한국의 수도인 서울에 세워졌고, 같은 해 미국 메릴랜드대학은 아메리카의 첫 번째 공자아카데미를 세웠다. 2005년 유럽의 첫 번째 공자아카데미가 스웨덴 스톡홀름대학 중문과에 만들어졌다. 이후 공자아카데미의 발전 속도는 세계 문화인의 상상을 초월해 불과 몇 년 만에 세계 각지 300여 곳에 생겨났고, 이렇게 서로 경쟁하듯 공자아카데미를 만드는 추세가 아직도 이어지고 있다. 공자는 이미 전 세계 모든 사람이 아는 세계적인 인물이다.

공자아카데미는 중외 문화 교류의 중요한 루트이다. 외국인이 직접 현지에서 중국어를 배우고, 중국 인문 경전을 감상하고, 중국 의술을 연습하고, 중국 무술을 연마하고, 동양의 다도와 미식을 즐기고, 용춤과 사자춤을 연습할 수 있다. 유럽과 미국 사람에게 중국 문화가 그들의 생활과 지금처럼 가까웠던 적은 없었다.

9-9-1

9-9-2

9-9-3

9-9-4

9-9-5

9-9-1 난징대학과 조지워싱턴대학이 합작해 만든 공자아카데미 현판식
9-9-2 중국 서예를 배우는 벨라루스 민스크 국립언어대학 공자아카데미 학생
9-9-3 2012년 처음으로 덴마크 왕립음악원에 만든 음악공자아카데미
9-9-4 봄맞이 축제에서 공연하는 우즈베키스탄 타슈켄트 공자아카데미 학생
9-9-5 사자춤을 추는 미국 웹스터대학 공자아카데미 학생

9-9-6

9-9-7

9-9-8

9-9-9

9-9-10

9-9-6 루간스크 공자아카데미에서 공연하는 연극 〈딸을 시집보내는 쥐〉[10]

9-9-7 일본 삿포로대학 공자아카데미에서 개최한 중국 문화감상회

9-9-8 2010년 러시아 국립인문대학 공자아카데미를 방문한 국무위원 류옌둥刘延东

9-9-9 2012년 중앙음악학원에서 개최한 제1회 공자아카데미이사회

9-9-10 2013년 중국 공자아카데미 본부와 파키스탄 카라치Karachi대학이 합작으로 만든 공자아카데미 협상 서명식에 참여한 리커챵 중국 전 총리와 파키스탄 아시프 알리 자르다리Asif Ali Zardari 전 대통령

9-9-11

9-9-12

9-9-11 2011년 미국 시카고 월터페이튼 칼리지 프렙 고등학교Walter Payton College Preparatory High School 공자아카데미를 방문하여 선물을 증정하는 후진타오 전 중국국가주석

9-9-12 2013년 인도네시아 알 아자르대학Al-Azhar University 공자아카데미 학생과 얘기하는 시진핑 중국국가주석

1 Burlingame Treaty蒲安臣条约
2 *A Year Without MADE IN CHINA*『离开中国制造的一年』.
3 *Another Chinese Export Is All the Rage: China's Language.* By Howard W. French.
4 두안팡托忒克·端方, 1861~1911
5 https://institutoqigong.com
6 https://www.usataichiacademy.org
7 ttps://www.taichi365.com.au
8 주톈차이朱天才, 1945~
9 스융신释永信
10 〈老鼠嫁女儿〉

단어 색인

ㅇ

인명 색인

ㅍ

ㅎ

편저자 소개

장하이린张海林

난징대학교 교수이자 박사생 지도교수이며, 2007~2008년 영국 셰필드대학 공자아카데미 원장을 역임하였고, 현재 난징대학교 해외교육학원 중외문화 교류연구소 소장으로 재직 중이다. 주요 연구 저서로는 『단방과 청말신정端方与清末新政』(교육부 우수철학사회과학 2등상 수상), 『쑤저우 초기 도시현대화 연구苏州早期城市现代化研究』(장쑤성 2등상 수상), 『근대중외문화 교류사近代中外文化交流史』 등이 있고, 대형 연구 프로젝트로 『태평천국통사太平天国通史』(장쑤성 1등상, 국가교육위원회 우수성과 1등상 수상)에 참여한 바 있다. 주요 연구 분야는 근대중외문화 교류사이다.

역자 소개

이미경李美京

현재 대구대학교 글로벌언어문화학부 중국어중국학전공 부교수로, 중국어학과 중국어교육 등에 관해 강의를 주로 하고 있다. 중국어의 성조와 억양, 한국인과 중국인의 중국어 말소리 차이 대조, 한국인의 중국어교육, 중국의 문화 등에 관한 연구에 많은 관심이 있다. 저서로는 『중국어의 모음』, 『중국어의신 STEP1~STEP4』, 『좋아요중국어』, 『신HSK백발백중회화트레이닝』 등이 있고, 역서로는 『중국어교육사』가 있으며, 그 외 수십여 편의 논문이 있다.

사진과 그림으로 보는
중국과 서양의 문화 교류사

초판1쇄 인쇄 2022년 12월 20일
초판1쇄 발행 2022년 12월 30일

편저자 장하이린张海林
옮긴이 이미경李美京
펴낸이 이대현
책임편집 이태곤
편집 권분옥 임애정 강윤경
디자인 안혜진 최선주 이경진
마케팅 박태훈

펴낸곳 도서출판 역락
출판등록 1999년 4월 19일 제303-2002-000014호
주소 서울시 서초구 동광로 46길 6-6 문창빌딩 2층 (우06589)
전화 02-3409-2060
팩스 02-3409-2059
홈페이지 www.youkrackbooks.com
이메일 youkrack@hanmail.net

ISBN 979-11-6742-439-6 03910

*이 저서는 2022학년도 대구대학교 학술연구비 지원에 의한 연구결과물임

*정가는 뒤표지에 있습니다.
*잘못된 책은 바꿔 드립니다.